巧香　编著

CHUANQI

GJIANG

将传奇

山西出版传媒集团

山西教育出版社

U0577324

图书在版编目（CIP）数据

名将传奇/权伟东，温巧香编著. —太原：山西教育出版社，
2018.1（2022.6 重印）
ISBN 978-7-5440-9690-4

Ⅰ. ①名… Ⅱ. ①权… ②温… Ⅲ. ①军事人物-生平事
迹-世界-通俗读物 Ⅳ. ①K815.2-49

中国版本图书馆 CIP 数据核字（2017）第 295361

名将传奇
MINGJIANG CHUANQI

责任编辑	崔 璨
复 审	刘晓露
终 审	郭志强
装帧设计	薛 菲
印装监制	蔡 洁

出版发行 山西出版传媒集团·山西教育出版社
（太原市水西门街馒头巷7号 电话：0351-4729801 邮编：030002）

印 装	北京一鑫印务有限责任公司
开 本	890×1240 1/32
印 张	9.25
字 数	220 千字
版 次	2018 年 1 月第 1 版 2022 年 6 月第 7 次印刷
印 数	37 666—40 665 册
书 号	ISBN 978-7-5440-9690-4
定 价	48.00 元

如发现印装质量问题，影响阅读，请与印刷厂联系调换。电话：010-61424266

目　录

下编　国际篇

上编　国内篇

01

兵家之祖
——孙武

◇················

　　中华民族五千年的文明，有一大部分是在刀光剑影中催生而来的，战火纷飞的岁月里必然产生了无数的名将以及那些闪耀史册的经典战役。春秋战国时期，战乱不断，是中国第一次思想文化的大整合时期，这一时期产生的瑰宝之一便是"兵家"这一学派，而"兵圣"就是兵家之祖孙武！

　　孙武（约前545—前470），字长卿，被后人尊称为孙子、孙武子、兵圣、百世兵家之师、东方兵学鼻祖等。孙武出身贵族世家，天资聪颖，具有极强的军事才能，先后大破楚军，北威齐晋，南服越人，创造了一代战争神话，而且其毕生的心血《孙子兵法》也为后世兵法家所推崇，被誉为"兵学圣典"。我们今天仍会在山东、江苏等地方见到"兵圣庙"，由此可见孙武的重要地位和大家对他的无限尊崇。

孙武雕塑

一、为江山杀美人：吴国斩姬练兵

公元前 545 年，孙武出生在齐国，齐国就是今天山东半岛一带。孙武的祖上可追溯到春秋时期的陈国公子妫完那里，后来祖上归附了齐国，还被赐名为"孙"。孙武的"武"字，形由"止""戈"组成，事实上能止戈才是大武之道，从孙武的名字中就可以看出父辈们对他的期待：继承和发扬将门武业，报效国家。这一点上孙武也是非常令家人欣喜的，因为孙武从小就特别喜欢听军事故事，喜欢看兵书，表现出了特殊的军事天赋。

孙武画像

当时战乱纷纷，天下人才都在到处寻求自己的安身立命之地，或者安安稳稳地度过余生，或者遇得明主扬名立万……公元前 517 年，齐国频繁的战争使得孙武不得不离开家乡，辗转到吴国。刚来到吴国的他人生地不熟，于是他决定先隐居著书，将自己的思想体现在书本中。他来到吴国都城姑苏城郊的穹隆山上，过着边务农边写书的世外生活，直到完成了《兵法》十三篇才出山。此外幸运的是，孙武在吴国结识了同样避难来到吴国的重臣伍子胥，自此成为莫逆之交，爱才的伍子胥就成了孙武人生中的贵人。

公元前 512 年，即阖闾即位三年，在诸王争霸的春秋时代，吴王阖闾是一个有作为的君王，想要向西出兵征伐楚国，只可惜百万雄师缺乏一个强有力的将领。就在吴王发愁的时候，伍子胥站了出来，对吴王说："有一个人可以胜任，这个人文韬武略，智谋超群，是个能安邦定国的稀世奇才，这个人叫孙武！"由于吴王从未听说过这个人，就半信半疑地答应让孙武来见他。

这对于孙武来说是一个千载难逢的好机会，他带着自己刚写好的兵书觐见了吴王。吴王将呈上来的兵书拿来翻阅，没想到很快就被兵书的内容所吸引，一口气将书看完了，并且连声叫好！但是吴王心想，带兵打仗不同儿戏，也不能轻易地就把百万军队交给一个没有经验的人啊！于是吴王要求孙武可以小范围演练一下，以此来判断孙武是不是能胜任这个艰巨的伐楚大任。

吴王为了故意刁难孙武，让宫中不懂兵法的 180 名宫女在宫中的练兵场进行演练，而且其中有两个是吴王最宠爱的妃子，她们为了讨吴王欢喜，就执意要来训练。吴王的宠妃哪能受得了这个苦，简直就是添乱！安排就绪后，孙武便击鼓发令，然而不管孙武怎样三令五申，宫女们根本不听指挥，队形乱七八糟，一直在那儿捧腹大笑，尤其是带头的两位宠姬，平时吴王都对她们言听计从，如今哪会听一个无名之辈的差遣！

看到这种情景，很多人都因害怕得罪吴王宠妃而退缩，但是孙武很镇定，他召集军吏，根据军法，要斩杀两位"队长"以整顿

"军队"。吴王一听孙武要杀掉自己的爱姬，顿时火冒三丈，马上派人传命赦免她们！然而，孙武却说："臣既然受命为将，将在军中，君命有所不受。"于是毫不留情地将吴王的爱姬杀掉了！"杀鸡儆猴"的效果果然厉害，当孙武再次击鼓发令时，宫女们前后左右，进退回旋……全都合乎要求，阵仗非常整齐。

事后，孙武进宫对吴王说："令行禁止，赏罚分明，这是兵家的常法，为将治军的通则。对士卒一定要威严，只有这样，他们才会听从号令，打仗才能克敌制胜。"由于孙武所说句句在理，吴王也只好为了江山牺牲了自己的两个美人，不再追究了，还拜孙武为将军，负责带兵攻打楚国。

二、败楚于无形之中：巢邑之战

吴王阖闾是一位不甘心做一方诸侯的君主，他即位后积极从事霸主事业，建立城郭，设立守备，充实仓廪，治理兵库。最重要的是吴国有孙武和伍子胥这两个人，他们竭心尽力、忠心耿耿地辅佐阖闾治理国家，制订了以破楚为首务，然后出兵越国，直至争霸中原的方略。

而其中以吴国与楚国的对战最为精彩，五战五胜，甚至占领了楚的国都郢城，几乎灭亡了楚国。当时的楚国虽然仍是南方强国，拥有着庞大的军队和丰富的资源，但是春秋以来，楚晋之间为了争霸中原长期征战，如今已经民疲财竭，君臣离心，国内政局一片黑暗，民众也纷纷怨愤，国力渐渐衰落了，吴国趁此时出兵应是最好的。

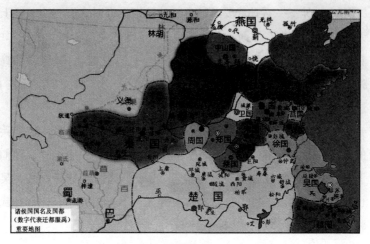

战国时期地图

　　公元前 508 年，有一个小国叫桐国，原是楚国的附属小国，这一年夏天，桐国背叛了楚国，打算另谋出路。而与此同时，桐国的北面有个叫舒鸠的小国，很早以前也被楚吞并了，但是他们并不甘心受楚国驱使，暗地里时刻准备着复仇。这正好给吴国提供了机会，聪明的孙武巧妙地利用桐国背叛楚国的机会和舒鸠人的复仇心理，暗中派出间谍，去唆使舒鸠人和吴国合作，并且计划出一个妙计：让他们诱骗楚军来攻打吴国，而吴军先假装惧怕楚军，假意代楚伐桐，然后趁楚国放松戒备之时，将楚军一网打尽！舒鸠人力量弱小，觉得这个办法很好，也就听从了吴国的攻楚之计。

　　舒鸠人编造假情报的能力果然很强，再加上楚国君臣昏聩，居然听信了舒鸠人的谎言，派令尹子常率领倾国大军去征伐吴国。孙武、伍子胥见对方中计非常高兴，马上开始谋划布局，领军抗敌。孙武一方面大张旗鼓地调集水兵战船以迎击楚师，另一方面却暗地里集军队于巢邑，准备在那里进行突袭。

　　部署完成后，孙武便表现出后退的迹象，并且假意奉承讨好楚军，让楚军先在这里等着，不必亲自劳师，等着吴军打败桐国的好消息就行。愚蠢的楚国将领骄傲自大，果然中计，居然误以为吴军胆小害怕，想用伐桐来讨好他们，于是下令把大军驻扎在吴国的水兵集结地，静享自己的收获。令楚军没有想到的是，这一等就从秋天等到了冬天，这么一大队人马守候在这里，完全不知道他们将要面临的危机。这时间一长，自然将士士气不振，防备也就松懈了下来。

孙武一直暗中观察着楚军的形势，就在敌军疲惫之际，孙武便抓准时机率吴军全力进军，一鼓作气，趁楚军还没有防备的时候，将其围得水泄不通。此时楚军才反应过来自己中计了，慌忙之下赶紧应战，不过此时的楚军身懒意怠，根本不是吴军的对手，一阵厮杀之后，楚军便开始落荒而逃。紧接着，孙武又下令驻守在巢邑的军队发起突袭，楚军根本没有想到吴军会去偷袭巢邑，而此时楚军的大部队早已被孙武制服了，攻克巢邑不费吹灰之力，巢邑之战大获全胜，并且俘虏了驻守在那里的楚公子繁。

通过孙武的诱敌、骄敌的谋略，吴国这次胜利打通了入楚的通道。吴王获得如此大的胜利，不免心中燃起了更大的欲望——进攻郢都，但孙武认为时机还不成熟，便极力劝阻吴王等待以后更大的胜利！

三、奇计谋天下：养城之战

为了继续攻打楚国，实现吴王的雄心，吴国整兵待战，决定好好地打一仗。公元前511年，徐国（今安徽泗县）和钟吾国（今江苏宿迁东北）这两个小国，由于有楚国撑腰，而拒绝吴国让他们交出逃到这里的掩馀、烛庸两位公子的请求。楚昭王对此还十分得意，并将这两位公子迎接来，把养城周边的城父和胡田封给两位公子，企图利用他们来牵制吴国。

吴王当然知道楚国此举的用意，便决定派孙武为将，进行养城一战。孙武也早已洞悉吴王的目的——擒杀两位公子以及消灭淮北的楚军，为日后破楚扫清障碍，所以他早早地就为此精心谋划了战略战术——"扰楚疲楚、攻克养城"。君臣之间一拍即合，孙武便开始调兵遣将了。

孙武首先派了一支军队去佯装征伐蛮夷，让楚军的戒备有所松懈，不久就表现出攻打失败的迹象，这时吴军便立即转换兵锋，渡过淮水南下进攻楚国。孙武心想：楚军虽然兵不如往昔，但终究"瘦死的骆驼比马大"，为了保存实力，不应该与楚军正面交锋，只能智取不能硬拼！

楚军见吴军南下，立即派兵增援，然而就在楚军即将到达的时候，吴军反而撤退待命。吴军撤走后，楚军还以为吴军放弃进攻了，便将部队驻扎下来。就在此刻，孙武却正在紧锣密鼓地调动吴军的第二队人马沿淮水而上，疾行数百里，直扑楚国的战略要地弦邑！这个消息很快传到了楚军的耳朵里，楚军知道后觉得不妙，心中恍然大悟：上次上了孙武的当，把一部分军队分出去，原来战略要地弦邑才是孙武的最终目的啊！随后又暗喜，幸好我楚军还有大队人马，孙武你这次完蛋了。

于是楚国立马派大军急速前往救援，然而令楚军万万没有想到的是，当其即将赶到弦邑时，孙武又下令军队撤退待命！这下子楚军彻底懵了，这吴军到底要干吗呢？孙武这样子折腾几回，不用说把楚军弄得是云里雾里，连吴国自己的军队恐怕也摸不着头脑。但是，接下来就发生了决定性的变化。正当楚军理不清头绪的时候，孙武已经命令吴军的第三部队，也是最精锐的部队开始了攻克养城的战斗。这一下子孙武的目的立即明朗了，原来孙武用前两支军队是"调虎离山"之计，将楚军的主力成功地调动调离，以达到使楚军疲惫不堪、士气低落的目的，为第三支军队攻打养城奠定了基础。

这第三支部队本来就是精华，再加上楚军主力已远离，想回来救援也来不及了，所以吴军出其不意，一鼓作气一举攻下了养城，擒杀了两位公子，解决了吴王的忧患，从而取得了决定性的胜利，并为下一步进军楚国，攻下郢都奠定了基础。这一仗孙武只用了很少的兵力就取得了很大的胜利，孙武用他高超的兵法谋略赢得了吴国上下的尊重。

四、门前的不速之客——柏举之战

柏举之战是春秋末期一次规模宏大、战法灵活、影响深远的战争，也是吴国给楚国致命一击的大战。为了这场决战，吴国一直在等机会，直到公元前506年，似乎所有有利的因素都向着吴国：这时楚国北侧的两个国家蔡国和唐国，因饱受楚国的战争欺凌而向吴国求援，并且三国达成了同盟，要一致伐楚。这两个蕞尔小国虽然国力不强，却占据着有利的战略地位，为吴国攻打楚国提供了便利。吴国有了楚国北侧这两个绿灯国家的开道，便可以避开楚国正面，实施孙武"迂回、突袭、直捣腹心"的战略了。

这一年的冬天，吴王阖闾想乘楚军连年作战疲惫不堪且东北空虚的有利时机，亲率3万水陆大军，奇袭楚国。孙武以3500名精锐士兵为前锋，在蔡、唐军的合力进攻下，以迂为直，出其不意，兵不血刃，迅速地通过楚国北部的三关险隘，挺进到汉水东岸。当吴国的军队已经到达汉水时，楚军才开始被动应战，楚昭王急忙派兵赶到汉水西岸进行防御，汉水两岸顿时旌旗密布，战火一触即发。

本来，楚军统帅囊瓦听取了左司马沈尹戍的战略建议——由囊瓦率楚军主力正面牵制吴军，然后沈尹戍迂回到吴军的侧后方，毁坏吴军的舟楫，阻塞三关，然后再进行前后夹击，这样必定能一举消灭吴军。然而，这个主帅主意太不坚定了，当沈尹戍奔赴吴军后方时，囊瓦却又听从了别人的挑拨怂恿，临时变卦了！囊瓦一心只想着贪立战功，擅作主张，竟然盲目冒进，企图速战速决，于是不管沈尹戍的死活单独去进攻吴军了。

而这一冒失进攻正中吴军的下怀，吴军马上开始撤退，愚蠢的囊瓦以为吴军被他的气势吓倒了，立马迷失了心智，不管三七二十一便奋力追击吴军去了。吴军一边撤退一边与楚军进行小规模的作战，但是楚军连连交战却连连失利，一路下来士气低落，军队也早已疲惫不堪了。此时的楚军已陷入完全被动的困境，孙武见状当机立断，决定在柏举（今湖北汉川县北，一说湖北麻城）列阵迎战楚军，打算进行一场生死决战。

吴国方面，刚开始吴王还不太相信孙武的"立即攻击法"，觉得这样太冒失，但后来看到自己的胞弟夫概将军的 5000 勇骑居然打得楚军大溃、阵势大乱后，才下令增援突击楚军。吴军以主力投入决战，士气高涨，训练有素的士兵在足智多谋的将军的指挥下，如洪涛巨浪般包围了疲惫且受惊的楚军，结果如孙武计划的那样，大败楚军，取得了柏举决战的胜利。

接着，吴军并没有停止战斗，而是乘胜追击在柏举决战中遭重创狼狈西逃的楚军，吴军很快就追上了楚军，就在楚军渡河渡到一半的时候，吴军对楚军进行了猛烈的攻击，把渡河逃命中的楚军埋葬在了河里。之后，吴军继续追击，不一会儿便发现了正在埋锅造饭的囊瓦残部，吴军将他们团团围住，一举歼灭了囊瓦部队。沈尹戍听到楚军主力溃败的消息后，想要立马回援，但是吴军没有给他机会，早就在他回援的半路上设下了埋伏，也将他一网打尽了。

　　至此，楚军全面崩溃，郢都（今湖北江陵西北）也就失去了屏障，赤裸裸地暴露在吴军的面前了。而与此同时，面对一系列巨大的胜利，吴国全军上下，斗志昂扬，一路长驱直入，势如破竹，五战五捷，一举攻陷郢都，取得了柏举之战的辉煌胜利。

孙子兵法城内模拟场景

　　孙武通过与楚国的作战，名声大振，吴国也开始强大起来。之后，吴王将目标锁定在了越国，在一次吴越之战中，阖闾战死，他的儿子夫差即位。公元前494年，孙武和伍子胥整备军队，辅佐夫差报仇雪恨，攻打越国，吴国十万精兵与越军在江苏无锡的马山进行了决战，并取得了巨大的胜利。然而"飞鸟尽，良弓藏；狡兔死，走狗烹"，就在吴国取得对越国的胜利后，夫差却将伍子胥逼死了，此时孙武也感到危机重重，于是毅然归隐深山，度过了自己的余生。孙武还根据自己多年的作战经验，修订完善了他的兵法十三篇，可以说，孙武是功成身退的典范了。

02　　　　　　　　　　　　　大秦战神
　　　　　　　　　　　　　　　——白起

◇......................

　　战国时期，七雄争霸，名将辈出。一将功成万骨枯，在这些闪耀的将星背后，又堆砌了多少白骨？据近代史学家梁启超先生考证，战国期间共有约 200 万军人战死沙场，然而这其中竟有半数以上造自一人之手。在战国乱世中，有这样一位将领，他一生征战 37 年，历经大小百余战，攻城 70 余座，而未尝败绩；他开创了"歼灭战"的军事思想，即作战不以攻城夺地为唯一目标，而以全歼敌人有生力量为主要目的；他不仅是一代战神，也是一代杀神，据司马迁不完全统计，他一生歼敌上百万，后世送其外号"人屠"。他就是威震六国的一代大秦战神——白起。

　　白起（？—前 257），郿（今陕西眉县）人，芈姓，白氏，楚王室后裔，也称公孙起。战国时期秦国著名军事家、统帅。他从低级士兵做起，累功至武安君、大良造。一生为秦昭王征战六国，并率军取得了伊阙之战、鄢郢之战、华阳之战、陉城之战和长平之战等重大战役的胜利，可谓战功赫赫，与廉颇、李牧、王翦并称战国四大名将，并名列首位。司马迁《史记》评价他"料敌合变，出奇无穷，声震天下"；毛泽东评价他"论打歼灭战，千载之下，无出其右"。

白起画像

一、初登伊阙战场

白起先祖是楚国公子白公胜，后因谋反失败而自杀，其后代逃到了秦国。到了白起的父辈，家族已没落得籍籍无名了。商鞅变法后，军功成了获得升迁的唯一途径。白起便从下级兵士做起，公元前 294 年，他已晋升到了左庶长。这一年，白起作为一军之将出战，率军攻下了韩国的新城。

公元前 293 年，韩国为夺回新城，联合魏国向秦国开战，两军合兵 24 万，以魏将公孙喜为主帅，向秦国推进。双方相遇于伊阙，在此地形成了对峙。伊阙即洛阳南龙门山和香山的阙口，两山夹峙，伊河穿流其中，远远望去，犹如一座天然门阙，所以古称"伊阙"，后世也称龙门，是洛阳南面的重要关隘。

驻守此处的秦军主将为向寿，然而新上任的秦相魏冉认为向寿才能有限，不堪大任，因此便向秦昭王推荐了白起担任主将。秦昭王对向寿也不是很放心，于是提拔白起为左更，派其代替了向寿之职。

白起上任后，面对的形势极为不利。军力上，韩魏联军在数量上是秦军的两倍，敌强我弱；地势上，联军占据着天险，而且本土作战，后勤补给充足。面对这样的困难，白起审时度势，决定采用避实就虚、先弱后强的战法，对敌军分化瓦解、各个击破。

韩魏联军中，韩军兵力较多，是主力部队。因此，白起派出一支偏师，绕至韩魏联军背后，用以牵制韩军，自己则率领主力部队从正面猛攻魏军。秦国地处西北边陲，民风强悍，军士个个骁勇善战，而且自商鞅变法之后，军队奖罚分明，因此一上战场，将士个个勇往直前，俨然一支虎狼之师。

在秦军的猛烈攻击之下，魏军顽强抵抗，战势陷入胶着状态。由于韩军主力尚未投入战斗，这样下去对秦军很不利。这时，白起亲自登上擂鼓台，甩开双臂，将战鼓擂得震天动地，为秦军呐喊助威。看到主将如此卖力，秦军将士顿时士气大振，豪情万丈，人人奋勇当先，战马奔腾，兵车穿梭，魏军渐渐抵挡不住，阵势陷入崩溃。

魏军主将公孙喜急忙派人让韩军救援，然而韩军将领却拒绝执行，理由是韩军身后遭遇秦军攻击，敌方兵力不明，韩军无暇分兵。孤立无援的魏军陷入绝望，公孙喜只得仰天长叹，他在被俘后拒绝投降，被白起斩杀。

攻灭魏军后，白起率主力乘胜进军，将韩军包围。由于听闻魏军溃败，韩军士气低落，在秦军的前后夹击下，韩军全部被聚歼。

伊阙一战，白起以少胜多，歼灭韩魏联军24万人，并乘势占领了伊洛地区的韩国五城。经此一役，韩魏精锐尽皆覆灭，秦军入侵韩魏之地再无大的阻碍，韩魏两国从此一蹶不振。

战后，白起因功升任国尉、大良造，成为了秦军统帅。此后的三年中，白起多次率兵攻入韩魏之地，秦军如入无人之境，予取予夺，并一度攻到了魏都大梁城下。这期间，白起接连拿下大小61城，一时间天下震惧。

二、楚都的掘墓人

伊阙之战后，韩魏两国在秦国的连年攻击之下已经奄奄一息，北部的赵国则为调和齐燕纷争而无暇南顾。于是，秦昭王将目光转向了南方的霸主楚国。公元前 279 年，秦昭王与赵惠文王相会于渑池，两国暂时罢兵休战，以图全力进攻楚国。

此时的楚国在楚顷襄王的统治下，政治腐败，军备不修，早已不复当年的霸主之威。渑池相会后，白起挥师南下伐楚。白起在分析了秦楚两国的形势后，决定采取猛虎掏心之策，不纠缠于一城一地的得失，而全力直扑楚国的都城郢都。

白起率军万余人沿汉江东下，他命令部下，每过一条河，就拆掉河上的桥梁；军士登岸后，就烧毁所有的船只以自断退路，激发起将士决一死战的信心。白起率领大军急行军，不携辎重，只在沿途寻找食物，补充兵粮。面对秦军的迅猛急进，沿途的楚军毫无斗志，节节败退。秦军长驱直入，迅速攻取了汉水流域要塞邓城，兵锋直抵楚国别都鄢城。

没想到的是，秦军在此受阻了。鄢城楚军防守极为严密，秦军几次强攻未果。看到士气随着时间的推移逐渐衰落，白起心里很是焦急。一天，他四处查看地形时，奔腾的夷水给了他灵感。他立即下令士兵在城西百里处筑堤蓄水，同时挖了条长渠直抵鄢城。等到一切准备完毕，白起一声令下，开渠放水。顿时，滚滚洪水冲向鄢城，城墙被冲垮，城中数十万军民被淹死。攻破鄢城后，白起又顺势攻占了西陵。

鄢城失守，郢都再也无险可守，吓破胆的楚顷襄王一路向东而逃，迁都于陈自保。公元前 278 年，白起率兵攻郢，留下的楚军无力抵抗，郢都迅速陷落。之后，白起烧毁了楚国先王陵墓夷陵，并继续攻占了巫、黔中等地。

郢都失守，乃楚国奇耻大辱，那位流传千古的诗歌《离骚》的作者、著名爱国诗人屈原，彻底对楚王失去了信心，悲愤中的他选择了投江自沉。后世为了感怀其爱国之情，在每年农历五月初五端午节这一天，用吃粽子、赛龙舟等方式来纪念他。

鄢、郢之战后，楚国西部的大片土地，包括洞庭湖周围的水泽地带、长江南北安陆等地尽归于秦，秦国在此设立南郡，并派官员治理。楚国自此实力大衰，一蹶不振，兵力不过十余万，再也无法跟秦国抗衡。白起因此战之功，受封武安君，成为了继商君商鞅之后，非秦国王族而晋封为君的第二人。

三、千里急援华阳

公元前273年，由于秦韩结盟，赵魏两国联合攻击韩国。数十万赵魏联军将华阳团团包围，此地距韩都新郑仅咫尺之遥，韩国危在旦夕。韩国国相陈筮派人向秦国求救，秦昭王命白起率军救援。

华阳在赵魏大军的包围之下，已支撑不了多久，随时都有可能失守。因此，在这场救援战中，时间最为关键。白起接到秦王的虎符后，便立刻传令三军，丢弃辎重轻装前进，快马加鞭，日夜兼程，结果只用了8天时间就赶到了战场，这在当时的条件下是难以想象的。

白起出其不意、攻其不备的长途奔袭之策取得了成效。面对从天而降的秦国大军，联军主帅魏相芒卯顿时大惊失色，他怎么也没想到秦军能在这么短的时间内赶来支援，而且对方主将还是白起。这些年来，魏国军队早被白起打怕了，对其是闻风丧胆，风声鹤唳。因此，未及开战，赵魏联军便已经在心理上输掉了一阵。

白起摆开阵势，令旗一挥，向赵魏联军发起了攻击。秦军战车轰隆隆地向联军扑去，后面的步兵和骑兵在弓箭手的掩护之下也开始发起冲锋。耗子见了猫哪还有还手之力，面对秦军的攻击，数十万魏军开始四散奔逃，阵势大乱，成了秦军屠刀下待宰的羔羊。联军主帅芒卯见大势已去，抛下赵军，带着亲兵，转身逃跑了。可怜赵军主将贾偃，还没看清怎么回事，就同 2 万多赵军一起做了俘虏。

战后，白起下令将 2 万赵军俘虏全部赶进了黄河，做了水下冤魂。华阳一战，白起歼灭魏军 13 万、赵军 2 万，取得大胜。

华阳之战后，白起又率领秦军乘胜攻下了魏国的卷县、蔡、中阳、长社和赵国的观津等地，最后包围了魏国都城大梁。附近的周王室害怕大梁失守对己不利，于是派苏厉游说秦国。魏安僖王也派大夫须贾前往秦国请和。最终，在魏国割让南阳郡的条件下，秦国同意罢战收兵。

四、长平杀俘的"千古罪孽"

长平之战

公元前 270 年，魏国人范雎因受迫害而逃往秦国。范雎以客卿身份觐见秦昭王，并针对魏冉屡次带兵跨越韩、魏两国进攻齐国，劳师动众却又收获甚微，向秦昭王提出了著名的"远交近攻"策略。这一策略主张首先用恩威并济的办法安抚与秦相邻的韩、魏两国，威胁楚、赵两国；接着迫使相距较远的齐国恐惧，逼其主动交好秦国；待齐国归附后，再向临近的韩、魏两国发动进攻，拓展土地。秦昭王认为很有道理，便采用了这一建议。不久魏冉去世，秦昭王便任命范雎为相，主持对六国的战事，这一策略更加得到贯彻实施。

公元前264年，一切准备就绪，秦昭王便派白起为将向韩、魏两国发动了进攻。白起率大军接连攻克陉城、汾城等九座城邑。接着又率军攻陷野王，封锁了太行山以南、黄河以北的道路，切断了上党郡与韩国本土的联系。

公元前262年，秦昭王命王龁率军进攻上党，上党韩军守将冯亭见抵挡不住，就率军转而投向了赵国。秦军以此为借口，进攻赵国，秦赵大战爆发。

赵国任用老将廉颇为帅，令其率军前往抵抗。廉颇率赵国大军抵达长平后，在空仓岭一线布防。王龁率领的秦国大军到达后，立即沿沁河一线对赵军展开突击。赵军连战连败，损失惨重。廉颇见秦军势大，立刻改变策略，坚守不出，准备依靠有利地形，构筑城垒固守，以图在消耗中挫败秦军锐气，待其粮草用尽、士气低落后再作打算。廉颇的策略取得了成效，秦军的进攻势头被大大遏制，双方在长平形成了长期对峙的僵局。

由于迟迟无法突破赵军防线，秦军日渐陷入疲惫。面对这样的困局，秦相范雎心生一计，他派间谍进入赵国，到处散布谣言，说"廉颇已经老了，很容易对付，秦国最害怕的其实是大将赵奢的儿子赵括"。赵孝成王对秦国的反间计信以为真，而且对廉颇的坚守不战早已失去了耐心，认为他真的难以再当大任，于是改派赵括接替了廉颇。

这个赵括乃赵国一代名将马服君赵奢的儿子，自幼熟读兵法，但生性骄傲，目中无人，刚愎自用。有一次他与父亲赵奢谈论排兵布阵之道，赵奢也难不倒他，赵括便认为论战谈略，天下没人能比得上他。但赵奢对此却付之一笑，并不认为自己的儿子懂兵法。赵奢的妻子询问缘由，赵奢回答道："实战不同于纸上空谈，战争是关系将士生死存亡的大事，哪有他说的那么容易。将来他不为将则已，如果用他为将，必然惨败。"赵括的母亲深深地记住了这句话，在赵括被任命为主将后，她赶紧上书赵孝成王，劝阻不要起用赵括。然而此时对秦国惧怕赵括的谣言深信不疑的赵王哪里会听得进去劝说。赵括接任主将后，一改廉颇的作战方针，主动出击攻击秦军，几次小胜，更是令其志得意满。

秦昭王得知赵军换帅后大喜，他立刻派白起赴前线担任主将，改王龁担任副将，并严令军中不能走漏消息。白起到达前线后，面对自视甚高的对手，决定采用后退诱敌、分割围歼的战法来对付赵军。他命令前沿部队担任诱敌任务，在赵军进攻时，佯装战败后撤。同时，他将主力布置在纵深构筑的袋形阵地，并以5000精兵担任突击任务，准备待包围赵军后，对其进行分段割裂。

一切准备就绪，最后的决战开始了。八月的一天，秦军主动发起了挑战。这正对了赵括的胃口，因为他正想立个大功树立威信呢，机会就送上门来了。赵括立即调兵遣将，亲自披挂上阵，出城迎战。结果没打多久，秦军就败退而去。

被传得神乎其神的大秦虎狼之师也不过如此嘛，赵括轻蔑地一笑。他明白，战场上战机稍纵即逝，不可耽误。看着败退的秦军，他佩剑一挥，号令赵军进行全线追击，建功立业正在此时。

秦军且战且退，一路退入了大营。赵军一路追击到秦军城垒之下，赵括挥动令旗，指挥三军摆好阵势，随即向秦军城垒发起了攻击。白起见赵军中计，命令埋伏在两翼的奇兵迅速出击，对秦军两翼和背后发起了攻击。

赵军后路被断，陷入包围。面对如此险情，高傲的指挥官仍镇定自若。他立即传令前军停止攻击，全军调转方向，前军变后军，负责断后；后队变前队，转身猛攻围攻而来的秦军骑兵。

赵括冲锋在前，激战中双方杀声震天，喊声动地。在主帅的激励下，赵军奋力突围，然而秦军却死战不退。随着时间的推移，局势对赵军越来越不利。

面对危局，赵括当机立断，再次改变部署。他命令外围士兵拼死抵抗，内部的士兵则放下武器，拿起工具，修筑营垒，准备坚守待援。就这样，赵军暂时稳住了阵脚。

然而，秦军成功地将 40 多万大军分成了三段，并对其实行分割包围。赵军各段无法合力，首尾不能兼顾。赵括组织士兵，分队轮流突围，但始终无法突围。这一围就是整整 46 天。

这时，这位曾经在其父面前夸夸其谈的主将真正感到了恐慌，感到了害怕。赵军本来就粮草不济，这下只能靠杀战马，甚至是死去将士的尸体来充饥。已经没有希望了，面对疲惫不堪的部属，虚弱的赵括强打起精神，亲自挑选了一批敢死队，发起了最后的突围。秦军以逸待劳，乱箭齐发，自傲而又鲁莽的赵军主将就这样身中数箭，倒在了血泊中。

主帅死了，早已饿晕了的 40 万赵军全部投降。白起认为赵军反复无常，于是下令将赵国降卒全部坑杀，只留下 240 个少年回赵国报信。

长平一战，秦军先后阵斩和俘杀赵军 45 万，六国闻之大为震惊，后世闻之也不免胆寒。经此一战，赵国军队基本丧失殆尽，从此元气大伤，一蹶不振。

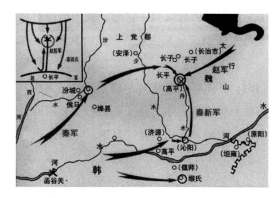

长平之战示意图

五、屠夫的报应

长平之战后，秦军兵分三路伐赵，准备一举攻灭赵国。王龁率军攻武安、皮牢；司马梗率军攻太原；白起亲率大军围攻赵都邯郸。此时赵国命悬一线，赵、韩两国惊恐万分，他们急忙派苏代前往秦国求和。苏代花重金买通秦相范雎，并对他说："赵国一旦灭亡，秦就可以称帝了，以白起之功，必定位列三公，就是周公、吕望也无法与其相比。您愿意处在他之下吗？如今秦国已经很强大了，不如让韩、赵割地求和，千万不能让白起再得灭赵之功。"范雎觉得有道理，于是向秦昭王建议，秦国连年征战，急需休养生息，应该答应韩、赵割地求和的请求。秦昭王应允，白起被迫撤兵，倍感郁闷，从此与范雎结怨。

公元前258年，秦昭王以王陵为主将，再次发兵攻打邯郸，结果损失8000余人也未能攻下。于是秦昭王想重新起用白起为将，但白起自称有病，并上书秦昭王说邯郸易守难攻，良机已经丧失，诸侯要是救援，很快就能到达，里应外合下秦军必败，因此劝秦昭王退兵。

然而秦昭王不听白起劝说，改派王龁为大将，继续攻打邯郸，结果围攻了九个多月也未能攻破。这时，魏国信陵君和楚国春申君率领十万大军赶来援赵，秦军惨败。白起听到后说："当初秦王不听我的劝告，现在又如何？"秦昭王闻之后大怒，将秦军失败的责任全部推于白起，并不顾白起病重，强令其赶往前线。白起再三拖延后，迫不得已只得拖着病体上路了。当行至杜邮时，秦昭王以白起违抗命令为由，派使者赐剑，命其自刎。

接到这样的命令，白起仰天长叹："这是上天对我的惩罚啊，我本就该死。长平之战，我坑杀赵国降卒 40 万，不死不足以谢此罪！"说完，拔剑自刎。大秦一代战神就此走上末路。

03 "国士无双"
——韩信

◇ ....

　　西汉王朝的建立，在中华民族历史上是非常重要的，而对于西汉的开国皇帝刘邦来说，有三个人的功绩是不可磨灭的，即"汉初三杰"——韩信、萧何、张良。而其中，韩信战无不胜，攻无不克，为刘邦打下江山立下汗马功劳，位列三杰之首！

　　韩信（约前231—前196），江苏淮阴人，中国军事思想"谋战"派的代表人物，后人往往将其尊为"兵仙""战神"，并有"言兵莫过孙武，用兵莫过韩信"的说法，更被当时的丞相萧何誉为"国士无双"。北宋大文豪苏轼评价韩信为："抱王霸之大略，蓄英雄之壮图，志吞六合，气盖万夫。"对其英雄才略给予了高度评价。

韩信雕像

一、大将军养成记

公元前231年，韩信出生在江苏淮阴，家道中落，孤苦无依。青年时候的韩信给人的感觉就像今天所说的小混混一样，一事无成，寒酸潦倒。那时的韩信不喜欢被约束，整天在大街上游荡，不仅在下乡南昌亭亭长那里吃过闲饭，更著名的估计就是漂母给他施舍饭的故事了。想当官吧，没门路也没人举荐；经商谋生呢，却又不是那块料，总之事事不成，但是韩信心里却一直在谋划着他的理想。

有一次，韩信碰到了人生中的一次奇耻大辱。小混混遇到了大混混，淮阴一个杀猪的年轻人看韩信不顺眼，故意侮辱他："虽然你长得高大，又喜欢佩带刀剑，但其实你是个胆小鬼。你要是不怕死，有本事就拿剑刺我；如果怕死的话，就从我胯下爬过去。"这件事对谁来说都是不能忍受的，大家都认为韩信会求饶，然而没想到韩信看了看他，居然从他的胯下爬了过去！就这样一个"胆小"的人，所有人都开始嘲笑他，都看不起他。

当时正是秦朝年间，天下苦秦，各种社会势力暗起汹涌，陈胜、吴广率先举起了大旗。这个背剑少年的转机就发生在这以后，韩信听闻项梁是仁义之师，于是便带着自己的宝剑投奔到了项梁与项羽的帐下。在军营的日子，韩信渐渐确定了自己的理想即在战场上建功立业干一番大事业。然而项羽自诩英豪，哪能听从小小韩信的计谋，韩信在项羽帐下得不到重用，于是无奈之下，韩信决定放弃项羽投奔刘邦。

虽然韩信文韬武略，但是求职之路却非常艰辛，直到这个"千里马"遇到了人生当中的伯乐——萧何。韩信来到汉营，做过管理仓库的小官，也任过管理粮饷的官职，这些并没有引起汉王的关注，汉王没有发现他的与众不同，对韩信也是不理不顾的。

　　萧何通过与韩信的几次谈话后，意识到他不是一个凡夫俗子，于是一有机会就向汉王举荐，然而无奈没有回应。长此以往，韩信心凉了，就又想着要逃跑，萧何知道后，毫不犹豫地去追回韩信，这也是后人津津乐道的"萧何月下追韩信"，为汉王力挽人才。这一跑一追，可是惊动了整个汉国，汉王知道后更是气急败坏，那么信赖的萧何是不是逃跑了？

　　隔了一两天，萧何回来了，韩信也回来了，萧何拉着韩信立马进宫。汉王很生气，质问萧何逃跑的原因。萧何连忙解释："我不敢逃跑，我是追逃跑的人。像韩信这样的人才，国士无双，天下再也找不出第二个来了。假如汉王想要争夺天下，商量天下大计，除了韩信，恐怕找不出其他人了！"

　　汉王想看在萧何的面子上给韩信封个将军，岂料萧何说官太小了。于是汉王明白了萧何的意思，决定拜韩信为大将军，统率三军！刘邦诚心诚意地去邀请韩信，并建拜将台，挑选吉日，行拜将大典，搞得非常隆重，这使得默默无闻的韩信立即得到了整个汉国的敬畏。从此以后，当年的小混混蜕变成了大将军，为汉王南征北战，立下不世之功。

韩信画像

二、明修栈道、暗度陈仓

楚汉争霸开始于汉出蜀之日，而汉出蜀的"明修栈道、暗度陈仓"绝对应该大书特书，历来为人们所称道。

在蜀中困了许久的刘邦在大将军韩信的谋划下，已经蠢蠢欲动了，他们一直在等一个好时机，以及一个好计策。公元前206年，出阁的时机终于成熟，汉王得知项羽在进攻齐地田荣的消息后，立马采用韩信"明修栈道、暗度陈仓"的计谋，决计出南郑，袭占关中（指函谷关以西地区），与项羽一争天下。

秦岭栈道是古代在四川省、陕西省、云南省等峭岩陡壁上凿孔架桥连阁而成的一种道路。当年刘邦入蜀之时，为了使项羽不再怀疑自己的野心，于是一把火将通往中原的栈道通通烧毁，以此来表明自己不出蜀中的决心。所以只要没有栈道刘邦就出不来，项羽也就放松了警惕。然而对于蜀地复杂的地形来说，再找出一条通往外面的小路也是完全有可能的，于是韩信决定采用障眼法以期瞒天过海。

韩信令樊哙、周勃率领军队大张声势地抢修栈道，在外奉命围守刘邦的三秦王，楚军的注意力立即放在了栈道的工期上，因为在他们心中，没有栈道，汉军是出不来的！哪里会想到另一个地方的秘密！与此同时，韩信亲率大军从故道潜出，翻越困难重重的秦岭，袭击了陈仓（项羽所封雍王章邯属地）。

就像天兵下凡一样，突然大队人马出现在陈仓，令楚军防不胜防，恐怕此时他们的意识还停留在栈道的修建上呢！章邯仓促率军驰援陈仓，可惜纵然章邯再神勇也敌不过韩信那出奇不备的计谋。汉军如出笼的虎狼之师一样连战连捷，分兵略地，迅速占领关中的大片领土，平定了三秦之地，从此汉军与楚军面对面地开始了争霸之战！

三、背水一战出奇兵

公元前205年，项羽在彭城大败刘邦，这使得与汉军一起攻打楚军的同盟霎时间站到了楚军的一面，塞王、翟王、齐王、赵王、魏王纷纷背汉归楚，汉军处于生死存亡之际。就在这时，刘邦采纳了韩信的建议——这些割据的诸侯国只顾自己据地自保，互不救援，针对这种特点应该各个击破，开辟北方战场，向北攻打燕国、赵国，然后向东击败齐国，随后向南断绝楚军的粮道，最后西来与大王汇合于荥阳，这才是最佳的办法。汉王听后十分高兴，随后就命韩信带大军去攻打诸国。这一系列战役中，最值得称道的便是井陉口的背水一战，谱写了中国古代战争史上精彩的篇章。

公元前204年，韩信统率着3万名新招募的队伍，浩浩荡荡越过太行山，向东挺进攻打赵国。赵王闻讯后，立即集结20万的大军在井陉口处防守。井陉口，是太行山八大隘口之一，就是现在河北土木关。在井陉口以西，是一条几十千米的狭窄驿道，易守难攻，尤其不适合大部队的行动。当时的战局对于韩信一方来说是极为不利的，韩信麾下只有新近招募的3万非正规军，而且长途跋涉，身体疲乏。而赵军正好相反，20万大军抢先扼守井陉口，居高临下，以逸待劳，赵军处于优势，只要不出大错是不会失败的。

当时各诸侯国都是人才济济，赵国有个非常聪明的人广武君李左车，献计成安君道：韩信渡西河、掳魏王、擒夏说，军队锐不可当。但是汉军千里而来，粮食就是个大问题，这井陉口，路狭行车不便，粮草必然落在后面。如果暂拨我3万奇兵，从小路截断汉军辎重粮草，您再深挖护营壕沟，加高兵营围墙而待，不出十日，韩信、张耳的头颅就可悬在您的旗下了。然而成安君陈馀却是一个迂腐书生，认为赵国是正义之师，汉军千里来袭，兵数又少，我们不需要用奇谋诡计就可以胜利，最终没有采纳李左车的计策。

韩信得知后非常高兴，一下子扫除了他的担忧，于是大胆进军，离井陉口30米处驻扎下来，开始实行他精心谋划的策略。在半夜悄无声息的时候，韩信精选了2000骑兵，并让他们每个人手里拿上一面汉军旗，悄悄沿小路上山隐蔽起来，在山坡上窥探赵军。韩信命令他们只要看见大部队出击赵军，就要马上倾巢而出，乘机迅速冲入赵军营地，拔掉赵国旗帜，插上汉军红旗。

按照兵法上说，布阵应是"右背山陵，左对水泽"，但是韩信却一反常理，非要背道而驰。韩信认为赵军处于有利地势，他们会认为我军在半路遇到险兵而退兵，所以在没有看见我军的旗鼓之前，必然不会主动出击。针对这种情况，韩信决定派1万人为先头部队，背靠河水摆开阵势。此时的赵军不仅没有察觉潜伏着的汉军，而且看见汉军背水列阵，置兵于"死地"，更加轻视韩信的能力了。

一切准备就绪，天刚亮，韩信传令：今天打胜赵军之后，大家一起大吃一顿！其实将士们也不明白韩信的用意，谁都不相信会打胜仗。韩信将自己大将军的旗号举了起来，战鼓打响，直冲井陉口。赵军按捺不住，想一举歼灭汉军，便出动大军迎击，正当赵军气盛之时想要好好打一场胜仗时，韩信却弃鼓偃旗，佯败而逃，一路退回到河边自己布下的阵局里。汉军的这一举动立马激起了赵军的斗志，赵军中计，果然倾巢而出率军追赶，与河边的汉军拼死一战。这时奇怪的事发生了，本来势弱的汉军看见前有强敌，后有水阻，无路可退，便抱着必死的心态，个个拼命去杀敌。双方大战了许久，这些没有训练基础的汉军却越打越凶猛，赵军始终无法打败他们，这便是"陷之死地而后生，置之亡地而后存"的奇迹了。此时全军的将领才终于明白韩信大将军的奇妙布局，从此只一心听从将军的命令，不敢再有所怀疑了。

而正在双方酣战的时候，山坡上隐藏的 2000 轻骑兵冲下来，趁赵军大营空虚之际，立即冲进赵军的军营，将赵军的旗帜全部拔掉，竖起汉军的 2000 面旗帜，迎风招展！打累回来休息的赵军误以为营垒已被汉军所劫，顿时慌了手脚，阵势大乱，四散奔走逃告。即使赵军将领将那些带头逃跑的人军法处置，也阻止不了溃逃的局面，大局已定，汉军两面夹击，最终大败赵军，斩杀了成安君，活捉了赵王歇，取得了井陉之战的完胜。

四、垓下之战围霸王

韩信一路打来，矛头直指楚军，也就是说韩信的终极对手就是号称"西楚霸王"的项羽。说起项羽，估计没有人不知道霸王的威名，想当年项羽力能扛鼎，有万夫不当之勇，更是火烧阿房，秦国的灭亡者。没有人敢与霸王正面交锋，直到遇到韩信大将军，而更为讽刺的是，韩信当年在项羽军营里只是个看门的！

公元前 203 年，楚汉争霸已然三个年头了，双方互有伤亡。虽然汉军势力猛增，但是内部也出现了种种不团结的因素，尤其是韩信被封为齐王后有些坐山观虎斗的态势，而此时想把楚军一网打尽也不太可能。无奈之下，刘邦与项羽达成协议：以鸿沟运河为界，又被称为"楚河汉界"，划分天下，这就是历史上著名的"鸿沟和议"。

当时天下百姓纷纷认为，和平日子终于来了！西楚霸王也当真了，于是带着他的楚家班十万大军向楚地撤军。而此时的汉营却发生了变动，就在刘邦打算率军西返时，大汉谋臣张良和陈平却建议撕毁鸿沟和议，认为楚军这时候又疲劳又饥饿，且无防备之心，在他们东返的路上，从背后发动袭击是"天灭楚国"千载难逢的好机会。这个建议大胆而卑鄙，它虽然是大汉王朝快速建立的妙计，但也使得刘邦从此背上了背信弃义的骂名。然而，自古成王败寇，刘邦最终还是采纳了二人的建议，向楚军突然发动进攻。

将项羽打败，单靠刘邦的势力还是不够的，他必须联合韩信、彭越等共同围杀楚军。但是已为一方诸侯的韩信等人却在犹豫，迟迟不肯发兵救援，这使得刘邦在项羽面前吃了不少败仗的苦头。项羽果然名不虚传，在固陵将刘邦打败，并且楚军又围住了退入陈下的汉军。汉军只好筑起堡垒坚守不出，气急败坏的刘邦询问张良："为什么那些诸侯不救援咱们?"张良分析道："各诸侯是担心，如果楚军败了，估计他们也就没有封地了。如果大王能够与他们共享天下，那么他们便能立刻到来，事情的发展是难测的啊。不如就将附近的封地分给他们，这样他们安心，也会拼命为各自而战的，如此楚兵必败。"于是，刘邦采纳了张良的建议，将东到大海的大片领土封给韩信；睢阳以北至谷城封给彭越。在这种情况下，韩信、彭越果然率军挥师南下与自淮地北上的英布和刘贾，五路大军一齐发动，浩浩荡荡地对项羽进行最后的合围。

公元前202年，五路大军向项羽奔来，并且占领了楚国的很多地方，汉军气势逼人，连连胜利。项羽的部队却被迫向东南撤退，一直退到垓下。此时的霸王依旧霸气十足，安营筑垒，决心整顿部队，用这尚存的十万楚军杀出重围，再争天下。但是，时不待楚了，此时的形势对于楚军来说是极其不利的：韩信、彭越、英布等会合刘邦后，汉军兵力已超过60万人，这6:1的战局已表明天命所归了！更何况汉军大将如云，只为擒一霸王。汉军在垓下把向南撤退的楚军层层包围，使楚军陷于十面埋伏之中。

韩信亲自率领30万大军主力坐镇中央，汉王坐镇后方。大战开始，韩信亲率大军发动攻势，但是这次进攻却受到了挫败，楚军势头很猛准备追击汉军。正在这时，汉军左右两翼大军迂回赶来，夹击楚军，两大队人马厮杀在了一起，尘土飞扬，只能听见刀剑声和嘶喊声。后退的韩信看见局势偏向汉军，马上带队翻身再战，孤军楚军难挡三面重兵的包围，于是项羽带着他的骑兵冲出包围，被迫退回垓下城。

韩信最大的武器在于"攻心"，看着被围的楚军，汉军没有立刻出击，而是在夜深人静的时候，上演了一幕心灵瓦解战——"四面楚歌"。据说为了动摇、瓦解楚军的军心，韩信还用牛皮制成风筝，上缚竹笛，放到高空中，风吹着笛子发出凄凉的音乐，而汉军也都唱起了楚国的民歌。楚军听到家乡的音乐，顿时心里打翻了五味瓶，想起这些年来南征北战，四处闯荡已经很久没有回家了，想起了家乡的父老乡亲和妻儿……这些楚歌立马让楚军士兵悲伤起来，甚至以为汉军已经把楚地给夺下了，这场"攻心战"导致楚军军心涣散，逃亡不断。

这一计策，不费一兵一卒便将楚军瓦解殆尽，霸王也无能为力了。项羽见大势已去，便趁夜率领自己的八百亲信骑兵拼命突围南逃而去，直到第二天天亮，汉军得知项羽突围的消息后，立马派兵追击，声称活要见人，死要见尸。

项羽一路难逃，渡过淮水，一直冲杀到乌江边，他回头一看，800人马到后来的28骑，如今只剩下自己一个孤家寡人了！这对于曾经的霸王来说，简直是天大的失败，项羽的心立刻也跟着死了，认为自己已经没有颜面再见江东的父老了。这时刘邦的大军已赶来，满满的都是汉旗！纵然项羽以一当万，一个人与整个汉军搏杀，也难逃失败的命运了，项羽只好仰天长叹，望着家乡的方向，自刎而死。随着项羽的死亡，历时四年半之久的楚汉争霸，最终以刘邦的胜利而告终。

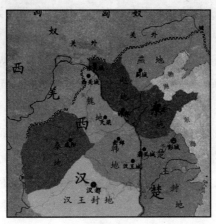

楚汉地图

　　宋元之际的陈元靓对韩信的一生有过精准的评价描述："淮阴善将，逢时展效。受律登坛，握兵之要。虏魏降燕，平齐下赵。辅汉之功，久而益劭。"对于出身寒微的韩信，可算是传奇一生了。

04 "匈奴未灭，何以为家"
——霍去病

◇ ....

在人类漫长历史中，出现过很多"少年英雄"，这些天才小小年纪便创造了许许多多的神话，然而最无情的是天妒英才，英年早逝的他们会让无数人为之扼腕、叹息。在今天陕西省兴平市东北约15公里处的茂陵有一座像祁连山模样的坟墓，墓前赫然矗立着一尊"马踏匈奴"的石像，不禁让人感慨，是谁家的墓冢这么气派啊！其实大多数人都知道它的主人的名字，那就是西汉名将霍去病。

霍去病（前140—前117），河东平阳人，即今天山西临汾人。霍去病只有短短23年的人生，可是他的一生却是如此辉煌：班固总结为"饮马翰海，封狼居山，西规大河，列郡祁连"。一生与匈奴作战，17岁便获封

霍去病雕像

"冠军侯"，其名言"匈奴未灭，何以家为"更成为他的千古名言。汉武帝对于他的死极度痛心，死后封他为"景桓侯"，并将其最终的归属修建得像祁连山一样，这样就可以让后人永远铭记霍去病将军的功绩了！

一、少年"冠军侯"

公元前140年，霍去病成为一个奴仆的私生子，但他的命运却因为当上皇后的姨妈卫子夫以及成为大将军的舅舅卫青而改变。从小霍去病就表现出了与其他小孩不同的一面，小小年纪就立志要保家卫国、建功立业。在小霍去病心中，大将军舅舅是他的偶像，所以他想成为像舅舅一样厉害的人。同时大将军卫青也非常注重对这个外甥的培养锻炼，让霍去病平时就勤练武功，刻苦学习。在霍去病十几岁的时候，他已经蜕变为一个相貌堂堂、胆气内藏、文武双全的男子汉了。

从春秋战国时期一直到秦汉时期，匈奴侵扰都是当时王朝的一大问题，即使是万里长城的建立也没有完全阻挡了匈奴南下的脚步。西汉刚建立的时候，正处于发展阶段，国力还不够强，于是用"和亲政策"来维持着汉匈的和平往来。

然而，经过几代皇帝的经营，到了汉武帝时期，国力逐渐强盛起来，汉武帝决定抛弃屈辱的女子交易即"和亲政策"，开始了汉王朝向匈奴抗击的铁血历史。这对于满腔热血的霍公子来说，无疑是很好的建功机会。元朔六年（前123），汉武帝策划了一场大规模的漠南之战，大将军卫青为此次的主将。17岁的霍去病已经按捺不住了，他跃跃欲试想要冲锋陷阵，便主动请缨要舅舅带着自己出战，于是武帝任命他为骠姚校尉随军出战。

广袤的沙漠是匈奴人主要的活动地盘，他们从小就驰骋在大漠里，各个骁勇善战。这次的主要战争场所是漠南，也就是今天蒙古高原大沙漠以南，对于第一次上战场的霍去病来说，他以前没有体会到沙漠大战的艰辛和匈奴的厉害，有的只是"初生牛犊不怕虎"的勇猛无畏。在兴奋的霍骠姚的再三恳求下，卫青挑选了800名精锐铁骑随霍去病独立去作战。这一战，少年英雄终于要崭露头角了。

刚开始霍去病和大部队一起进军，但自从卫青给了他兵马以后，霍去病就想着要做急先锋，抛开大部队，带着自己的800壮士，长途奔袭深入茫茫的大漠，寻找敌人踪迹。霍去病带着自己的部队在大漠里驰骋了几天几夜，顶着烈日，忍受饥渴等各种艰苦的环境，终于在一片绿洲附近发现了一些人马，原来漠南的匈奴主力就驻扎在这里。霍去病并不打算打草惊蛇，他先让他的骑兵跟随他以最快的速度迂回穿插到匈奴的后方去，准备就绪后便如闪电般对匈奴实行合围。

霍去病仔细观察了匈奴的布局，从防守最薄弱的地方偷袭了匈奴的营地。霍去病血气方刚，勇猛无畏，以一敌百，他的部下在他的感召下，也都拼命杀敌，经过一番混战后，匈奴伤亡已经非常惨重了。此时的匈奴人在还没有反应过来"这带头的将军是谁""他们怎么突然来的"等问题时，却已经被霍去病这一系列颠覆性的战术给打败了，出乎所有人的意料，霍去病取得了人生首战的告捷。此时后续的大队人马才赶来，还没等他们动手，就已经收获了胜利。

这个年轻人给了汉武帝太多的惊喜和震撼：不仅斩杀了匈奴的相国和许多官员，还斩杀了单于的祖父，并且将单于的叔父罗姑比俘虏至汉武帝面前。汉武帝非常高兴，他没想到霍去病小小年纪而且是第一次出征居然取得了如此辉煌的战绩，为了表彰他的勇冠全军，武帝下诏封霍去病为"冠军侯"，给予了极高的殊荣。

二、横扫祁连山

经过漠南之战后，匈奴单于见大事不妙，迅速往沙漠以北撤去。汉匈之间一旦开战，是不会马上终止硝烟的，此时汉王朝的疆界依然存在着诸多威胁：东北部时不时地遭受到左贤王的袭扰，而且河西地区还存留着浑邪、休屠二王的势力，要想取得汉匈之战的胜利，汉王朝还需要进行更多的战役。

为了解决匈奴问题，汉武帝与群臣商议，认为现在应该将注意力放在河西之地（即今天的河西走廊及湟水流域）。朝中一些有远略的大臣都纷纷支持这一想法，冠军侯霍去病自告奋勇，承诺只需1万精兵而且不需要后勤辎重，就有信心将河西变为大汉的后花园，并且向武帝说出了自己的计划。其实很早的时候，霍去病就在舅舅的指引下关注着河西，将西域的地图摆在家中，时常观察研究，而且还会请教一些熟悉河西情况的匈奴降将给自己答疑讲解，他早已在心中有了征战河西的规划。

霍去病当时才19岁，雄才大略的汉武帝最终选择了让这个果敢、聪明的年轻人去放手一搏。元狩二年（前121），趁河西匈奴自身实力还不是很强，浑邪、休屠二王的主要精力在控制西域和西羌上的时候，汉朝决定利用其松懈的防备，发兵河西。

这一路长途跋涉远征河西，充满了坎坷，霍将军金甲玉冠、雄姿英发骑马在前，紧随着的是一面"汉"字大旗和一面"霍"字大旗引领着的雄壮整齐的大部队。为了取得胜利，霍去病一路小心翼翼，千里奔袭，灵活作战，尽量隐蔽自己，以便能够成功远距离突袭。为防止匈奴与羌族发现自己，霍去病便在今兰州以西渡河，专门走比较难走的乌鞘岭北坡的草地。

河西之地存在着许多小部落，霍去病一面向西行军，一面与这些小部落进行各种交流与斗争。霍去病大部分采取了较宽容的和平政策，就这样，很多部落慑于大汉王朝和霍去病的威力，纷纷投降，从而解决了粮草补给和兵员不足的问题，也减少了许多不必要的敌人。

军队一路跋山涉水，终于在焉支山（今甘肃一带）与浑邪、休屠二王相对决。积攒了一路的力量仿佛在看到敌人的那一刻都激发出来了，尤其是霍去病，精神抖擞，冲锋在前，发挥其勇猛的气势和巧妙的谋略，趁二王防备不足之时，快速而猛烈地将二王打败，顺利地歼灭了匈奴9000人。从此，霍去病这个名字成了匈奴人的魔咒。

第一次河西之征的捷报传入未央宫后，激起了武帝更大的信心和更多的欲望，于是武帝下令连续作战，就是要趁河西匈奴的兵力、马粮未复原之前，搅乱匈奴骑兵受自然规律支配的作战习惯，要"出其不意、攻其不备"地再次发动战争。

第二次河西之战，为了获得更大规模的胜利，汉朝派李广将军出兵东北以牵制匈奴左贤王部。而另一方面，霍去病与公孙敖兵分两路，一路让公孙敖打着汉军大旗从正面吸引休屠王和浑邪王的注意力，而霍去病却远赴敌军后面，然后再两路会师于黑河，合力袭击匈奴兵。

大军发兵之日，正好是炎炎夏日，河西的天气干旱而燥热，然而霍去病却斗志昂扬地率领大军前进着。霍去病先是率军从灵武一带渡河，河西一带多山而崎岖，霍去病一路上尽量躲避匈奴的主力，艰难地翻越过贺兰山后又翻越了一座浚稽山，意图绕道袭击他们的后方。

途中经过小月氏，他们一直以来不断忍受着匈奴人的侵犯，霍去病的到来宛如救命天神一样，随后小月氏人决定与汉军合作共伐匈奴。在霍将军的带领下，大军以北斗星为向导昼伏夜行，来避免酷暑的难熬。在霍将军精神毅力的感召下，将士们马不停蹄，士气大振，急速进军，深入两千里敌境，历经千辛万苦来到与公孙敖约定好的黑河。

大军驻扎在这里没有等到公孙敖的军队，反而等来了公孙敖军队迷路的噩耗。原来，公孙敖对这里地形不熟，迷路了，这样一来就不能与霍去病如期会合，进行前后夹击了。

这该怎么办呢？全军上下一片骚动，而此时的霍去病却表现出了与他年龄不符的冷静与睿智，他知道打仗要注重时机，大军千辛万苦赶来，不能功亏一篑。于是只好改变策略，趁大家还没彻底放弃和敌军还没准备好的时候，决定独自从背后发动攻击。

祁连山下，在天地交汇的地平线上，霍去病整顿军队，用必死的誓词鼓舞将士，发出了进攻的号令。随后狂烈不羁的勇士们如怒海惊涛般奔腾而去，速度快得令人胆寒！果然，匈奴人看见一下子出现这么多汉军，就像天降神兵一样，此时的匈奴兵根本没有准备好，惊恐之下慌忙应战。

营地顿时呈现出牛马与人奔逃的景象，然而他们终究逃不过漫天飞来的箭矢和挎刀飞奔的铁骑。结果可想而知，不按常理出牌的19岁少将军又一次接受了胜利的欢呼。这一次，匈奴死了3万余人，还丧失了重要的河西之地，而汉军仅损失了十分之三的兵力。大漠上到处回荡着"亡我祁连山，使我六畜不蕃息；失我焉支山，使我妇女无颜色"的哀歌。

更值得一提的是，河西之战还引发了匈奴一系列内讧：单于听闻这两次大败，非常恼怒，于是想除掉被打败的浑邪王与休屠王。消息走漏，浑邪王与休屠王不想遭到灭门，便私下共同密谋降汉事宜。最后，浑邪王杀掉反悔的休屠王，率领余部4万人降汉，从而谱写了历史上光辉的一页。

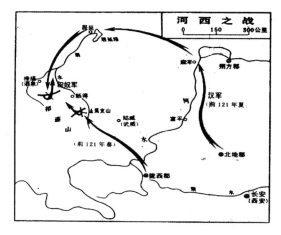

河西之战图

三、马踏匈奴的漠北之战

漠南、河西地区，汉军都取得了决定性的胜利，那么接下来必然是直捣王庭——漠北之战了。汉朝解除了来自西方的威胁后，注意力就转向了东北方的左贤王和单于本部。为争夺生存空间，长于沙漠的匈奴骑兵一刻也没停止过武力，远徙漠北的匈奴单于仍不断攻掠汉朝北部边郡。

但是慑于大汉的天威，他们不敢轻易南下作战。这时，单于身边出现了一个红人，是汉朝的降将，名叫赵信，现在是单于的姐夫，可谓一人之下，万人之上。他向单于出谋划策道：我们退居大漠以北，可以采取激怒汉军的方法，引诱汉军远征漠北，这样就可以以逸待劳擒杀孤军远征的汉军了。单于认为此法可行，便按照赵信说的开始布战迎敌。

可是他们失算了，让他们万万没想到的是，对手是那样的厉害。根据情报消息，汉军知道了赵信为单于献的策略，于是便"将计就计"，打算出其不意，冒险远征漠北，进入敌人的"陷阱"。单于听到这个消息后，果然很高兴，立马转移辎重，部署精兵于大漠北缘，准备以逸待劳，迎击汉军。只是匈奴这个"猎人"遇到霍去病这个"猛兽"，恐怕结局是单于所没有预料到的。

元狩四年（前119），大汉王朝为了这场决战已秣马厉兵两年了，经过一系列发展经济、富国强兵的准备后，汉武帝终于下定决心要进行一次距离最远、规模最大、难度系数最高的战役——漠北之战。

这一年春天，天气刚刚转暖，汉武帝就选派了自己最得力、最厉害的大将军卫青和骠骑将军霍去病各率5万精骑分两路深入漠北远途奔袭，这一次要连根拔起匈奴的势力。这派出的10万骑兵和王朝两员大将，是大汉的精华所在，并且随军战马14万匹，步兵及转运夫10万人，总之，王朝上下鼎力支持，力求完成武帝旨意，彻底歼灭匈奴主力，直捣王庭。

大汉的军队一路人马由卫青率领从定襄（今内蒙古和林格尔西北）北出，在半路上，单于主力出现在卫青大军的前方，久经沙场的卫青稳住阵脚，急行千里，并精心挑选5000精骑会战于单于。日出日落，留下了炙烤般的热气，卫青克服漫天沙石，指挥骑兵从单于的两翼进行包围。没想到单于竟然胆怯，寻机从卫青的包围圈中突围而逃，匈奴军立马溃散。卫青乘胜急追，共计歼敌1.9万人，并且烧了匈奴的粮草。

而另一路大军在霍去病的带领下，已经迅速出兵代（今河北蔚县东北），这位沙漠的骑士出塞后，率领着自己的大兵团骑兵队深入漠北，任用俘获的匈奴人为汉军开路，开始寻找匈奴主力。为确保在浩瀚的沙漠中精简灵活，霍去病携带了很少的辎重粮草，像猎鹰一样搜寻着自己的猎物。

霍去病一路向北急行，水草奇缺，飞鸟难至，忍饥耐渴、视死如归的汉军越过荒无人烟的大沙漠，在长驱漠北 1000 多公里后，终于与匈奴左贤王部进行了对决。像饥饿的猛兽一样，霍去病军对左贤王军进行了猛烈的突袭，这左贤王哪是战神的对手啊，没几个回合，就大败而逃了。

霍去病哪里肯放过他们，一声令下挥军追赶，一直追到了狼居胥山（今蒙古乌兰巴托以东），也是在这里，霍去病达到了自己人生的巅峰。凭借着魔咒一般的神力，连战连捷，斩杀比车耆，俘获匈奴屯头王、韩王等 3 人，像将军、相国、当户、都尉这样的大臣 83 人，俘虏和斩杀匈奴吏卒 7 万余人，匈奴左贤王的军队至此葬送在了霍去病手里。

这不是霍去病一个人的胜利，这胜利更是代表了大汉王朝的天威。22 岁的霍去病心里也是异常兴奋，为纪念这次伟大的胜利，霍去病决定封狼居胥山，在山上堆土增山，修碑纪念，同时又在姑衍山（今蒙古乌兰巴托市东郊）下，祭告天地，慰藉英灵。此后，霍去病和他的"封狼居胥"，成为历代兵家的最高追求。经此一战，匈奴远遁，漠南无王庭。霍去病和他的战士们在到达瀚海（今俄罗斯贝加尔湖）后，率军凯旋，终于结束了这场远征。

漠北之战图

　　回到长安，汉武帝对漠北之战的结果极为满意，以隆重的礼仪接待了两位英雄，并且大赏群英，分别加封卫青、霍去病二人为大司马大将军和大司马骠骑将军。可惜天妒英才，两年后，即公元前117年，霍去病去世了，过早地结束了自己辉煌的人生，不过，他的辉煌却永远被后人铭记。可以说，霍去病年轻的一生与匈奴是联系在一起的，就连汉武帝要给霍去病建一座官邸时，霍去病都留下了一句千古名言："匈奴未灭，何以为家？"这句话不仅震惊了当时的君臣，也激励着后世一代代的有志青年。

05 火烧连营
——陆逊

◇ ....

　　三国时期，名将辈出，数不胜数。其中，三国鼎立中，地处东南的孙吴之所以能维持多年的一方霸主，除了君主孙权的雄才大略外，还有许多名将为之赴汤蹈火，保家卫国。我们熟悉的有赤壁之战中的周瑜，袭杀关羽的吕蒙，以及夷陵之战中终结刘备的陆逊。

　　陆逊（183—245），本名陆议，字伯言，吴郡吴县（即今江苏苏州）人。陆逊生于江东的大族家庭，从小就智勇兼备，后来还成为孙策的女婿，更是三国时期东吴的大都督、大将军、丞相。孙权将他视为自己的成汤伊尹和西周姜尚，在后世的唐、宋年

陆逊画像

间，"吴丞相娄侯陆逊"均被列入名将庙堂，供后世瞻仰。陈寿评价陆逊："刘备天下称雄，一世所惮，陆逊春秋方壮，威名未著，摧而克之，罔不如志。"一世称雄的刘备居然死在了陆逊这个年轻的将军手里，也是历史的一段传奇。

一、智斗山越安邦国

　　陆逊，从他的名字就能看出他是一个温文尔雅的儒学之士，但是他不仅文能安邦，而且武能定国，是中国一个典型的儒将。陆逊家族在江东世家大族中有自己的一席之地，他的祖父是城门校尉陆纡，他的父亲叫陆骏，曾当过九江都尉。但不幸的是，在陆逊10岁的时候父亲就去世了，之后对他影响很大的是他的从祖父，时任庐江太守的陆康。生逢乱世，时局动荡，陆逊辗转流离到江南，开始了与东吴政权的缘分。

　　204年，陆逊21岁，已经是文韬武略一表人才了，这时距离赤壁之战已经四年，三国鼎立局面早已形成，可以说陆逊是吴国杰出的后起之秀。这一年，陆逊成了孙权幕府中的一员，开始为孙权出谋划策，东征西讨，安邦定国。

　　我国自古就有许多少数民族分布在东南地区，也就是孙吴统辖区内，最主要的就是山越族，山越族民风强悍，不愿臣服于孙吴政权，据险固守，不断挑战着孙吴政权的安定。可是，孙吴立足东南，必然要与他们相处，怎么相处也是当时一大问题。鉴于这个问题，陆逊有着自己的认识，他曾上书孙权说："现在正是乱世出英雄，争霸混战的时候，到处都有豺狼一般的敌人存在着，要想战胜他们，平定天下，必须要有大量强壮的兵马。而山越总是与我们为敌，这样就会使国家内部不安定，只有内部平定了，才能向外扩张，实现霸业。"

　　孙权觉得陆逊所言很有道理，于是任命陆逊为右部督，负责山越的事情，因此，陆逊安邦定国的活动开始于制服山越人民。有一个叫费栈的人，曹营让他在吴国做内应。为了扰乱东吴内政，他跑到丹阳地区，开始煽动当地的山越人民起事反吴，丹阳山越民的叛乱越闹越大，严重影响了社会治安。这个消息一传到孙权耳朵里，孙权就想到了陆逊，下令让陆逊解决这件事，于是陆逊奉命前去征讨。

　　不过这次征讨，陆逊只带了很少的兵马，因为他认为敌我力量虽然悬殊，但山越民多智少，所以只可智取不可力敌。山越民在费栈的带领下，到处烧杀抢劫，并且仗着自己人多，也没把陆逊这一小吏放在眼里。此时，陆逊率兵早已来到丹阳，但却没有立刻下令攻击叛贼，而是命令士兵们去做旌旗牙幢，越多越好，目的是将自己扎营附近的所有山头都插满旗子，采用疑兵之计让他们以为这些地方都布满了吴兵。

　　接下来，陆逊又派人到各个山头角落埋伏好，等到夜深的时候，就突然吹起号角。费栈听到号角，以为陆逊要进攻自己，连忙号召起自己的山越兵进行防御，结果当他们集合起来时，号角声又停止了，费栈也不敢在深夜贸然出兵，再加上山头那么多旗子，山越民心里都敲起了退堂鼓。这样几天下来，就有很多山越民逃跑和投降，这时陆逊不吹任何号角，突然率精兵连夜猛攻了山越军营。费栈慌忙应战，而此时的山越民根本无心应战，整个军营乱作一团，没过多久陆逊就将他们制服了。

　　陆逊把这次起事平定后，便将这些居住在山里的少数民族强制牵往平原地区，使其成为国家的编户齐民，种田纳赋，增加了国家的收入。同时挑选强壮者参加军队，为孙吴开疆拓土提供了条件。

二、出谋划策夺荆州

自赤壁之战后，三国形成鼎立之势，但是他们之间的矛盾和战争依然存在。赤壁之战后，刘备占领了荆州的大半，荆州地处重要的战略位置，谁占有了荆州谁就占据了进军中原的基地。孙权不甘心，一心想要夺回荆州，于是就产生了争夺荆州的问题，吴蜀联盟出现了缝隙。

刘备一派由名气最大、武功最高的将军关羽镇守荆州，一方面防御曹操，另一方面吴国慑于关羽的威名也不敢轻举妄动。然而，三国之间各怀心思，尤其是曹操方面，为了遏制关羽向曹魏进攻，也为了破坏吴蜀之间的同盟，于是曹操派人去东吴游说一起进攻关羽。没想到一拍即合，其实孙权也早有此意，尤其是驻守陆口的吕蒙大将军，极力劝说孙权答应曹操的建议。其中，东吴另一个人也极力赞成，这个人就是陆逊。

计划安排好后，东吴便开始实施了，吕蒙为了不引起关羽的怀疑，假装生病回京城养病去了，这就造成了一种假象：大都督都回建业了，吴国不会对荆州有什么举动了，从而让关羽对东吴放松了警惕。就在吕蒙途中在芜湖休息时，下人禀报有人要见将军，吕蒙一见，原来是陆逊。陆逊此次前来拜访是特地向吕蒙说出自己对荆州的看法与谋划的，陆逊不但分析了关羽骁勇善战、傲慢自大的性格以及一心只想进攻北方曹魏的心理，而且还为东吴谋划了袭击的方法。

吕蒙一听，心里暗惊，居然和自己想的一样，随后吕蒙又与陆逊交谈了许久，发现陆逊深谋远虑，非常有才华，是一个不可多得的人才，可谓东吴后继有人啊。当吕蒙回京见到孙权后，便极力赞扬陆逊的才华，并推荐陆逊代替自己镇守陆口，孙权听取了吕蒙的建议，便让陆逊去镇守陆口这一重要地方，这一年，陆逊36岁。

关羽听说陆口派了一个不知名的人来镇守，立马暗笑起来，孙权小儿这是唱得哪出戏啊，居然用一个无名小辈来镇守这么重要的关口。不一会儿，关羽收到了一封来自陆逊的信件。关羽拆开信件，随意扫了一眼，立马大笑起来，随即下令把留守后方、用于提防东吴的军队调至前线，全力对付曹操。这封信究竟写了些什么呢？原来，陆逊在这封信里，极尽阿谀奉承之词来赞美关羽，表达自己对他的仰慕，又把自己说得很卑微，表示绝不与关羽为敌，这使得关羽更加傲慢起来，对陆逊这个小子轻蔑至极，根本不放在眼里了。同时，陆逊采用激将法，尽量用关羽以往的功绩来抬高关羽，并且渲染曹操的狡猾与奸诈，唆使关羽尽快向曹操发兵。

这封信果然很厉害，完全达到了陆逊的预期，没过多久，关羽便率兵全力发兵前线，完全丧失对东吴的警惕，这样关羽的后方就出现了真空地带，变得危机四伏，中了陆逊的计谋了。然而正在陆口镇守的陆逊依然一动也不动，他一直在侦察着关羽的一举一动，就等一个可以进攻荆州的好机会了，这一机会就得从关羽内部找。关羽自视甚高，对部下非常严苛，有一次，关羽军营里负责军队粮草物资的部将糜芳和傅士仁延误了日期，导致关羽大发雷霆，声称要用军法严厉处置他们，而糜芳、傅士仁对关羽的处置非常不满，不能忍受关羽的处罚，心里便有了叛变的念头。

陆逊及时地掌握了这一情报，认为东吴的时机来了，于是他马上上报孙权，要求与吕蒙兵分两路，攻打荆州。袭击开始后，陆逊非常激动，直下荆州公安、南郡，所向披靡，斗志昂扬，迅速占领了秭归枝江、夷道，堵住了关羽退往蜀汉的道路。

正在前线的关羽得到消息后，大为惊恐，这才意识到中了陆逊这小子的计了，但是为时已晚，现在的关羽受到了魏、吴的夹击，更令关羽没想到的是糜芳、博士仁叛变，早已打开了公安、江陵的城门投降吴军了。形势对关羽极为不利，纵然关羽再英勇，也难逃这十面埋伏的绝境了，最后关羽兵败麦城，蜀国一员顶梁柱最后就这样被擒杀了。陆逊在这次战役中功不可没，孙权为此隆重嘉赏了他，封陆逊为右护军、镇西将军，进封娄侯，镇抚荆州。

三、刘备的终结者

当失去荆州和关羽被杀的消息传到刘备耳朵里时，痛心不已的刘备早已经忘记了当初诸葛亮给他定的"联吴抗曹"的方针了，他不顾其他大臣的反对一意想要灭掉吴国。

雪上加霜的是，刘备的又一大将张飞也同样惨遭部将杀害，痛失两员大将的刘备此时已彻底失去了理智，更坚定地要去攻打吴国。章武元年（221），刘备称帝，并令丞相诸葛亮留守成都，自己毅然决然地率领大军向东吴出发了。

面对蜀汉大军压境，孙权认为这样会"鹬蚌相争，渔翁得利"，于是主动向刘备请和，结果被刘备拒绝了。无奈之下，孙权便再一次与曹操结盟，并且开始准备应战，这一次孙权任命陆逊为大都督、假节，统率大军抵抗刘备的侵袭。

刘备知道吕蒙已经去世了，东吴将才缺失，而陆逊的名气根本没法跟刘备相抗衡，认为这是进攻的好机会，心里是志在必得。士气旺盛的蜀军，一路出西蜀，沿江进东吴，攻城略地，所向披靡。这可急坏了吴军的将士，大家都愤愤不平，急切地要求出战，与刘备一决高下。而此时，与其他人不同的是，陆逊却顶住压力迟迟不下进攻的命令，这使得很多人对他心存不满。就这样一直到蜀军行至攻巫（今四川巫山）、秭归（今属湖北）时，陆逊才下了命令，可令大家失望的是，命令居然是让军队后撤，不抵抗刘备进攻。虽然大家都不知道大都督的用意，但只能照做，吴军一直退至夷陵、猇亭（今湖北宜都北、长江东岸）一带，让开了南岸，并且还要把数百里峡谷留出来给刘备。

章武二年（222）二月，刘备率领着自己的大军来到了陆逊给他让出的夷陵一带，坐镇猇亭督师。这里山路崎岖，道路狭窄，刘备只能把自己浩大的部队像巨龙一样排列开来，沿路扎下了几十个大营，气势特别盛大。但刘备没有想到，他正在一步步走入陆逊部署的虎口，这一布兵，其实是中了陆逊的计了，蜀军深入吴境腹地五六百里，且在沿夷陵道由峡口至夷道城下约100公里的狭长地带分据险地，前后结营，使得蜀军根本没法大展身手，动弹不得，尤其是刘备的骑兵，在山地无法发挥其威力了。

刘备孤军深入，路途遥远，将士们也略显疲惫了，在别人的地盘上打仗，只能期望速战速决。刘备扎营夷陵，频频挑战周围的城池，并且想方设法地激怒陆逊，让陆逊率主力与自己决一死战。可是陆逊有自己的计划，任凭蜀军怎么样挑衅，就当没听见，十分沉得住气，就是坚壁不出。刘备一计不成又生一计，企图设下埋伏诱使陆逊出战，可是这位大都督陆逊识破了刘备的计谋，即使有些老将骂他一介书生，畏敌不前，陆逊仍然坚守不出，慢慢消磨着蜀军的士气。

冬去春来，春去夏来，就这样半年过去了。相持这么久，蜀军已经思乡心切，兵疲意懒了，况且在敌国的腹地延绵数百里连营结寨，粮草补给也发生了困难。盛夏暑热，如火球一般的太阳炙烤着人们，不用点也能着火了。刘备看到不少将士情绪不安，并且出现了中暑现象，为了躲避这炎炎酷暑，下令将蜀军移营至树林之中。就在这时，陆逊这边却开始骚动起来，陆逊立马上书孙权表示反攻的时机到了。全军上下等这一刻已经等了很久了，于是个个斗志昂扬、情绪高涨。

陆逊利用天干物燥的气候形势，再加上蜀营相连，树木茂密的特点，决定实行火攻，继赤壁火攻之后，又一场火攻大战即将上演。陆逊命将士每人准备茅草一类的易燃物，待到晚上趁蜀军防备意识薄弱的时候，下令开始火攻。只见夷陵上空出现了上万支火箭和各种火把，纵然蜀军大营外面有鹿角，有堑壕，有弓箭防备，也无法阻止火苗立刻点燃了蜀军的军营物资，没过多久，附近的森林也开始着火，火光冲天，蜀军连营四十余寨完全被火海包围了！

刘备惊慌不已，也气愤不已，但是看见军中一片混乱，士兵们都在与火战斗，烧伤烧死不少，只好下令全军撤退。陆逊这时又下令，全军向蜀军进攻，同时封锁长江，以防刘备逃走。当刘备退至夷道的时候，发现陆逊早已派吴将孙桓在这里扼守阻击。蜀军被切断了，双方在夷道展开激战，疲惫的蜀军这时成了任人宰割的羔羊，根本不是吴军的对手，刘备只好下令大家继续突围，向后撤军。

刘备一路败退，陆逊一路追击，结果，蜀军的船只兵器，粮草物资，到处丢弃或者都被吴军截获去了。整个山间道路到处都是尸骸鲜血，其败状非常惨烈。最后，刘备收集败将残兵，退到了白帝城（今四川奉节东），而这里也成了刘备的终结之地。刘备在这里进行了白帝城托孤后，于第二年病亡，谁也没想到一代雄主居然栽在了陆逊这个晚辈手里。

就在刘备退守白帝城之时，吴国许多部将都要求乘胜追击，斩草除根，唯独陆逊不同意。目光长远的陆逊看到了继续追击的危险，于是上书孙权说，应该适时停止追击，以防"螳螂捕蝉，黄雀在后"的曹魏背后袭击。事后，果然不出陆逊所料，魏军发兵攻吴，但陆逊早有防备，魏军没有可乘之机。

　　陆逊在夷陵之战中用诱敌深入、后发制人、疲敌火攻的方法打败刘备后，吴国上下都对其钦佩不已，再也没人敢怀疑陆逊的智谋了。为表彰他的功绩，孙权加拜陆逊为辅国将军，领荆州牧，即改封为江陵侯。之后，陆逊多次率军抵抗魏军的进攻，并在石亭（今安徽潜山东北）之战中，大败曹休，曹休不久因气愤发病而死。公元244年，孙权任命陆逊为丞相，然而第二年陆逊便去世了，终年63岁。陆逊一生出将入相，平蜀抗魏，功勋卓著，但是令人敬佩的是死后家中并无余财，铸就一代贤臣。

陆逊雕像

06   北府泰斗
——谢玄

◇ ··················

　　魏晋南北朝时期是中国继春秋战国后又一个大分裂的时代，尤其是西晋末年八王之乱后，五胡乱华，晋室南渡，中华大地战争不断。被奉为华夏衣冠正牌的东晋王朝也只能苟安东南一隅了，但是在面对北方民族一次次的侵扰时，东晋王朝也涌现出了一批杰出的军事首领，其中一位就是创造了淝水之战奇迹的谢玄。

　　谢玄（343—388），字幼度，陈郡阳夏（即今河南太康）人。东晋时期著名的军事家、政治家，有经国才略，一生情系社稷危亡，更是创建了东晋最精锐的北府兵，最著名的功绩是在淝水之战中大败秦主苻坚，草木皆兵，一时传为佳话。唐朝在追封六十四位古代名将时，以及宋朝设庙享奠的古代名将中，都不忘把"东晋车骑将军康乐公谢玄"置于其列，以供后世敬仰。

谢玄雕塑

一、从诗酒高门走出来的将军

说起谢玄传奇一生的开始，我们不得不追溯到他的家庭。东晋时期，许多高门大族参与政权，并在政治中扮演着中流砥柱的角色。谢玄出生在江左高门的陈郡谢氏家族，他的爷爷是吏部尚书谢裒，他的父亲是安西将军谢奕，谢玄的母亲同样来自于当时的名门望族阮氏，是"竹林七贤"阮籍、阮咸的族人。他还有一个更了不起的叔父叫谢安，东晋孝武帝太元元年，谢安升中书监、录尚书事，总揽朝政，开启了谢氏一族的新篇章。

在这样显赫的家庭中，不仅从小锦衣玉食为其提供了丰富的物质条件，更重要的是这些家族非常注重文化传承。谢玄从小天资聪颖，极受家人喜爱，尤其是被叔父所器重，并亲自指点教育，希望他将来成为国家栋梁。但是，谢玄是个性情中人，无心于朝政中的那些事，而是从小就向往过一种"昔我往矣，杨柳依依。今我来思，雨雪霏霏"的安然自在生活。

虽然谢玄无意于权力追逐，但随着慢慢地长大，却显现出了无与伦比的治国才华，逐渐被外人认可。在东晋时期，出身于高门贵胄家的公子，会很自然地受到朝廷征召，但是谢玄为了追随自己内心的意愿，屡屡拒绝，直到后来被大将军桓温辟为掾属。桓温非常喜欢和器重他，曾预言谢玄40岁的时候，一定会成为一名出色的大将军，而事实也确实如此。

二、谢玄和他的北府兵团们

当东晋王朝在东南地区站稳脚跟的时候，北方纷争的各少数民族政权，被氐人所建立的前秦暂时征服。前秦苻坚是一个有才略的皇帝，礼贤下士，重用王猛等贤臣，并且奖励农桑，重视礼仪文化、兴建学校……前秦国力逐渐强大，先后东灭前燕国、北吞鲜卑拓跋代国、西兼前凉等国，并最终统一了我国战乱多年的黄河流域。随后，踌躇满志的苻坚意图以"疾风之扫秋叶"之势，一举荡平东晋，统一南北。

太元二年（377），苻坚将铁骑驶向了南方。面对来势汹汹的北方大军，南方政权在惊慌中马上进行应敌部署，这时谢安正好东山再起，他希望重用自己看好的谢玄，所以极力举荐谢玄出任兖州刺史，于是谢玄被封为建武将军，领广陵相、监江北诸军事，镇守广陵（今江苏扬州市），主要负责防守长江下游江北一线。

谢玄果然不负重托，正所谓"不鸣则已，一鸣惊人"，谢玄在广陵期间做了一件具有划时代意义的事——组织了一支叫北府兵的军团。当时的晋军要与北方少数民族作战，所以谢玄首先做的事就是组建自己的军队，"巧妇难为无米之炊"，而且米也得是好米，所以他便开始招募勇士，挑选良将。招募来的士兵大多数为流民，这些人背井离乡，忍饥挨饿，历经磨难且意志坚强，经过一段时间的训练后，最终成为一支在当时最具有战斗力的兵团即北府兵。在对士兵的训练中，谢玄选中了一员得力的战将——刘牢之为前锋，他率领着精锐所向披靡，开启北府兵百战百胜的征程。

太元三年（378），苻坚派大军展开了襄阳之战，但是没想到一开始就在这里行军受挫，大军屯兵城下，久攻不克。于是苻坚便另谋出路，避其锋芒，转攻襄阳以东这些薄弱地带，以期从这里打开一扇既能进攻东晋江北的各战略要点，又能威胁首都建康的大门。

这年八月，前秦大将彭超奉苻坚之名，亲率7万大军，进攻彭城（今江苏徐州市），将这里作为战略出口。面对强敌压境，城里的军民众志成城，在东晋沛郡太守、龙骧将军戴逯的率领下死守城门。彭城陷入包围之中，危在旦夕，急需朝廷的援助。

为解彭城之围，抵抗前秦的南下，太元四年（379）二月，谢玄率万余人救援彭城，进驻泗口（今江苏清江西南，即古泗水入淮水之口）。谢玄考虑到彭城里的人已抵抗半年有余，马上就面临着被攻陷的命运，此刻最重要的是安抚人心，于是他想方设法派人潜入城内通知戴逯，希望告诉他们援军已到的消息，这样彭城就会更加坚守地等待援军的到来。但在半路上，伪装的部曲将田泓还是被秦军发现而俘虏了。其实秦军也已在这里消耗许久了，也想尽快拿下这座城池，如果再不攻下，自己也岌岌可危了，于是就谋划贿赂田泓，让他虚假宣传晋军已经失败，好让他们马上投降。好在田泓非常忠诚，他就将计就计，假装答应了。

到了城下的时候，田泓上前，大喊道："城中的军民们，一定要挺住啊！支援的大军马上就来了，我是来送这个情报的，现在我被敌军俘虏了，但是大家一定要相信我，坚持住啊！"秦军一听，田泓小儿竟然敢背叛我们，顿时恼怒之极，将其斩杀。田泓就这样悲壮地死了，可是却挽救了满城的人，城中守军听闻后，士气大振，誓死抵抗。不过，谢玄并不打算与秦军直接血拼，在谢玄的兵马就要到达彭城的时候，他放出风声：谢玄的大队人马最终目的是要攻打彭超的辎重之地留城。彭超听到这个消息后十分恐慌，大叹不好，心想自己亲率秦军进攻彭城，后方空虚，不能让谢玄夺取自己的后方啊。于是他果断放弃对彭城的包围，返回留城，护卫辎重。

看到彭超率军回走，谢玄知道他已经上当了，于是趁其没有防备的时候，派何谦前去支援彭城守将，并联络戴遁和戴逯一起合力突围，经过一阵兵荒马乱，彭城人马顺利撤出。谢玄成功地从敌军的重重防守中，解除了彭城之围。

后来，彭超占据了彭城，内心极不甘心，于是马不停蹄地继续挥师南下。四月，秦国四大将领毛当、王显、俱难、彭超会合，率领大军强势进攻淮南。这次淮南之战可谓十分凶险，五月，俱难、彭超已迅速地攻下盱眙，随后秦军6万人将晋幽州刺史田洛围困于三阿（今江苏金湖东南）。晋廷极为震惊，三阿乃东晋重要之地，是必须守住的。此刻，谢玄和他的北府兵团正蓄势待发，大军从广陵出发去救援三阿。三阿一役，北府兵再次发挥神勇将秦军击败，退保盱眙。

六月，谢玄与被解救出来的田洛会师成功，一起合力率军5万进攻盱眙，俱难、彭超再次失败，退往淮阴。谢玄和其北府兵团越战越勇，士气正高的时候，谢玄乘机派何谦等将领立马率领水军紧追敌军，何谦一刻不停地沿水而上，这时前秦在淮水上已经铺设好了浮桥准备大军渡河，何谦为了打破他们的计划趁黑夜烧毁了他们铺设的浮桥，俱难、彭超见大事不妙，只能仓皇逃跑了。

谢玄率领众将士，乘胜追击，在君川（今江苏盱眙北）决战，并且四战四捷，赢得了淮南之战的辉煌胜利。经过这些战争的历练，谢玄的经验不断丰富，更使得整个朝廷都震惊于他和他的北府兵团们的威力，北府兵成为了东晋的护身符。淮南之战后，朝廷论功行赏，封谢玄为冠军将军，加领徐州刺史，封东兴县侯。

三、淝水之战的神话

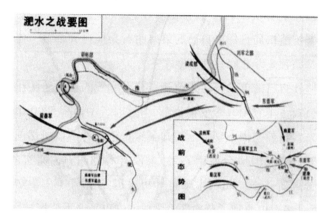

淝水之战图

符坚统一南北的欲望依然有增无减，他不顾群臣的反对，一意要渡过长江天险，还骄傲地认为：我秦兵多将广，如果大家的皮鞭一起投入长江，就可以把长江水流阻断！然而一物降一物，符坚在淝水之战中遇到了自己的强劲对手——北府兵的老大谢玄。后来，孙元晏这样总结淝水之战："百万兵来逼合肥，谢玄为将统雄师。旌旗首尾千余里，浑不消他一局棋。"这几句话刻画出了军事的险恶与统帅的睿智。

从东汉末年起，战争就一直持续不断。太元八年（383），符坚亲自率领百万大军从长安出发，向南进军，又命梓潼太守裴元略率水师7万从巴蜀顺流东下，将矛头直指建康。长江的百姓依稀记得上一次大战还是在三国时期的赤壁大战，而如今又要面临一次大灾难了。将近百万的大军前后连绵千里有余，包括60万步兵、27万骑兵、3万禁卫军，旌旗战鼓不计其数，响彻云霄，水军陆军浩浩荡荡齐头并进。

退居东南的东晋王朝，本身就很弱小，如今百万虎狼之师压境，国家危亡一线间，丞相谢安为了东晋的存亡，力排众议，号召大家像当年的孙吴一样一致抗敌。在晋帝的支持下，谢安调兵遣将，部署抗战棋局。任命自己的弟弟谢石为征讨大都督，侄子谢玄为先锋，率领8万北府兵迎击秦军主力。

苻坚让自己的弟弟苻融为前锋，苻融率领的精锐势头很猛，轻轻松松就攻占了寿阳（今安徽寿县）。这时，奉命率5000水军增援寿阳的东晋将领胡彬在半路上得知了这一消息，不敢贸然前进，便退守硖石（今安徽凤台西南）。结果没有等到谢石、谢玄的部队，反而被苻融所袭击。胡彬本来打算再次退往洛涧（在今安徽淮南东），可是洛涧也遭到了苻融部将梁成的进攻，这下胡彬被围住了。

在面临粮草用尽，全军覆灭的困境下，胡彬只好写信向谢石告急。不幸的是信使落在了秦兵手里，苻融一看信，高兴极了，急忙向苻坚汇报了晋军兵少、粮草缺乏的情况。于是，本来不敢贸然进军的苻坚，居然亲率8000轻骑疾驰寿阳。

苻坚一到寿阳，先想到了让原东晋襄阳守将朱序去劝降，可让苻坚没有想到的是，朱序不但没有照办，反而提供了秦军的情况，并献计：希望在秦军没有集中的情况下，败其前锋锐气，这样击破秦的百万大军就不在话下了。晋军听了朱序的情报后，立马决定转守为攻，主动出击。

同年十一月，刘牢之——谢玄最得力的战将，奉命率5000精兵与梁成的5万秦兵激战在洛涧边上。以少击多的情况下，刘牢之只可智取，不能硬拼，遂将一部分精兵迂回至敌军后方，计划切断敌军的逃路，采取背后袭击的策略；然后自己率领剩下的勇士迅速强渡洛水，从正面猛攻秦军。5万"牛羊"就这样被这5000"虎狼"

狠狠撕裂，没过多久秦兵就四散逃命去了，主将战死，洛涧大捷，淝水大战的序幕以胜利告终。

前秦军洛涧之战失利后，便沿着淝水西岸千里布阵，隔岸对峙，企图与晋军决一死战。河岸边满满的都是飘扬的旗帜和战士的呐喊声，如果老少妇儿见了都会被这阵势吓哭。面对这种敌强我弱的形势，作为这次战役主将的谢玄，表现出了临危不乱的气概。接下来，谢玄步步为营，打了一场漂亮的胜仗！

第一步，谢玄采用激将法，派使者去见秦军，说："你们率大军远道而来，陈兵岸边也不是长久之计。如果你们能够稍稍往岸后边退两步，空出一点地方让我们渡过河去，这样大家也方便对阵，一决胜负，这不是很好的办法吗？"很显然这是一个陷阱，前秦大臣们大多持否定意见，可是苻坚却很高兴，他心生一计，坚持要实施自己的计划：我们先假装同意他们渡河，等到东晋大军渡河到一半的时候，我军就突然发动攻击，用骑兵截杀他们，让他们通通葬身于河水之中，这样不就胜利了吗？

可惜苻坚聪明反被聪明误，谢玄怎么会给敌人袭击自己的机会呢！就在苻融指挥秦军后撤的时候，军队中不知从何处蔓延开一个消息：秦军撤退是因为秦兵败了！秦兵败了……原来，是谢玄让朱序在秦军阵后散播这个消息，乱其军心，这一招简直比西汉的"四面楚歌"还厉害，立刻让百万雄师变为一群"被猎的牛羊"。秦军虽号称百万，其实大多为乌合之众，不是真心来打仗的，加之北方民族成分混杂，各自为政。听到这个消息后，大家想也没想都以为这是真的，顿时秦军阵势大乱，彻底失控了！而与此同时，谢玄正率领8000多骑兵，抢渡淝水，晋军迅速渡过淝水后士气大振，以一当百，猛攻秦军，杀得秦军惊慌失措，血流成河。

苻坚、苻融都惊呆了，他们估计还沉浸在自己的计划中呢，完全没有反应过来这是怎么一回事，然而事实却是，顷刻之间自己的大队人马就土崩瓦解了。苻融赶紧骑马前去阻止，试图挽救危亡，不料洪流般的人群将他的战马冲倒，紧追而来的晋军趁机乱刀将其杀死了。主将死了！这个噩耗更加剧了秦兵的崩溃。苻融率领的前锋就这样溃败了，立马引起了一系列连锁反应，秦军排山倒海的失败任谁也无法阻挡了。

　　作为前秦皇帝，苻坚看见情势不妙，居然也带头北逃，紧接着大家也都拼了命地往回逃，生怕落入晋军手中。逃兵们各个吓得浑身发抖，以至于路途中把风的声音和鹤的叫声，都当成了追兵，更是加快了逃跑的脚步。就在逃跑的路上，苻坚本人也中箭负伤，可想而知一路上秦军人马相踏而死的有多少，堂堂百万大军逃至洛阳时仅剩下 10 余万人了，败得十分惨。这场以弱胜强、以少胜多的淝水之战就这样神奇般地胜利了，谢玄凭此一役，遏制了北方少数民族的南下侵扰，为江南的发展和华夏民族的传承都出了巨大贡献。

淝水之战画

四、北伐路与将军心

前秦随着淝水之战的失败，实力大大削弱，失去了称霸一时的雄风，北方再度陷入混乱，分裂为几个少数民族政权。在这种局势下，趁其动乱，是出兵北国的绝佳时机。此时的谢玄将军已然羽翼丰满，期待着能像雄鹰一样展翅高飞，建功立业。当谢玄接到北伐前锋都督的诏令后，立马带军直指黄河流域开始了北伐之路。

谢玄一路向北，直指涡、颍，接着进驻彭城，平定兖州，进军青州。他在进攻青州的时候，为了解决水道险阻、运粮艰难的问题，便率领民众筑土坝，拦截吕梁水，完成了青州派这一利国利民的水利工程。令人欣喜的是，谢玄在北伐途中，屡战屡胜，大快人心，接着出击广固，讨伐冀州，夜袭桑据。苻坚的儿子苻丕被谢玄的战斗力吓得坐立不安，最终向谢玄请求，投降东晋了。兖、青、司、豫四州也被谢玄收复，这对于东晋来说是巨大的胜利，谢玄也因此被封为康乐县公。

将军的心依然在收复北方的故土上，可是北伐路却已没法继续走下去了。由于东晋偏安东南多年，已丧失了往日称雄北方的雄心，谢玄多年北伐劳民伤财，也已在朝内议论纷纷了，最终东晋朝廷决定休兵养息，结束了谢玄的征战生涯。388 年，被疾病缠身的谢玄将军带着自己的梦想和遗憾去世了，年仅 42 岁。朝廷追赠其为车骑将军、开府仪同三司，谥号为献武。

07 乱世枭雄
——尔朱荣

◇ ················

　　南北朝是中国历史上著名的分裂割据时代，在这近三百年的时间里，各路英豪你方唱罢我登场，真情与利益，信任与背叛，正义与奸邪，一幕幕好戏连番上演，造就了一片乱世景象。尤其在北方，民族的复杂使这一乱象更加惨烈。时势造英雄，这是一个战火纷飞的年代，也是一个英雄辈出的年代。在这个年代里，有这样一位"乱世枭雄"，他力挽北魏政权于既倒，又亲手将其推向了分裂与灭亡的深渊；他是英雄与魔鬼的合体，后世评价他"功比曹操，祸如董卓"；他开创的军事集团把握着之后数百年中国历史的航向，相继建立了北齐、北周、隋、唐四代王朝。他就是北魏天柱国——尔朱荣。

　　尔朱荣（493—530），字天宝，北秀容（今山西朔州）人，契胡族，北魏末年著名的军事将领、权臣。出身契胡族酋长世家尔朱氏，后乘北魏末年的六镇起义而起兵对其进行镇压，先后招揽高欢、贺拔岳、侯景、宇文泰等一批人才，建立了强大的军事集团。528年，发动河阴之变，控制北魏政权。在邺城之战中，以少数兵力大破匪首葛荣，一举平定国内叛乱。之后又率军大战南梁首将陈庆之，收复洛阳。他是一代军事奇才，一时光芒，谁与争锋；然而他又桀骜不驯，功高欺主，飞扬跋扈，年仅38岁便喋血宫廷。更令人称奇的是，虽然他英年殒命，但其帐下却先后出现了高、宇文、杨、李四姓帝王，堪称"四朝奠基人"。

一、起兵秀容川

在北魏孝文帝率军南下迁都洛阳的那一年，雁北的秀容川上诞生了一个日后将影响北魏历史的婴儿，他就是尔朱荣。这是一片水草肥美的平川，牛羊满地，很适合放牧，是契胡族酋长尔朱氏的世袭领地。尔朱荣的高祖曾率军跟随北魏道武帝在平定晋阳和中山的战争中立下功勋，战后美丽的秀容川便被赐给尔朱家族，自那时起，尔朱氏就居住在这里。

少年时期的尔朱荣便在这里长大，游牧民族的强悍风俗造就了这位少主强悍骄纵的性格。年少的尔朱荣常常带着伙伴们在这片草原上打猎，他喜欢射箭，每次狩猎时，都采用行军列阵的方法，指挥伙伴们共同对付猎物。他的军事指挥才能很早就得到了锻炼。

孝文帝迁都洛阳后，留在平城和漠南的鲜卑贵族地位下降，逐渐沦为了跟平民无异的下等人。胡太后临朝称制后，一系列鲜卑汉化、重文抑武政策的实施，更是激起鲜卑贵族的不满，鲜卑武人集团蠢蠢欲动，整个王朝，危机四伏。正光五年（524），北方沃野、武川、怀朔等六镇戍边将卒终因对北魏朝廷腐败统治的不满而发起叛乱，一时间关陇、河北等地民变四起，如同野火燎原，北魏统治濒临崩溃。

在兵火纷攘的局面下，各地豪强纷纷开始招兵买马，准备在这乱世中大干一场。身处秀容川的尔朱荣自然也不甘避居一隅，错过这样的机会。他散尽家财，暗结地方豪杰，四处招募骁勇武士。代北苦寒，民风强悍，见有人招兵，纷纷入伍，很快就组织了一支强悍的军队，并镇压了秀容地方乞伏莫于的叛乱。

尔朱荣明白，要想打造一支无坚不摧的铁军，必须严明纪律，令行禁止。有一天，他带着外甥出外打猎，路过一片麦田时，其坐骑突然受惊，将其掀下后冲进了麦田。其外甥急忙拍马追赶，终于将受惊的马给追了回来。然而他却下令将其外甥给绑了起来，并下令将其处斩。原来，外甥违反了"不许践踏庄稼"的军纪。众人急忙求情，尔朱荣面色如铁，坚持将其处斩，之后他抱着外甥的头颅，号啕大哭。经此一事，三军将士无不震骇，令行禁止，所向披靡。借着外甥的头颅，尔朱荣将自己的部队训练成了一支战无不胜的劲旅。

不同于一些地方豪强，尔朱荣始终打着勤王的旗号在乱世中发展自己。带着自己训练出的劲旅，尔朱荣东征西讨，先后消灭了瓜州的部落坚胡、肆州的刘阿如、沃阳的叱列步若等胡人叛乱势力。之后，尔朱荣又率部打退了柔然人的入侵，镇压了敕勒人斛律洛阳和费也头的叛乱。在镇压这些叛乱的过程中，尔朱荣不断壮大自己的势力，同时广络各方人才，高欢、贺拔岳、侯景、宇文泰等人先后归于其帐下听命，这些日后封王称帝的人物，纷纷成为了尔朱荣的得力干将。由于立下了赫赫战功，尔朱荣也日渐受到北魏朝廷的重视，步步高升，孝昌二年（526）晋封大都督，并、肆、汾、广、恒、云六州军事尽入其手。

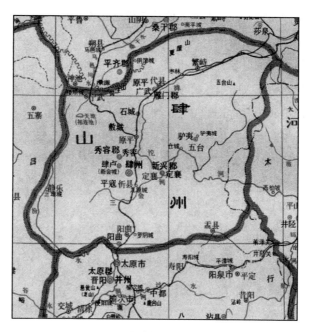

北魏秀容郡地图

二、腥风血雨河阴渡

武泰元年（528）二月，内忧外患的北魏朝廷内部发生了一件大事，借着这一事件，尔朱荣一举掌控了北魏政权。

北魏孝明帝继位后，一直由其母亲胡太后辅政，而胡太后的种种胡作非为将北魏政权推向了崩溃的边缘。孝明帝成年后，对其母亲长期把持朝政、自己不能亲政而深感不满，母子矛盾日益尖锐。为了能夺回权力，孝明帝密令自己的岳父尔朱荣带兵进京，准备借其手除掉胡太后及其势力。尔朱荣也早已对胡太后深恶痛绝，得到密诏后喜出望外，当即派兵进军洛阳。然而当高欢率领的先锋部队进至上党时，胡太后已对孝明帝的异动有所察觉，并迅速毒死了孝明帝，另立3岁的元钊为帝。

尔朱荣闻讯，勃然大怒。他并未停下进军的脚步，皇帝的突然驾崩更给了他"清君侧"的口实。尔朱荣召开了誓师大会，发表了慷慨激昂的演说，之后带着正义之旗，挥师南下，直指洛阳。在此期间，尔朱荣派人向担任禁军将领的尔朱世隆送去密信，约其为内应，并商定成功后立长乐王元子攸为帝。

朝廷军队哪是尔朱荣铁血军团的对手，一路开来，如犁翻土，势不可当。四月，兵至洛阳城下。宗室大臣们纷纷保持沉默，只有胡太后心腹徐纥站出来号召大家一决生死。然而满朝文武谁是尔朱荣的对手？大兵压境下，将领们纷纷投降。面对众叛亲离，慌乱之下的胡太后逃进了一家寺院，并剃发为尼，希望借此逃过一劫。尔朱荣哪会再给她机会，他将其抓起来后，便派人把她和3岁的小皇帝一起绑起来扔进了黄河。

除掉胡太后和幼帝后，尔朱荣感到自己在朝廷根基尚浅，怕政权难以驾驭，便听从亲信费穆建议，开始诛杀北魏宗室和朝臣。

武泰元年（528）四月十三日，历史铭记了这一天。在这天早晨，尔朱荣令新立的孝庄帝沿着黄河西岸前往位于河阴（今河南孟津）的行宫，并要求所有王公大臣离开洛阳，前往河阴参加祭天大典，不准请假。百官集结完毕，尔朱荣策马跃上高台，环视四周，高声说道："国家的动乱都是你们这些人的腐败无能造成的，你们个个该杀。"之后便令早已埋伏好的骑兵将2000多名朝臣包围，一声令下，骑兵开始冲杀。霎时间，森寒的刀光闪耀，一片惨叫哀嚎声响彻云霄。这次大屠杀史称"河阴之变"。

"河阴之变"使尔朱荣在历史上落得滚滚骂名，经此屠杀，南迁后汉化的鲜卑贵族和出仕北魏的汉家大族消失殆尽，尔朱荣一举控制了北魏政权。

三、棍棒战法创造的奇迹

"河阴之变"后，尔朱荣自封尚书令、太原王，坐镇晋阳，总揽朝政，与北魏朝廷分庭抗礼，洛阳的孝庄帝成为了一件摆设。

六镇起义后，河北各方势力经过不断地战争与吞并，葛荣一支逐渐壮大起来，坐拥燕、幽、冀、定、瀛、殷、沧七州之地，遂改元建齐，自称天子。武泰元年（528）六月，葛荣拥兵30余万南下攻邺，准备一举消灭北魏政权，统一北方。

尔朱荣闻讯，亲率一支7000人的精锐骑兵，以侯景为先锋，驰援邺城。他命令部队每人携带两匹马，以便昼夜轮流驱驰，兵锋直指葛荣。

葛荣在探得来援的兵力后，狂笑着对部下说："尔朱荣太容易对付了，这点人根本无需大战。你们都给我准备好绳子，等他们来时一个个给我绑了就好。"这位草莽出身的暴发户停止了对邺城的进攻，他命令数十万大军掉头在邺城以北展开，成簸箕状向北推进，战阵东西绵延达数十里。

面对50倍于己的敌军长龙，尔朱荣知道，硬拼只有死路一条，只能以巧取胜。抵达战场后，他立刻命令士兵埋伏在山谷中，并派人分头在山谷中到处奔驰，扬起漫天灰尘，同时击鼓呐喊，以迷惑敌军。

制造完假象，尔朱荣开始布阵。他将带来的7000人分成了70队，每队100人，由三名大将统领。然后严令士兵不得携带兵器，而是每人发给一根大棒。他告诉士兵们，上阵之后，不必斩杀敌人首级，只需用长棍使劲敲击对方，赶跑敌人就好。尔朱荣心里明白，自己以少击众，要想消灭敌人，完全不可能。此战要想取胜，唯有两点：迅速制造混乱，让敌人自乱阵脚；集中精锐以最快速度插入敌阵，直捣中军，生擒葛荣。所谓"擒贼先擒王"，只要抓住了葛荣，敌军数十万人定会不战自溃。

士兵领会战略意图后，个个摩拳擦掌，士气高涨。尔朱荣一声令下，70队骑兵从各个方向像离弦之箭一样直插敌阵。尔朱荣亲自上阵，率领一队骑兵，举着大棒，冲向葛荣中军。在骑兵冲击与棍棒雨点般的打击之下，葛荣中军前队士兵各个抱头鼠窜。这一跑，形成了连锁反应，后军看到前军逃跑，以为已经大败，一传十，十传百，顿时乱成了一锅粥，如决堤的山洪般，再也无法控制。数十万大军，相互踩踏，顷刻化为了乌有。尔朱荣趁乱率队冲进葛荣中军大营，将正不知所措的葛荣围住，来了个瓮中捉鳖。葛荣被俘的消息一经传出，数十万人逃的逃，降的降，尔朱荣大获全胜，史称"邺城之战"。

战后，降兵俘虏竟然是尔朱荣军力的数十倍，如何处理降兵的问题变得非常棘手。这时，尔朱荣显示了自己的智慧，他下令葛荣军士就地遣散，可以亲属相随即刻返乡，除了匪首葛荣，余众一概不问。于是群情大喜，数十万众登时四散。为防止这些人重新聚集，他又派人在各关口等候，把降兵分别集中起来进行安置，并把有才能的人招入自己的军队，平稳处理了降卒问题。

邺城之战中，尔朱荣以迅雷不及掩耳之势取胜，北魏的援兵部队还没发动竟然就风平浪静了，而且是以悬殊的差距以少胜多，一时间天下震惊，朝野震骇。经此一战，尔朱荣不仅平定了国内最大的叛乱，而且巩固了自己在北魏政权中的地位。

四、陈庆之的真正对手

永安二年（529），洛阳的北魏朝廷又遇到了大麻烦。"河阴之变"后，幸免于难的北魏北海王元颢逃入南梁。对中原觊觎已久的梁武帝萧衍认为这是一个一统北方的好机会，一旦助元颢入主洛阳，便可以不战而胜，全取天下。于是梁武帝决定采用"以魏制魏"的策略，派萧梁首将陈庆之率军护送元颢回归中原，争夺皇位。

这个陈庆之绝非善辈，堪称一代神将，毛泽东在读其传后曾赞叹道："再读此传，为之神往。"陈庆之率领精兵7000护送元颢上路了。在睢阳，魏将丘大千率军7万，分筑九座堡垒相拒。陈庆之一日之内连下三垒，吓得丘大千率领10倍之众做了俘虏。之后，陈庆之进军考城，济阴王元晖业率3万羽林精锐在此驻守。几日内，考城陷落，元晖业被俘。

数日间，陈庆之连战连捷，北魏朝廷大骇，急忙调集30万大军增援荥阳。听到敌军增援的消息，进攻荥阳的梁兵顿时乱了阵脚，人心惶惶。陈庆之却气定神闲，他说道："我们今日已无退路，唯有迅速攻下敌城据而坚守，才有可能避免与敌方骑兵野战，方可获得一线生机。"士兵听后，都认为很有道理，于是开始拼死猛攻荥阳，以伤亡500人的代价，硬是拿下了城池，生擒了守将杨昱。之后北魏30万大军赶到，陈庆之亲率3000骑兵背城而战，双方军力相差100倍，胜负似乎没有悬念。然而结果却出人意料，陈庆之所部个个以一当百，英雄奋战，最终杀退了北魏援军，创造了又一个以少胜多的经典战例。

之后陈庆之一路杀进洛阳，将北魏孝庄帝赶到了上党。数月间，陈庆之率领7000白衣士卒，历经47战，连下32城，攻无不克，战无不胜，创造了中国历史上的一段传奇神话。

又到了尔朱荣出场的时候。六月，尔朱荣率军南下勤王，一路进逼洛阳。此时陈庆之受到元颢排挤，驻守黄河北岸的北中郎城。七月，尔朱荣大军抵达北中郎城下。尔朱荣下令大军发起猛攻，然而双方三日内共 11 战，尔朱军全部败下阵来。尔朱荣第一次领教到了陈庆之的厉害，这是他生平第一次受挫。

然而，尔朱荣并未一条道走到黑，他迅速调整策略，对陈庆之围而不攻，自己却亲率主力，渡过黄河，直取坐镇洛阳大本营的元颢。尔朱军趁夜偷袭了黄河南岸的元颢军营，之后迅速攻破洛阳。元颢匆忙带着百余人南逃，不久就被人取了首级。之后尔朱荣回军准备对付陈庆之。已孤立无援的陈庆之知道自己得撤退了，时势已变，再不回撤，就将死无葬身之地了。于是他率着自己的 7000 白衣将士，结成方阵，有条不紊地向南退去。身后，尔朱荣的铁骑如黑云般压来。这次，尔朱荣改变了策略，他只是紧紧跟随，而不正面交锋。陈庆之反击，他就退；陈庆之撤退，他就追。他在等机会，等一个一举消灭敌人的战机。

陈庆之也知道，尔朱荣是想趁自己渡河时发起攻击，因此一直做着高度防备。然而，陈庆之千防万防，怎么也没想到自己会栽在天灾手里。渡颍水时，正遇上了洪水暴涨，7000 梁军没等尔朱荣进攻，就被冲了个精光。陈庆之幸运逃脱，躲进一间寺庙，剃发剃须，装扮成和尚，只身逃回了南梁。

尔朱荣成功逼退陈庆之，收复洛阳及大片失地，再次力挽狂澜，挽救了风雨飘摇的北魏政权。

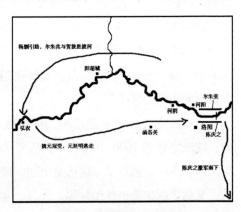

尔朱荣大战陈庆之示意图

五、喋血光明殿

永安二年（529）七月，孝庄帝终于回到了洛阳，望着失而复得的皇城宫阙，这位落难天子感慨万千。为了表彰尔朱荣的再造之功，孝庄帝加封他为天柱大将军。

这年秋天开始，尔朱荣再次调兵遣将，先后剿灭了韩楼、万俟丑奴、王庆云、万俟道洛等叛乱势力。至此，北魏境内自六镇起义以来的大大小小兵乱全部平定。

此时，尔朱荣与孝庄帝的矛盾日渐表面化。孝庄帝这个傀儡皇帝做得相当憋屈，朝政大权由尔朱荣在晋阳一手掌控，自己就像个笼中之鸟一样被困于洛阳皇宫，而且身边到处是尔朱荣的眼线，身为皇帝毫无自由可言。这些还不算，皇后尔朱氏仗着父亲尔朱荣的权势，也丝毫不把皇帝放在眼里，时常恶言相对，身为皇帝连基本的人格尊严也没有了。这让年轻气盛的孝庄帝如何忍受得了？

外有强臣逼迫，内有恶后威吓，日子过得苦不堪言的孝庄帝准备奋起反抗。他联合身边的一些皇族近臣，准备诛杀尔朱荣。永安三年（530）九月，孝庄帝以皇后尔朱氏生下太子为由，派人向尔朱荣报喜，并诏其入宫参见。

其实，孝庄帝的计划并不严密，在尔朱荣入朝之前，孝庄帝有异动、要乘机除掉太原王的消息已如雪片般飞到了尔朱荣的手里。然而，此时横扫天下难逢对手，自信心又极度膨胀的大英雄尔朱荣又岂会将一个年轻的傀儡皇帝放在眼里？他坚信，这个自己亲手扶立的年轻人没有刺杀自己的胆量。

九月，一个秋高气爽的早晨，天空碧蓝如洗。尔朱荣不顾众多亲信的劝阻，带着儿子和数十名随从进入了皇宫。到了光明殿，未等尔朱荣开口道喜，埋伏在大殿东门的两个人即提刀冲了过来。尔朱荣立即扑向御座上的孝庄帝，意图劫持皇帝来进行抵抗，不料孝庄帝早已备了一把刀放在膝上，见尔朱荣冲上来，立即一刀直刺入腹。一代枭雄就这样倒下，被乱刀砍死了。

纵观尔朱荣的一生，其在短短六年时间内，横扫北方大地，一时豪杰尽皆归附，完成了从一个小小部落酋长到一代权臣的蜕变，枭雄本色尽显。然而其桀骜不驯、残酷不仁的作风与性格，又注定了他悲剧的命运，年仅 38 岁就命丧宫廷。其卓越霸才与功绩，令人肃然起敬；其悲情结局，又令人叹息不已。

08

三箭定天山
——薛仁贵

◇ ....

　　《隋唐英雄传》里描述了无数英雄好汉，他们创建了大唐盛世，他们的传奇故事一代代流传下来，成为人民啧啧称奇的事迹。而就在大唐建立后，也依然有无数名将闪耀在大唐的历史上，其中就有一位留下了"良策息干戈""三箭定天山""神勇收辽东""仁政高丽国""爱民象州城""脱帽退万敌"等故事，同样受到世人的爱戴，他的名字叫薛仁贵。

　　薛仁贵（614—683），名礼，字仁贵，山西绛州龙门修村（今山西省河津市修村）人，薛仁贵出身于河东薛氏世族，是南北朝时期名将薛安都的后代，在贞观末年投军，征战数十年，作战上百次，曾大败九姓铁勒，降服高句丽，击破突厥，功勋卓著，一生没有犯过一次军事上的战略指挥错误，也是历史上唯一一位两次接受敌人10万人以上下马跪拜投降的将军，成为有唐一代著名的军事家和政治家。

河津寒窑门前的薛仁贵骑马塑像

一、三十闯天下

薛仁贵于大业十年（614）出生在一个世代都是名将的薛家，繁荣的家族一直延续到他的父亲这一辈，到薛仁贵时，家道已经衰落了。薛仁贵的父亲叫薛轨，本来也官至隋朝襄城郡赞治，但很可惜他的父亲在他很小的时候就去世了，家族的顶梁柱倒了，家族也就日渐衰落。家境贫寒又没有社会地位，少年的薛仁贵过得十分艰辛，勉强种几块薄田为生，但是长大后的薛仁贵相貌堂堂，气度非凡，力大过人，人们都认为他不是普通人，将来必成大器。

薛仁贵的妻子柳氏，贤良淑德，深明大义，对夫君薛仁贵的人生更是影响深远。有一次薛仁贵准备迁葬先辈的坟墓，柳氏却一反支持相公的态度说道："夫君本有文韬武略的才干，虽然家道中落，但不应该忘记时刻立功扬名的志向，如果有机会，千万不能放弃。听闻当今皇帝要御驾征辽东，急需招募骁勇的将领，这正是你发挥才干的机会。待到你衣锦还乡之时，再迁葬尽孝道也不迟!"薛仁贵听后深受感触，决定离家从军，开启了征战沙场的序幕。

贞观十九年（645），唐太宗从洛阳出发亲率大军去征讨不服从大唐的高句丽。对于久经沙场的太宗来说，信心满满，等着大胜而归，而对于经验不足的薛仁贵来说，却充满了许多的未知，也不知道参加这次远征是否会有意想不到的收获。

刚开始便让薛仁贵扬名军中的是在辽东安地的一场战役，高句丽顽强拼杀，战争打得相当艰难，双方僵持不下。正在激战的薛仁贵听说将军刘君邛被敌军给团团围困了，无法脱身，情况十分危急，便立刻单枪匹马地冲向包围圈，一路飞奔过去，大刀一挥，直取高句丽一位将领的头颅。这一情形非常神速，就像当年关羽一样神勇，高句丽看见薛仁贵将他们将军的头颅悬挂于马上，个个吓破了胆，哪还有心思打仗，纷纷逃命撤军。就这样，薛仁贵初露锋芒，救了将军，也成就了自己。

战争还在继续，唐军一路冲杀，前锋直指高句丽腹地。到达高句丽安市的时候，高句丽认为情势危急，急派 25 万大军在地势险要的地方依山驻扎，打算拼尽全力，抗拒唐军。唐太宗对这一仗特别重视，观战的太宗欣喜地发现，有一个人在这场战争中表现得十分英勇，此人身穿白色战衣，手拿方天画戟，腰挎双弓，单枪匹马冲锋在前。太宗急忙询问这一勇将何许人也，旁人才告知，他只是一员小兵，名叫薛仁贵。

大唐将士奋勇杀敌，人才济济，最后大败高句丽。此战结束后，唐太宗急忙要召见还只是小兵的薛仁贵，立马赏赐马、绢、奴等，并提拔其为游击将军、云泉府果毅。

由于长途跋涉，深入敌境，再加上高句丽的拼死抵抗，战争变得越来越艰难。冬天来了，大雪纷飞，粮草不济，将士们在忍饥挨饿中接到了撤退的命令。这次远征高句丽，最终结果已经没那么重要了。对于薛仁贵来说，他得到了锻炼，发挥了才干，特别是得到了太宗的肯定。而对于太宗来说，大唐又喜得一员猛将，高兴得太宗在返京途中对薛仁贵说了这样的一番话：朕旧的将领都老了，不能承受战地指挥的繁重工作，而提拔的那些骁勇雄健的将领，都比不上你啊，即"朕不喜得辽东，喜得卿也"。于是提拔薛仁贵为右领军中郎将，镇守玄武门。

二、三箭造神话

唐朝周边有很多少数民族政权，大部分少数民族与唐朝友好往来，但也有一些民族，时不时地与大唐产生摩擦，发生战争，回纥铁勒就是其中之一。

龙朔元年（661），唐高宗在位，铁勒进犯唐朝边境，边疆战火燃起。唐高宗紧急任命薛仁贵为铁勒道行军副大总管，即刻启程保家卫国。薛仁贵此时已人到中年，也很富有作战经验了，而且薛仁贵天生就是将门虎子，文韬武略，再加上平时严格要求自己，刻苦勤奋，不论谋略还是武功都非常了得。

尤其令人称道的是，薛仁贵的箭术非常厉害。大军临行前，高宗设宴送行，唐高宗听说薛仁贵箭术了得，想亲眼见识一下，于是对薛仁贵说："古代有擅长射箭的人可以穿透七层铠甲，爱卿今日试一下看能不能射穿五层铠甲呢？"薛仁贵即刻领命，只见他轻取长弓，用力一拉，箭飞射而去，直接射进铠甲内部，在场的人都惊呆了，纷纷称赞，高宗也大吃一惊，立刻赏赐了薛仁贵更加坚实的铠甲，以示嘉奖。

龙朔二年（662），回纥铁勒九姓突厥即九个部落联盟得到消息，大唐的军队早已出发，就快到了。于是九姓突厥便聚集10余万大军，在天山（今蒙古杭爱山）设下埋伏，以逸待劳，等着大唐军队的远道而来，然后计划凭借着天山的有利地形和对这一带的熟悉情况，阻击大唐军，将薛仁贵等一网打尽。终于，他们看到了大唐军队的旗帜，当大唐行军至天山时，忽然从四面八方涌出大队人马，薛仁贵被九姓突厥军包围了。

就在决战之前，铁勒心想不用大军，就派几十员人高马大、武艺绝顶的大将前去挑战唐军，定会吓得他们连滚带爬地来求饶！于是突厥在阵前叫嚣："谁有种出来送死啊？"这时只见唐军里飞奔出来一个人，此人正是薛仁贵！薛仁贵只身一人、一匹马和一戟便应声出战，没有任何外援，一个人独挑几十员猛将。奇迹般的一幕就要上演了，只见薛仁贵不动声色地拔出自己的箭，气定神闲地向其中一人射出了一箭，这一箭正中要害，这员大将立即坠马而亡。其他大将看见后都恶狠狠地冲向薛仁贵，就在这时，薛仁贵马上连发两箭，而这两箭正中冲在前面的两员大将的头颅，二人顿时人仰马翻，坠地而亡。其他人见状，立刻慌了阵脚，看见薛仁贵又要拔箭的动作时，立刻掉头就跑。这时铁勒军已经混乱了，人心惶惶，军心涣散……

薛仁贵利用擒王之术，抓住时机，指挥大军趁势掩杀，没过多久，铁勒大军便已投降，谁也不会想到不到短短一个月的时间，仅3支箭就摆平十几万的铁勒兵，从而结束了铁勒骚扰唐边境达数十年之久的历史问题。之后，薛仁贵趁大唐军队势头正热之际，继续北进，先后将铁勒九部的首领伪叶护三兄弟生擒，从此回纥九姓突厥衰落。当时人们流传着这样一首歌谣："将军三箭定天山，战士长歌入汉关。"对于薛将军仅凭三箭就将天山拿下的军事奇迹，百姓们简直奉为神话。

三、降伏高句丽

666 年，高句丽内部发生内乱——高句丽莫离支泉盖苏文死，其子泉男生继位，但被他的弟弟泉男健篡位，并被驱逐出境，不甘心失败的哥哥急于寻求外援，而他将求助的目标锁定在繁盛的大唐王朝。

唐高宗非常高兴且热情地接待了前来求援的特使，为显大唐神威，答应先进行调和，调和不成再发兵帮助。接着唐高宗派庞同善等使臣前去慰纳，期望从中调停，和平解决。然而这种友好的方式被泉男健拒绝了，唐高宗火冒三丈，即刻发诏要剿灭逆贼泉男健，于是命薛仁贵率军援送庞同善等人。此时薛仁贵已经 52 岁了，但是这次高句丽之行却成就了他人生最辉煌的时刻。

高句丽拒绝大唐的和谈后，就准备好要与大唐打一仗了。在自己的地盘上，高句丽自信满满，无论怎么样都不能让大唐军活着回去。新城是唐军物资和指挥部集中地，高句丽军袭击了在新城的庞同善，庞同善被高句丽军包围，情况十分紧急，危在旦夕。情报人员立刻将消息传达给了薛仁贵，薛仁贵连夜率军赶来。唐军在很短的时间内就赶来救援，令对方完全没有准备，薛仁贵一口气连续斩了好几百敌军，使得战局扭转，解了新城之围。

高句丽军非常凶猛，也非常顽强，唐军不时就会遭受到他们的袭击。当他们进至金山的时候，突然又遭到了一股高句丽军的袭击。薛仁贵沉着应敌，面对数十万的阵势，他仅带领 3000 骑兵，采取分而治之的策略，亲自指挥，像切蛋糕一样切开 20 万的大军，将高句丽军截为两断，接着高句丽的主力部队很快被冲散，然后被薛仁贵分别制服了。

金山一战，将高句丽最精锐的部队几乎消灭殆尽，薛仁贵指挥得非常成功，唐军士兵也非常英勇，个个都想着早日消灭敌人，早日凯旋。随后唐军又乘胜攻占了高句丽南苏、木底、苍岩三城。对此，唐高宗大喜，立马亲自给薛仁贵写信慰问：金山之战，敌兵人数众多，但你却冲锋在前，不顾个人安危，左冲右击，一马当先。而各部军队也在你的带领下非常勇猛，才有了这次巨大的胜利。将军应该再接再厉，建功立业，成就一世美名啊！薛仁贵看到皇上的鼓励后，非常激动，决定继续为大唐建功立业，以报皇上圣恩。

接着大军向平壤进军，行军至扶余川时，大将李绩错误地认为，前面的扶余川中不会有那么多敌军主力了，于是便独自带大部队绕道海边后再奔往平壤，而留下薛仁贵率领着一小部分士兵去进攻高句丽重镇扶余城。这一次，薛仁贵只带着2000玄甲骑兵，不幸的是，像扶余城这样的重镇还有10万敌军驻守。面对着这一悬殊的力量对比，将士们都劝薛将军不要冒险轻进，白白丢了性命。可是事到如今，不战而退，不是薛仁贵的风格啊，于是他安慰大家说："兵在于会用，不在人多。"虽然心里没底，但是大家都相信薛将军的指挥才能，尤其是看着将军胸有成竹的样子，都发誓与将军共存亡。

这时候，正逢大雪纷飞的冬天，在白茫茫的东北大地上，这2000身穿白衣银甲的玄甲兵创造了大唐的又一个战争神话。薛仁贵经过一夜的深思熟虑，决定利用骑兵的平原优势，以一敌百，背水一战。他身先士卒作表率，奋力杀敌，在雪域平原上展现出了一幅雪崩的画卷。薛仁贵一个人就将敌军的许多大将纷纷制服，其余小将不堪一击，只要群龙无首，便可任意进攻，经过十几个小时的厮杀，敌军死的死，伤的伤，逃的逃，薛仁贵终于将扶余城占领了。经此一役，"薛仁贵"这三个字简直成了高句丽的克星，一时声威大振，扶余川40余城，纷纷望风降服。

接下来就是最核心的地方了——平壤，薛仁贵凭借着自己强大的威慑力，一路凯歌直抵平壤城下，与从海边绕道而来的李绩会师平壤。两师大军像汪洋一样将平壤围得水泄不通，整整围困了六个月之久，高句丽也不敢出城迎战，只好一直作困兽之斗。直到城内没粮了，这才开城投降……想当年杨广三征高句丽，李世民四次征讨均告失败，而如今高句丽降服于薛仁贵之手。

四、脱帽退万敌

681 年，薛仁贵已经是一个 68 岁的老人了，本该颐养天年，但作为一名大唐将军，他依然活跃在战场上，为大唐而战。开耀元年（681），薛仁贵担任瓜州（今甘肃安西东南锁阳城）的长史，这一边界地带经常会受到少数民族的侵袭。这一年，唐朝北境不断受到东突厥的侵扰，于是为了国家所需，便拜薛仁贵为右领军卫将军、检校代州（治雁门，今山西代县）都督。

682 年，野心勃勃的突厥酋长阿史那骨笃禄招集突厥流散余众，扩张自己的势力，无视大唐，竟然自称可汗，等到力量足够强大时起兵反唐。紧接着，听说阿史那骨笃禄反唐的消息后，单于都护府（治今内蒙古和林格尔西北）检校降户部落官阿史德元珍，便诈称检校突厥部落以自效，趁机投奔于阿史那骨笃禄。阿史那骨笃禄因阿史德元珍熟知唐朝边疆虚实，即令其为阿波大达干，统率突厥兵马，进犯并州（治晋阳，今山西太原西南）与单于府北境，杀岚州刺史。

天气已入冬，云州（今大同一带）的冬天格外寒冷，这时的薛仁贵已经 69 岁了，更严重的是老人还是带病冒雪北进的。与此相对应的是薛仁贵这次的对手——突厥的阿史德元珍却正当盛年，孔武雄壮，信心满满。

　　双方已经陈兵云州，一场大战即将拉开。虽然突厥人多势众，但是谁也不会忘了当年九姓突厥的惨败，这一教训至今还深深地震慑着他们。突厥人事先并不知道唐军统帅是谁，为了知己知彼，于是向唐军问道："你们唐朝的将军是哪位？"唐兵齐声答道说："薛仁贵薛大将军。"听到这个名字后，阿史德元珍一股凉气从背后袭来，他不敢相信自己的耳朵，大喝："不可能！人人都说薛仁贵将军在发配到象州城时，已经死了，怎么可能还活着？别吓唬我们了！"

　　唐军听到后也都笑了起来，说道："大将军还活着，你们快快投降吧！"只见薛仁贵不慌不忙地来到军队前面，为了证明自己的身份，他脱下了头盔，让突厥人清楚地知道薛仁贵还活着！接下来就发生了令人咋舌的一幕：薛仁贵！薛仁贵居然还活着！因为薛仁贵威名太大了，一时间突厥部队里像煮沸的开水，脑海里立即出现了以往的情景，士兵个个心惊肉跳，现在看见了活的薛仁贵，立即下马跪拜，把部队撤了回去。

　　薛仁贵乘势率兵追击，大败突厥，斩杀了上万突厥军，俘虏了3万人，夺取驼、马、牛、羊3万余头，取得了云州大捷。正如贾言忠说的那样："薛仁贵勇冠三军，名可振敌。"直到唐玄宗时代，李隆基对着薛仁贵的儿子盛赞其父："你父亲的勇猛，世间罕有啊。"云州大捷也成了薛仁贵的最后一战，683年，也就是云州大捷的第二年，薛仁贵便去世了，终年70岁，死后被追封为左骁卫大将军、幽州都督。

薛仁贵雕像

09　　　　　　　　　　　　　　　　　　　　再造盛唐
　　　　　　　　　　　　　　　　　　　——郭子仪

◇ ·····················

　　唐玄宗天宝年间，安史之乱爆发，正值盛世的大唐帝国顿时陷入混乱。这种情势下，一些忠于李家政权的文臣武将积极组织力量进行平叛，经过八年苦战，最终取得胜利，力挽大唐江山于既倒。这其中，有一个人居功至伟，他武举状元出身，在乱世中得以施展抱负，大杀四方；他威名远扬，轻描淡写间即可劝退回纥雄兵数万；他功高一世，却能做到不被猜忌，君臣和睦，福寿而终。他就是一代忠臣典范、唐中兴名将、汾阳王——郭子仪。

　　郭子仪（697—781），华州郑县（今陕西华县）人，祖籍山西太原，唐代杰出的军事家、政治家。他出身于官僚贵族家庭，以武举状元身份进入仕途，在安史之乱中声名鹊起，先后经历了大战河北、收复两京、邺城之战等重大战役，为叛乱得以最终平定做出贡献。此后，他又多次击退回鹘、吐蕃等族的入侵，巩固了唐朝西陲边防。郭子仪一生历事玄宗、肃宗、代宗、德宗四位皇帝，始终荣禄加身，并晋封汾阳郡王，世称郭令公。

郭子仪画像

一、勇战河北

神功元年（697），郭子仪出身于一个官僚贵族家庭。父亲郭敬之曾任渭州、泗州刺史等职，家族地位显赫。在父亲的教育下，郭子仪少年时期熟读兵书，勤练武艺，成为了一个文武全才。唐玄宗天宝初年，郭子仪参加武举考试，一举中得状元，被任命为禁军左卫长史。天宝八载（749），唐廷设横塞军于安北都护府，郭子仪出任横塞军使一职。天宝十三载（754），横塞军迁往永清栅北（今内蒙古乌拉特旗东北），改为天德军，郭子仪转而出任天德军使，并兼任了九原太守、朔方节度右兵马使。这一时期，由于处于太平盛世，郭子仪虽一路升迁，却始终未能得到施展才华、建功立业的机会。

唐玄宗统治后期，由于专宠杨贵妃，不理朝政，导致政治腐败，地方藩镇势力迅速扩张。天宝十四载（755），蓄谋已久的安禄山终于起兵发动叛乱，安史之乱爆发。安禄山在范阳起兵后，率15

万大军南下，势如破竹，一个月内就攻破了东都洛阳，之后又向长安进军。唐玄宗慌忙调集各路兵马进行平叛。郭子仪被任命为卫尉卿、朔方节度使，并兼任灵武太守，奉命率部平叛。

郭子仪接到任命后，立即整顿兵马，誓师出征讨逆。天宝十五载（756）初，郭子仪进军雁北地区，在右玉首战告捷，击败叛军高秀岩部，歼敌3000余人。随后，郭子仪大败叛军薛忠义部，歼敌2000余人，一举收复雁北重镇云中（今山西大同）。稍作休整后，郭子仪又派部将公孙琼岩率2000骑兵攻破马邑（今山西朔州），从而打通了朔方军与太原军的联系。郭子仪在雁北的胜利，打破了安禄山经河东入关中，进而与洛阳军共同夹击长安的计划。消息传到长安，唐玄宗非常高兴，加封郭子仪为御史大夫。

此时，唐军正与洛阳叛军在潼关对峙。唐玄宗令郭子仪率部南下合攻洛阳，准备一举收复东都。郭子仪认为，夺取河北地区，切断叛军后方补给线才是当务之急。因此，他上书力陈己见。唐玄宗认为有理，便改变初衷，令他出兵河北。郭子仪一面举荐部将李光弼为河东节度使，率军1万由井陉关入河北；一面亲自赶回朔方，征集兵力，补充兵员。

李光弼进入河北后，一路攻至常山（今河北正定），接连收复七城。安禄山大将史思明得到消息后，亲率5万大军迎战，并将李光弼包围在了常山。李光弼寡不敌众，只得据城坚守，等待援军。双方激战40余天，李光弼部损失惨重。四月，郭子仪率10万援军赶到，双方在九门城南展开大战，最终史思明部败退。

常山一战失利后，史思明收整残军，退守博陵。博陵依山傍水，地势险要，易守难攻。郭子仪、李光弼数次率部进攻无果，只得退回常山。就在撤退途中，郭子仪发现史思明率部在后追踪跟随，企图趁机发动偷袭。郭子仪将计就计，亲率两队精锐骑兵急速向北退去。史思明不知是计，亲率大军追赶了三天三夜。到唐县时，史思明才发现上了当。此时叛军早已人困马乏，疲惫不堪，郭子仪迅速回军突击，史思明部被杀得大败而去。

安禄山接到史思明战败的消息后，大为震惊，急忙调集兵力增援河北。他一面派蔡希德率领从洛阳抽调的 2 万兵力北上增援，一面令驻守范阳的牛廷蚧率兵南下助战。很快，史思明在博陵又聚集了 5 万大军。

郭子仪此时驻守恒阳（今河北曲阳），他见敌人兵力大增，一时间不能正面对抗敌人锋芒，便制订扰敌战术，计划将敌人拖得疲惫不堪后，再一举将其歼灭。为此，他一方面加紧修筑防御工事，一方面不断派出小股部队对叛军进行袭扰。敌人进攻时，郭子仪便坚守不出；敌人撤退时，又派人追击。这样一连十几天，弄得史思明 5 万叛军进不能战，退不能守，士气大挫。郭子仪认为时机已到，便联合李光弼率军在嘉山（今河北定县）摆开阵势，准备出击。史思明见郭子仪终于出战了，便匆忙指挥部队列阵迎敌。然而，此时叛军早已军心涣散，在唐军的猛烈攻击下，一接战便被冲得七零八落，四散而逃。史思明竭力想稳住阵脚，然而仓皇落跑的叛军哪里还听他指挥。眼看败局已定，史思明只得丢盔弃甲，快马逃回博陵。

嘉山一战，郭子仪率部歼敌 4 万余人，声威大震。河北各地民众纷纷开始自发集结武装，对叛军展开作战。很快，河北大部分地区重新落入唐军掌控。

安禄山见河北丢失，一时间陷入了进退两难的境地。然而就在郭子仪准备率军直捣叛军范阳老巢时，潼关却失守了。原来，在听闻河北大捷的消息后，昏庸的唐玄宗听信杨国忠的谗言，强令驻守潼关的哥舒翰出兵收复洛阳。哥舒翰是突厥人，曾担任陇右、河西节度使等职，英勇善战，是唐军名将。他镇守潼关后，深知所部战斗力极差，便采取坚守防御的稳妥策略，叛军的多次进攻都被他力战击退。接到出兵的命令后，哥舒翰心知必败无疑，但皇命不可违，他大哭一场后，只得率部向洛阳进军。陷入困境的安禄山喜出望外，他在灵宝西南设下伏兵，一举击溃了哥舒翰大军，并攻占了潼关。潼关一失，京城长安再也无险可守，唐玄宗慌忙带着杨贵妃逃往四川。不久，长安便陷落了。这种形势下，郭子仪只得率兵退回朔方。

二、收复两京

天宝十五载（756）七月，长安陷落后不久，太子李亨在灵武即位，改元至德，是为肃宗。听到新皇即位的消息，郭子仪、李光弼率部赶赴灵武勤王。唐肃宗任命郭子仪为兵部尚书、同中书门下平章事，兼朔方节度使。

唐肃宗即位后，便积极部署兵力，准备收复两京。八月，宰相房琯率军1万出兵长安，讨伐叛逆，结果大军走到陈涛时，被打得大败而回，差点全军覆没，唐肃宗惨淡经营的部队损失大半。自此，朔方军成为了唐军平叛的主力。十一月，阿史那从礼在河曲发动叛乱，率军5000进攻灵武。情急之下，唐肃宗向回纥求援。郭子仪在回纥首领葛罗支援军的帮助下，很快平定了这次叛乱。

至德二载（757），唐肃宗以皇子李俶为天下兵马大元帅，郭子仪为天下兵马副元帅，并联合回纥军15万，南下征讨安禄山叛军。郭子仪认为要想收复长安，必先夺取潼关。一旦拿下潼关，切断敌军退路，长安便可不攻自破。按照这一方略，郭子仪率军直取潼关。

二月，双方在潼关展开大战，叛军伤亡过万，驻守潼关的叛将崔乾佑眼看不敌，便率军退守蒲州（今山西永济）。这时，陷于叛军的原永乐尉赵复、河东司户韩旻等人密谋为唐军内应。郭子仪抵达蒲州后，赵复等人杀死守城叛军，打开城门放郭子仪大军入城。崔乾佑率残部逃往安邑。安邑守军假装投降，在叛军入城一半时，突然发起攻击，崔乾佑只得继续率军东逃。随后，郭子仪又击败叛军安守忠部，一举收复永丰仓，打通了潼关至陕州的道路。

就在此时，叛军内部发生内讧，安禄山被部将李猪儿杀死，其子安庆绪继位。四月，唐肃宗至凤翔，诏令郭子仪回军驰援。回军途中，郭子仪又在三原击败叛将李归仁部。九月，唐肃宗命郭子仪随李俶率军进攻长安，唐军进抵长安城南的香积寺。长安叛军将领安守忠、李归仁率部倾巢而出，企图一举击退唐军，不料却被打得大败而回，死伤 6 万余人。这天夜里，感到守城无望的安守忠、李归仁率部撤出长安，向陕州方向逃去。第二天，李俶、郭子仪率军入城，长安光复。

收复长安后，郭子仪继续率军东进，接连攻克华阴、弘农等地。身在洛阳的安庆绪慌忙派大将严庄、张通儒率大军 15 万前往陕州阻击唐军。叛军依靠险要地势，在新店布阵防御。郭子仪率军抵达后，立即进行作战部署。他首先在山下埋伏了 1000 名弓箭手，接着派回纥铁骑迂回到叛军后方发动偷袭，自己则亲率主力与敌军正面对抗。一切准备就绪，他派出 2000 骑兵向敌军发起冲击，刚一接战，骑兵队就佯装溃败，向后撤退。叛军不知是计，全军出动进行追击。当追到山下时，唐军弓箭手顿时万箭齐发，叛军一个个成了活靶子，瞬间陷入混乱。郭子仪随即率主力回军杀向敌阵，叛军渐感不敌，慢慢向山上退去。就在这时，回纥兵从叛军背后杀出，切断了叛军退路。在唐军和回纥军的围剿下，叛军被打得一败涂地，庄严只率少数残军逃回洛阳。面对滚滚而来的唐军，安庆绪只得率部弃城退往相州（今河南安阳）。就这样，唐军不战而胜收复了东都洛阳。

自此，长安、洛阳两京相继收复，河东、河南大部分地区平定，唐军开始在军事力量对比中占据优势，朝廷也摆脱困境，转危为安。郭子仪返回长安时，唐肃宗亲自出城迎接，并拉着他的手说："国家再造，都是你的功劳啊。"之后，郭子仪因功晋封为代国公，并驻镇洛阳，主持讨伐安庆绪之事。

三、兵败与谗言

乾元元年（758），郭子仪在黄河边击败叛将安守忠，并将其擒获，献俘长安。唐肃宗很是高兴，将郭子仪升为中书令。九月，唐肃宗令郭子仪联合河东节度使李光弼、关内节度使王思礼、北庭行营节度使李嗣业、襄邓节度使鲁炅、荆南节度使季广琛、河南节度使崔光远、滑濮节度使许叔冀、兴平节度使李奂等，共领唐军60万围攻相州，准备一举消灭安庆绪叛军。唐肃宗为加强对各部的控制，这次出兵不设统帅，而以宦官鱼朝恩为观军容宣慰使，以监视协调各军。

郭子仪率领本部兵马从杏园渡过黄河，进攻卫州（今河南汲县）。安庆绪派三路援军赶来救援。郭子仪事先命3000弓箭手设下埋伏，而后在进攻时假装败退，叛军在后面紧追不舍。等到将叛军引入埋伏圈后，郭子仪一声令下，伏兵立刻乱箭齐射，叛军只得后退。这时，郭子仪又率部回军追击，将卫州之敌杀得大败而逃，并俘虏了安庆绪之弟安庆和。攻克卫州后，郭子仪又在愁思冈击败叛军一部。

十月，各路唐军相继抵达相州城下，将城池围了个水泄不通。安庆绪被围数月，眼看坚守不住了，便以让位为代价，向史思明求援。第二年三月，史思明率精兵 5 万从魏州来援，在安阳北与李光弼部展开大战。双方势均力敌，陷入混战。郭子仪见势准备率部加入战斗。就在郭子仪布阵之时，忽然狂风大作，飞沙走石，霎时间天昏地暗，对面不见人，郭李两军大惊而溃败。唐军因无统一号令，各节度使为保存自身实力，都率部返回本镇。郭子仪也退守河阳（今河南孟县），以保洛阳。这次溃败，朔方军兵马战甲丢失过半，损失惨重。

相州兵败后，各节度使纷纷上书请罪，唐肃宗因正是用兵之际，对他们都不予问罪。郭子仪还被任命为东京留守，总领东畿、山东、河东诸道军事。然而，早就对郭子仪妒忌不已的监军鱼朝恩却不打算就此罢休，他将相州兵败的责任都推到郭子仪的身上，并屡进谗言。唐肃宗信以为真，便将郭子仪调回了朝廷，让李光弼代替其职务，从而剥夺了他的兵权。

不久，史思明再度攻陷洛阳，西边的党项人也趁机侵扰边城。这种形势下，唐肃宗只得重新起用郭子仪，任命他为邠宁、鄜坊两道节度使。之后，郭子仪计划出兵朔方，进攻范阳，捣毁叛军老巢，但这一方略被宦官鱼朝恩所阻，未能成行。

宝应元年（762），河东发生兵变，河中观察使李国贞、河东节度使邓景山相继被杀。为稳定河东局势，唐肃宗只得派威望甚高的郭子仪前往河东，任命他为朔方、河中、北庭、潞、泽诸道节度兼兴平、定国等军副元帅，并晋封其为汾阳郡王，统领河东军事。郭子仪到河东后，立即擒杀祸首王振元等数十人，平定了河东兵乱。

这年四月，唐肃宗驾崩，代宗继立。宦官程元振以拥立之功把持朝政，他怕郭子仪等老将难以制服，便屡次挑拨离间唐代宗与郭子仪的君臣关系。因而不久，郭子仪便遭到罢免，被派去给唐肃宗督建皇陵。悲愤之下，郭子仪将唐肃宗所赐的千余件诏书全部上呈给唐代宗，以表明自己的忠心。唐代宗看后，深受感动，安慰郭子仪道："这是我的错，以后你不要担心了。"

广德元年（763）初，叛军内部发生内讧，唐军趁机发动进攻，史朝义部将田承嗣、李怀仙等纷纷率部降唐，走投无路的史朝义也被迫自杀。至此，延续近八年的安史之乱得以平定。

四、退回鹘、败吐蕃

郭子仪单骑退回鹘

就在唐军全力剿灭安史叛军余党时，吐蕃、党项人趁关内空虚，大举入侵。广德元年（763）十月，敌军兵临长安城下，唐代宗慌忙逃亡陕州，并任命郭子仪为关内副元帅，令其率兵御敌。郭子仪赶到商州时，长安陷落，吐蕃军入城劫掠。

郭子仪立即在商州收集散兵数千人，准备夺回长安。他一面派乌崇福、长孙全绪等人率军在韩公堆虚张声势，迷惑敌军；一面调集武关军由蓝天进攻长安。吐蕃军不知虚实，以为郭子仪真的率大军到来。一天夜里，郭子仪派人潜入长安城并大喊："唐军来了！唐军来了！"吐蕃军惊慌失措，连夜退出了长安城，并向西逃去。吐蕃军入城仅仅15天，郭子仪便再度收复了长安。

真是一波未平一波又起，这边刚击退了吐蕃，那边回鹘军又发生了叛变。就在郭子仪进攻长安之时，在平定安史之乱中立下大功的回鹘将领仆固怀恩因对唐廷的赏赐不满，便率部在汾州发动了叛乱，并向河西的泾州等地进犯。

广德二年（764），唐代宗任命郭子仪为河东副元帅、河中观察使、朔方节度大使、灵州大都督等职，令其全权负责剿灭仆固怀恩叛乱。郭子仪认为，仆固怀恩曾是自己的部将，他的部下也都曾是自己的部属，因此采用围而不攻的策略，劝说叛军投降。不久，张惟岳在榆次杀死了仆固怀恩的儿子，并率部投降。仆固怀恩只得丢下母亲，逃往灵州。

永泰元年（765），不甘心失败的仆固怀恩联合吐蕃、回鹘、吐谷浑、党项等部共30万人，再次入侵。各部联军一路劫掠泾州、邠州、凤翔，直抵长安。唐代宗慌忙集结兵力，派李忠臣率部驻守渭桥，李光进率部驻守云阳，周光智率部驻守同州，杜冕率部驻守坊州，并派郭子仪率军1万驻守泾阳。

郭子仪到达泾阳后，即被回鹘大军重重包围。他一面令部将坚守城池，一面率骑兵四处侦察敌情。这时，恰逢仆固怀恩在行军途中暴病而死，各部群龙无首，各自为战。郭子仪深知回鹘人骁勇善战，只能智取，不能力敌，便派部将前往回鹘大营游说。回鹘首领听说来使是郭子仪派来的，大吃一惊，疑惑地问道："郭令公还活着么？仆固怀恩骗我们说令公已经谢世，我们才来进攻的。既然他老人家还活着，我们倒要见一见。"

郭子仪接报后，便打算前往回鹘大营会见其首领。部将们都认为回鹘人说话不可信，劝其不要去。郭子仪却不顾阻拦，毫无顾忌地单枪匹马奔向了回鹘大营。回鹘人见真的是郭令公，便纷纷跪拜谢罪，设宴与之痛饮。之后，郭子仪还劝服回鹘军共同攻击吐蕃军，这就是著名的"郭子仪单骑退回鹘"的故事。

　　吐蕃军得知回鹘军与郭子仪来往，心中生疑，便连夜撤退了。郭子仪派部将白元光和回鹘军在后追击，最终在灵台大败吐蕃，斩首 5 万人，生擒上万人。

　　此后，郭子仪兼任邠宁节度使，又率部先后两次击退吐蕃军的进攻。自此，有郭子仪在，吐蕃便不敢入侵唐境。大历十四年（779），唐德宗继位，郭子仪被调回朝廷，担任太尉、中书令，并被新皇尊为"尚父"。两年后，这位再造盛唐的名将在家中病逝。唐德宗为其废朝五日，并追赠其为太师，谥号忠武。

郭子仪雕像

10

独眼龙
——李克用

◇ ······················

　　唐朝末年，藩镇割据，天下大乱。黄巢起义军更是一路攻下长安，占据大唐半壁江山。这样的乱世中，一位沙陀勇士迎来了自己的人生转机。他曾是反唐叛臣，却在大唐江山岌岌可危时力助平叛，挽救一时危局；他天生一目失明，却能在战场上勇冠三军，终成一方霸业；他虽在与朱梁争霸中败下阵来，却不忘临终赐箭，要自己的儿子代父完成未竟心愿。他就是唐末一代名将"独眼龙"李克用。

　　李克用（856—908），应州（今山西应县）人，沙陀族。唐朝末年最强大的藩镇割据势力之一，著名将领，封晋王，五代后唐政权奠基人。本姓朱邪，后因随父平叛有功，被唐懿宗赐姓名李克用。因行动神速，骁勇善战，常冲锋在前，军中呼其为"李鸦儿""飞虎子"；因其天生一目失明，又被称为"独眼龙"。早年参加镇压庞勋起义、黄巢起义等战争，后割据河东，参与藩镇混战，并长期与占据汴州的朱温争雄；朱温篡唐后，逐渐势衰，但其子最终以复兴大唐为名推翻朱梁，建立后唐政权。后唐创立后，李克用被尊为太祖武皇帝。

李克用画像

一、沙陀少主起兵反唐

李克用祖先为西突厥别部，因驻扎于沙陀碛（今新疆古尔班通古特沙漠），遂自号沙陀部。到父亲朱邪赤心时，其部众已内迁至雁北地区。大中十年（856），朱邪家的第三个孩子出生在神武川的新城，起名三郎，他的少年时期也是在这里度过的。三郎很好地继承了游牧民族的骁勇剽悍，少年时便练就了百步穿杨的箭术，13岁便能在打猎中一箭双雕，引得部众纷纷折服。

咸通九年（868），桂林戍卒在庞勋领导下发动了反唐农民起义，一时间，起义军席卷江苏、安徽、山东等地，声势浩大，唐廷赶紧组织力量进行镇压。咸通十年（869），沙陀首领朱邪赤心统率部众前往参与镇压庞勋起义军，年仅14岁的朱邪三郎随父出征。在人生首战中，年少的三郎毫无畏惧，每战必冲锋在前，屡立战功。这年九月，庞勋起义军在各方军队的联合围剿中覆灭，朱邪赤心因功被任为单于大都护、振武军节度使，并赐国姓李，名国昌；三郎也被任命为云中牙将，赐姓名为李克用。自此，李克用的名字登上了历史舞台。

随着沙陀族的逐渐强大，唐懿宗很担心有一天这群剽悍的少数民族会难以控制，因此于咸通十三年（872）下令，转任李国昌为云州刺史、大同军防御使，以削弱其兵权。然而，李国昌却称病拒绝了这项任命，让唐廷颜面尽失。此时，正好赶上时任大同防御使段文楚克扣军饷，引起部众不满，身为云中守捉使的李克用便趁机拥众而起，杀了段文楚，并自任留后。唐懿宗闻讯后大怒，随即任命卢简方为振武军节度使，并率幽、并两州之兵讨伐李国昌父子。结果，李国昌父子在岢岚将唐廷的征讨军打得大败而归，并乘机控制了代州以北地区。

第二年，唐僖宗继位，他立即改变策略，对李国昌父子改用招抚政策，并任命李克用为大同军防御使。之后不久，李国昌率振武军出击党项，结果被党项首领赫连铎击败，李克用父子还因此丢掉了根据地云州。无处可归之下，李克用父子又率沙陀军袭击了蔚州、朔州两地，以此作为根据地，并收编兵士 3000 人。此后，李克用父子又先后击破遮虏军、岢岚军，相继占领了忻州、代州、岚州等地，沙陀势力愈发强盛。

沙陀势力的不断扩张引起唐僖宗的极为不满。乾符五年（878），唐僖宗任命昭义节度使李钧为代北招讨使，令其联合吐谷浑首领赫连铎、幽州节度使李可举等部，进军蔚州讨伐李克用父子。结果，征讨军被李克用击溃，主将李钧中流箭身亡。广明元年（880），唐僖宗任李琢为招讨使，统兵数万，再次讨伐李克用父子。在李克用率军出迎李可举大军时，不料其叔父李友金携蔚、朔两州向李琢投降。听到后方起火，李克用只得回师。在蔚州城下，李可用遭遇了李可举与李琢的前后夹击，被杀得大败。无奈之下，李克用父子率残部向北撤去，一路逃进鞑靼部落。

二、危亡之际助唐平乱

中和元年（881），黄巢率领农民起义军攻陷长安，建立大齐政权，唐僖宗慌忙逃往四川。唐北起军使陈景思率领沙陀降军和吐谷浑、安庆军万余人进攻长安。大军行至绛州时，沙陀军发生暴乱，大肆掠夺后向北归去。陈景思觉得除了李克用没人能控制得了沙陀军，于是上书请求重新起用李克用。唐僖宗在黄巢大军的威逼下，只得下诏赦免李克用父子，并任命李克用为代州刺史、雁门以北行营节度使，令其带兵南下平叛。

李克用率军行至晋阳时，要求朝廷拨给其军饷。然而河东节度使郑从谠只给了钱币一千缗、米一千石。这令李克用勃然大怒，这点粮饷哪够大军开支？他随即纵容士兵在各地大肆掠夺，之后率军撤了回去。

中和二年（882），唐僖宗再次下诏令李克用率军南下勤王。十一月，李克用率领忻、代、蔚、朔四州之兵共 3 万余人向长安行进。第二年正月，李克用大军抵达河中（今山西永济），与黄巢农民军隔河对峙。李克用大军人人身穿黑衣，远远望去黑压压一片，被人称为"鸦儿军"。闻之李克用大军前来，黄巢大惊，亲自派人送来劝降诏书。李克用面对黄巢的招降，冷然一笑，将使者赶了出去，并将诏书付之一炬。

李克用到来之前，长安附近已集结各路勤王大军，并对长安形成了包围之势，但都惧于农民军势大，无人敢出战。中和三年（883）二月，到达河中后第二个月，李克用即率军向农民军发起攻击，并在石堤谷一举击溃了黄巢军先锋黄邺，鼓舞了唐军士气，带动了各路唐军的全线反攻。三月，李克用率部与忠武军、易定军会合，与黄巢军主力尚让率领的 15 万人在良田坡（今陕西华县西南）展开大决战。李克用的"鸦儿军"一马当先，个个英勇剽悍，如同猛虎下山，与农民军展开死战。农民军节节败退，伏尸几十余里，血流成河。之后，李克用率军包围华州，并派军偷袭长安农民军的仓库。

四月，各路大军包围长安，李克用部与农民军在渭桥展开激战。农民军损失惨重，被迫向城内退去。李克用乘胜追击，率先攻入光泰门，随后各路唐军相继入城。黄巢见大势已去，放火焚烧皇宫后，退出长安，向蓝田撤去。然而，各路唐军攻入长安后，没有乘胜追击败退的农民军，而是放手大肆在城内抢劫，致使黄巢得以从容脱离战场。

收复长安后，唐廷论功行赏，李克用功居第一，唐僖宗拜其为检校司空、同中书门下平章事、河东节度使，此时，李克用年仅 28 岁。此外，其父李国昌接替了李克用的职务，被任命为雁门以北行营节度使。然而几个月后，李国昌就病逝了。

李克用接任河东节度使后，第一件事就是派使者叫老仇人郑从谠收拾包袱走人。其后，李克用发兵攻打昭义军节度使孟方立，夺取了泽、潞二州，并重组了昭义军，表请其弟李克修为昭义节度使。至此，山西大部落入李克用之手，其实力也更加雄厚。

就在李克用攻伐孟方立前后，河南战事发生变化。黄巢率农民军退出关中后，转而进入河南，并降伏了蔡州的秦宗权，进而以此为根据地，兵围陈州。一时间，其势力再起，河南地方无人能敌，朝廷急令李克用率军赴河南平叛。

中和四年（884）二月，李克用率领河东大军 5 万自泽、潞战场出发，前往陈州救援。李克用本打算借道河阳南下，但河阳节度使诸葛爽怕李克用借机灭了自己，就以黄河大桥没有修好给拒绝了，李克用只得绕道河中渡河。

进入河南后，李克用大军摧枯拉朽，一往无前，先在太康击败尚让，歼敌 1 万多人；接着在西华大战黄邺，再次歼敌 1 万多人，缴获军械、马匹无数。黄巢闻讯大惊，从陈州撤围，退守故阳里。李克用率大军一路追击而来，恰逢天降大雨，黄巢大营被大水冲垮，农民军不得不向北撤离，转战汴州。尚让率 5 万大军进抵繁台，黄巢则率大军攻陷尉氏，一时间汴州告急。驻守汴州的宣武节度使朱温急忙向李克用求救。

五月八日，正当黄巢大军在中牟的王满渡渡河进军汴州时，李克用大军突然杀到，黄巢军惊恐万分，阵势大乱，纷纷逃跑。李克用立即率军掩杀，黄巢军大败，一路逃往封丘。眼看就要覆灭，黄巢手下大将纷纷叛变。尚让率军投降了徐州的时溥，葛从周等则率军投向朱温。李克用不给黄巢喘息机会，率军一路狂追，在封丘三败黄巢。黄巢率军向东一路狂逃，李克用见黄巢进入感化军节度使时溥地界，只得撤军返回河东。六月，黄巢被杀于狼虎谷，惊天动地的黄巢农民大起义最终失败了。

纵观整个镇压黄巢农民起义军的过程，李克用实居首功。收复长安之战及后来的河南战场，李克用军都是镇压农民军的主力，并且在历次大战中都起了最关键的作用。战后，李克用因功晋封陇西郡王。

三、割据河东兼并混战

就在李克用大败黄巢，回军河东途经汴州时，发生了一件影响之后数十年历史的大事。李克用行至汴州时，宣武节度使朱温为感谢其相助之恩，在城内上源驿设宴款待。李克用将大军驻扎在城外封禅寺，自己带亲兵数十人入城赴宴。席间，双方觥筹交错，相谈甚欢。然而喝多了之后，李克用开始说胡话，多有侮辱朱温的言语。这让朱温大感不爽，酒宴结束后，喝醉了的李克用当晚就留在上源驿休息。朱温随即调动兵马包围上源驿，准备除掉这个看不起自己的狂妄之徒。危急时刻，李克用带来的沙陀亲兵拼死护卫李克用杀出重围，并用绳索将李克用放下城墙，逃回军营。李克用连夜率军赶往河东，逃过一劫。自此，朱、李二人结下深怨。

回到河东后，李克用开始秣马厉兵，准备向四周扩张势力。光启元年（885），河中节度使王重荣因与宦官田令孜的私人过节，被朝廷调任兖州，而派王处存接任河中节度使。王重荣乘机联合李克用，并向其挑拨说这全是朱温的阴谋，朱温欲联合田令孜控制河中，进而威胁河东。李克用信以为真，非常愤怒，于是与王重荣联合出兵，讨伐田令孜。由于王重荣不受调任，田令孜也联合邠宁节度使朱玫、凤翔节度使李昌符共同出兵讨伐王重荣。双方在沙苑展开激战，最终朱玫、李昌符败北，两人各自率兵向本镇退去。李克用和王重荣则合兵进攻长安，田令孜急忙挟持唐僖宗逃亡凤翔。李克用在长安纵兵大肆掠夺后，率军撤回河东。朱玫等人见唐僖宗逃离长安，便另立襄王李煴为帝，准备挟天子以令诸侯。唐僖宗急令李克用、王重荣出兵讨伐，李克用表面奉诏，却不出兵。最终，朱玫叛乱在部将的反叛下失败。

大顺元年（890），李克用击败孟迁，夺取邢、洺、磁三州之地。之后又派部将安金俊出兵云州，讨伐赫连铎。幽州的卢龙节度使李匡威出兵救援赫连铎，在蔚州将安金俊打得大败而归。朱温见李克用战败，乘机联合宰相张浚，要朝廷出兵讨伐李克用。唐昭宗被逼之下，任命张浚为太原四面行营兵马都统，进军太原。结果李克用三战三胜，大败张浚的讨伐军，并一路攻至绛州。唐昭宗急忙下诏向李克用认错，并任命其为检校太师兼中书令，李克用随之撤军。

大顺二年（891），李克用率军攻云州，将赫连铎包围在城内一百多天。赫连铎弃城突围，逃往吐谷浑。之后，李克用又出兵镇州，攻打成德节度使王镕。幽州李匡威出兵相救，李克用退兵邢州。此后，双方形成对峙，互有攻防。景福二年（893），幽州李匡威与其弟李匡俦发生内乱，李匡威投奔王镕。因王镕年轻，李匡威想要除掉王镕而自立，结果反被王镕所杀。李克用趁机进攻，逼迫王镕投降。第二年，李克用夺取幽州，并任命刘仁恭为留后。

乾宁二年（895），河中节度使王重盈去世，其子王珂、王珙为继承问题发生争执。李克用出兵河东，助王珂登上了河东节度使的位置。这引起极力支持王珙的邠宁节度使王行瑜和凤翔节度使李茂贞的不满，他们联合向长安进军，准备挟持唐昭宗。唐昭宗急忙逃出长安，并任命李克用为邠宁四面行营都统，令其率军讨伐王行瑜、李茂贞。李克用率军渡过黄河，进军渭桥，在邠州大败王行瑜，并将其斩杀于庆州，李茂贞见势急忙上书谢罪。战后，李克用被晋封为晋王，成为唐末军阀称王的第一人。

四、龙虎对决晋梁争霸

经过不断地混战与兼并，李克用与朱温成为了北方的两大势力。由于二人一直以来的积怨，双方围绕北方霸权展开了长期激战。

乾宁三年（896），李克用派李存信率军驻守莘县。李存信常常派兵进入魏州进行掠夺，这引起魏博节度使罗弘信不满。于是罗弘信就派兵袭击了李存信，并将其一路赶至洺州。之后双方矛盾加深，李克用亲自率兵前往魏州，准备一举消灭罗弘信。双方首先在洹水遭遇，展开大战，李克用的儿子李落落在战场被杀，这令李克用更为愤恨。一个月间，李克用接连攻破成安、洹水、临漳等十余城，魏州危在旦夕。此时，罗弘信向朱温求救，朱温亲率大军救援，李克用被迫撤军。

乾宁四年（897），唐昭宗被镇国节度使韩建挟持，下令李克用勤王。李克用向幽州刘仁恭征兵，而刘仁恭早想摆脱李克用控制，因此就拒绝了李克用的要求。李克用大怒，亲率5万大军讨伐刘仁恭，结果却被刘仁恭在安塞击败，自此失去了对幽州的控制。

光化元年（898），朱温派葛从周进攻洺州，李克用派周德威出兵迎战。周德威大军走到张公桥时，遭遇葛从周的埋伏，被打得大败而回。这年冬天，潞州守将薛志勤去世，李克用派李罕之前去接替，没想到李罕之被朱温成功策反，率部叛变。第二年，在李罕之带领下，朱温大军一路攻至榆次，但被周德威击败。之后，李嗣昭又率军夺回了泽、潞两州。光化三年（900），李嗣昭在沙河大战中击败朱温军队，重新占领洺州，不料却被朱温率大军包围，被打得几乎全军覆没，李嗣昭只身逃回。在朱温大军的威胁下，镇州的王镕转而投靠朱温。

天复元年（901），朱温被封为梁王，声势更加壮大。这一年，梁军攻破晋州、绛州、河中，晋军南大门顿时洞开。李克用无奈之下，写信向朱温求和。但此时梁军气势大盛，又岂会放弃这个消灭死敌的机会？朱温分兵六路，大举进攻李克用。很快，梁军就夺取了泽、潞两地，辽州、汾州守将也纷纷开城投降，一时间晋阳告急，晋军个个人心惶惶。恰在此时，阴雨连绵多日，梁军士兵疾病蔓延，被迫撤退。晋军乘机夺回了汾州、隰州等地。

天复二年（902），朱温再次进军，一路进至晋阳，将晋军包围。李克用大为恐慌，打算向北逃往塞外。这时，李克用夫人刘氏站出来说："大王作战一向勇敢，从不畏惧，今天为什么要逃跑呢？以前大王曾跑到塞外，险些性命不保，更别说再图大业了。这次如果孤注一掷，还有可能死里逃生，如果弃城而逃，恐怕永无翻身之日了。"李克用听了，觉得有理，于是率军死守晋阳。朱温见久攻不下，加上军营中疫情再次蔓延，只得撤围而去。

经此一战，朱温势力更加强大，李克用只能勉强退保河东，再也无力与朱温争夺天下。天复四年（904），朱温控制了唐朝中央政权，强迫唐昭宗迁都洛阳，随后将其毒死，拥立唐哀宗，改元天祐。李克用闻讯，向着南面失声痛哭，并令晋军穿上白衣，为唐昭宗致哀。为了表示不服于朱温，李克用继续使用唐昭宗天复年号。

五、抱憾而逝临终赐箭

天祐四年（907），朱温篡唐自立，改国号为梁（史称后梁），是为后梁太祖。李克用在晋阳则继续沿用唐朝年号，并以复兴唐朝为己任，誓与朱温抗衡到底。此时，割据四川的西川节度使王建劝说李克用称帝，被李克用严词拒绝。

梁开平二年（908），李克用在郁郁寡欢中病逝。临终前，他将儿子李存勖叫到床前，拿出三支箭，并嘱托道："我一生尚有三个心愿未能完成，只能让你来替我完成了。第一支箭，要你讨伐刘仁恭这个叛逆之徒，拿下幽州，南下黄河就再无后患；第二支箭，要你打败契丹，耶律阿保机曾与我结为兄弟，发誓一起光复大唐江山，然而现在却背信弃义，依附贼党；第三支箭，要你消灭朱温，这是我一生最大的敌人。如果你能完成这三件事，我就死而无憾了。"李存勖哭着接下这三支箭，并对天起誓，一定亲手完成父亲的三个心愿。

就这样，一代名将带着遗憾去世了，然而他的遗愿却件件得以实现。李存勖袭位晋王后连连出兵，与梁军展开多次大战。在柏乡一役中，李存勖大败梁军，朱温从此丧失了对河北的控制权。同时李存勖稳定河东局势，任贤惩恶，宽刑减赋，一时间河东大治，民富兵强。梁乾化三年（913），李存勖派大将周德威进军幽州，一举擒获刘仁恭、刘守光父子，将其押至雁门处死。梁贞明三年（917），李存勖又派李嗣源、李存审率军在幽州大破契丹军，将耶律阿保机赶回了东北。梁龙德三年（923），经过十余年的努力，李存勖最终攻灭朱梁，统一北方。至此，李克用临终前的三个遗愿全部实现。这一年，李存勖在魏州称帝，国号唐（史称后唐），并尊李克用为太祖武皇帝。

11　"机动防御大师"
——孟珙

◇ ⋯⋯⋯⋯⋯

一部通俗演义《说岳全传》，使岳飞和"岳家军"的故事在民间广为流传，以至于说起抗金，大英雄岳飞妇孺皆知。而其冤死风波亭的结局更是令无数人为之扼腕叹息，顿首流涕。实际上，在宋金对抗的百余年中，涌现出了许许多多的著名将领，其中有一个无论在才谋还是功绩上都绝不亚于岳飞，他就是孟珙。

孟珙（1195—1246），字璞玉，随州枣阳人，南宋中后期优秀的军事家、统帅，抗金抗蒙英雄。1234年，率军联合蒙古攻破蔡州，灭亡死敌金，一雪靖康之耻。宋蒙战争爆发后，他又以一人之力统御南宋三分之二的战事，其构筑的藩篱三层

孟珙画像

整体防御体系更是将横扫亚欧大陆的蒙古铁骑挡于长江以北三十余年。纵观重文轻武的整个宋代三百余年，武将所掌职权，无人出于其右。前苏联历史学家沃尔科戈诺夫更是将其与二战德军元帅曼施坦因相提并论，称其为13世纪中国最伟大的"机动防御大师"。

一、灭金雪耻

孟珙出身于将门世家，曾祖孟安、祖父孟林都是"岳家军"部将，父亲孟宗政则是南宋北大门襄阳城守将。由于父亲的关系，孟珙兄弟几人的少年时期便是在军营中度过的。这样的成长经历，使年少的孟珙具备了过人的军事素养，不仅练就了一身好武艺，而且培养出了对战场形势的敏锐观察力。在随父征战枣阳时，孟珙屡出奇谋，更曾勇闯敌阵，救出陷于重围的父亲，为击退敌人立下大功。

嘉定十六年（1223），孟宗政去世，这位被金人呼为"孟爷爷"的抗金名将给敌人留下一个更加厉害的儿子。孟珙接管了父亲招募的"忠顺军"，并对其进行了重新整编、屯田养马等一系列的改造，使这支部队战斗力大增，成为了日后著名的"孟家军"。

就在孟珙改造忠顺军，整顿军备的这几年间，北方形势发生了大变。绍定五年（1232），在三峰山之战中，金军大部主力被蒙古军歼灭，金国皇帝金哀宗惊吓之中，便把都城迁到了蔡州（今河南汝南）。这年年末，蒙古遣使提议联合灭金，双方议定灭金后河南土地归宋。宋廷等到了收复河南的最好时机，孟珙也迎来了扬名青史的机会。

金国恒山公武仙在三峰山战败后，便逃到南阳的大山里收拢溃兵，数月间便聚集了10余万人，声势大振。金哀宗迁到蔡州后，便下诏命武仙勤王。武仙认为蔡州难守，就计划夺取四川作为落脚之地。

绍定六年（1233），孟珙率军伐金，与西进准备打开入蜀通道的武仙大将武天锡部在光化遭遇。孟珙率军一举攻破武天锡营寨，并阵斩了武天锡，初战告捷。

虽然攻破了武天锡部，但武仙军主力仍在。时任京湖制置使史嵩之向孟珙征求对金军下一步的作战方针。孟珙胸有成竹地说，武仙定会进军吕堰（今襄阳东北），只需在此准备 8000 伏兵，就可以击败敌人。

果然，宋军刘全部、雷去危部在夏家桥挫败金军后，武仙转而进军吕堰。孟珙得知武仙中计后大喜。当武仙行军到吕堰的时候，遭到了埋伏在木查、腾云、吕堰三面宋军的围攻。这时，武仙才发现进有大河阻挡，退有山险拦截，自己被宋军包了饺子，只得丢弃辎重，仓皇逃跑。这一战，宋军斩首 3000 人，缴获无数，史称"吕堰大捷"。

吕堰一役后，吓破胆的武仙直接退到了马蹬山，倚仗山势在这里驻防。孟珙继续率军北进，邓州等地守将纷纷开城请降，孟珙显示出了大将风度，对他们以礼相待。

七月，孟珙率军行至马蹬山。武仙爱将刘仪以提供武仙军九营驻防情报作为投名状请降，他向孟珙建议步步为营前进，逐个消灭。

孟珙采纳其建议，第二天，派遣部将进攻离金营。宋军假扮成金军混进了敌营，到处放火制造混乱，金军大乱，离金营很快被占领。当天夜里，宋军又依样突袭了王子山营。孟珙闻报，率军直击马蹬山。他命部将正面攻击，却故意在西边留出一条路，设下伏兵。金军溃退到西边，又遭到伏击，损失惨重，最后 1.2 万人全部投降。

之后孟珙回军进攻已经孤立了的沙窝、默候里等营，一日三捷。至此，马蹬山剩下的两营独木难支，被孟珙派人劝降。

武仙率领残军退至岵山，看到此地地势险峻，认为居高临下应该还有一线生机，便带着剩余人马开始爬山。孟珙早就料到武仙会退守岵山，早已命人埋伏在山脚。武仙军爬到一半时，突然伏兵四起，金军被打得晕头转向，血流满山。

武仙打算退往商州继续抵抗，孟珙在一天早晨向其发动了总攻。由于下过雨，山中还没放晴，部将非常担心。孟珙大笑说："这不就是当年李愬雪夜擒吴元济的大好时机吗？"他亲自策马指挥，宋军激战数个时辰后大破敌军。

武仙只好狼狈地换上士兵的衣服，带五六个人逃走，剩下的7万多金军纷纷投降。金国打开入蜀通道的计划彻底破产了，最后一支10万主力军队也灰飞烟灭。

这年十一月，宋军进驻蔡州城南，与围攻蔡州的蒙古军会师。两个月来蒙古军围攻蔡州，损失惨重，加上粮草即将耗尽，士气低落。孟珙入蒙古军营与蒙古军都元帅塔察儿相会。蒙古人是崇拜武力的民族，塔察儿对孟珙消灭武仙大加赞扬，拉着他一起打猎、喝酒，两人最后结拜为兄弟。

一天，金军忽开东门出战，想杀出重围。孟珙断其归路，擒拿偏裨将校80余名，其余人则多淹死在汝河里。孟珙断定蔡州城内已经断粮，诫嘱宋军："当尽死守住阵地，严防金军突围。"他还与塔察儿画地为守，以防交战时宋蒙两军误伤。

十二月初六，宋军经过殊死战斗，将金军逼至蔡州城南的柴潭。第二天，经过反复争夺，宋军攻下外围制高点柴潭楼，俘敌500余人。蔡州城倚仗柴潭水而变得易守难攻，加上城楼上的巨型弩炮，宋军将士不敢近前。孟珙身先士卒，率军挖开柴潭堤，将潭水放入汝河，再用薪柴填平潭池，宋军顺利过潭攻至城墙下。

与此同时，蒙古军也渡过蔡州城西的练江，逼近城下。柴潭和练江是蔡州城墙外的天然屏障，守城金军为夺回天险，竟驱赶城中老弱妇幼，在大锅中熬上热油，要以此为"武器"，号称"人油炮"，往城下浇烫宋蒙士兵。孟珙不愿城中百姓遭此劫难，便暂停了进攻。

时间进入到端平元年（1234）。宋军在蔡州城外欢度新年，城内的金军却已撑到了极限。正月初九，宋蒙联军发起攻城，遭到顽强抵抗，直到晚上也没有进展。

初九之夜，金哀宗见大势已去，召集百官，表示要禅位于金军元帅完颜承麟。到了初十，天气阴冷，黑云压城，不见日光。禅位大典在城内举行的同时，城外的宋军发起了总攻。部将马义架云梯率先登城，万余人踊跃而上，南门楼上竖起了大宋旗帜，宋军率先杀入了蔡州城。登城的宋军又杀到西门，打开门后放蒙古军队入城。

宋、蒙、金三方军队在城里展开了激烈的巷战，熊熊大火燃烧着宫殿和街道，三方都在为各自民族的使命而战。走投无路的金哀宗自缢而死，大将完颜仲德率领众军投河自尽。而接受了禅位的完颜承麟，未等登基大典结束，就被涌入的宋蒙联军杀死，成为了历史上最短命的皇帝。

城中的战火熄灭后，孟珙将金哀宗已经烧焦的尸体一分为二，一半归宋，一半归蒙古，金国彻底灭亡。

联盟灭金，孟珙立下不世之功，一雪靖康耻、臣子恨，给百年来受尽战争苦难的百姓和英烈们报了仇。

二、荆襄抗蒙

宋蒙联合灭金后，双方很快由合作转向对立。蒙古首先违背盟约，拒绝将河南之地归还于宋。宋理宗趁蒙古军北归之机，不顾群臣反对，派兵准备以武力收复河南，结果大败而归。

端平二年（1235），蒙古以宋背盟进攻河南为借口，在川蜀、荆襄一线发动了全面入侵。这一年，蒙古军显示出强大的战斗力，在荆襄战场上势如破竹，连襄阳等数州，南宋的整条京湖防线千疮百孔。

次年十月，蒙古中路军在主将塔察儿的率领下又猛攻南宋的蕲州（今湖北蕲春）。焦头烂额的宋廷急命驻守黄州的孟珙驰援。几年前蔡州城下的兄弟，如今却要兵戎相见，令孟珙十分感慨和无奈。塔察儿很清楚孟珙的能力，不愿跟他过多纠缠。孟珙刚到，塔察儿就撤围而去，转攻江陵（今湖北荆州）。这是蒙古铁骑第一次兵临长江。

江陵是长江中游的一座重镇，蒙古军如果攻占这里，西上可攻川蜀，南进可取湖湘，沿江东下可直捣江浙，后果不堪设想。宋廷急令孟珙率军救援。

这时的蒙古军正围攻江陵，宋军守将战死。此外，蒙古军大量建造木筏，准备偷渡长江，江陵形势危急。孟珙部下多是荆襄子弟兵，听说家乡遭掠，个个义愤填膺，士气高涨。

孟珙深知力量悬殊，所以强按怒火，先集中力量封锁江面。接着他施展疑兵之计，以少示众，白天不断变换旗帜和军服颜色；晚上就虚张火把，沿江排开数十里，摆出一副大军来援的样子。

蒙古军不知虚实，惊慌不已。孟珙趁机传令出击，蒙古军顿时成了惊弓之鸟，开始抱头鼠窜，真是风声鹤唳，草木皆兵。宋军随即掩杀，连破敌24座营寨，抢回被俘百姓2万多人，并将蒙军的渡江器具一并焚毁。蒙古军无奈之下，只好撤军。江陵一战，暂时遏制了蒙古军进攻态势，也扭转了长江中游的战局。

　　嘉熙元年（1237）十月，蒙古军在宗王口温不花率领下兵临黄州城。黄州乃淮西的军事重镇，所在的长江江面非常窄，利于渡江。

　　蒙古大将张柔在黄州城西的大湖中夺取大批船只，顺流而下到达长江边。孟珙紧急从鄂州率水师火速驰援。双方在江面狭路相逢。面对密密麻麻的敌军船只，孟珙毫不退缩，下令宋军船队直冲上去。蒙古船阵虽众，但哪里是宋军艨艟斗舰的对手，在大船的猛撞下，纷纷倾覆。就这样，孟珙硬是在敌方船阵中撞出了一条血路，进入黄州城。此时本已绝望的黄州军民，听说孟珙来援，都士气大振。

　　黄州保卫战首先在江面展开，孟珙派遣水军部将攻击蒙古水军，宋军奋勇作战，迫使不习水战的蒙古军阵势大乱，退缩到长江北岸，并俘获战船 200 余艘。蒙古水军的渡江计划完全破产了。

　　蒙古军随即转移攻击目标，进攻黄州东堤，想切断黄州与水军的联系。孟珙见招拆招，挑选精兵壮士组成敢死队，经过奋战又重新夺回了东堤。这样，蒙古军便不得不直接攻打黄州城。

　　由于口温不花连续派兵攻城，黄州城防告急。为了破坏蒙古军的攻城之势，孟珙派部将刘全等兵分七路，趁夜里悄悄出城，突袭蒙古军营。除张柔部营寨防备严整，偷袭失败外，其余六路宋军均获得胜利。蒙古军营盘大乱，军心动摇。

　　蒙古军整顿之后，便再次发动昼夜不停的轮番进攻。蒙军使用了火炮轰击黄州，把黄州城墙上的城楼全部烧毁，但是由于守城宋军的顽强抵抗，蒙古军始终无法攻上城头。

　　蒙古军又冲到黄州城下挖城墙，想直接在城墙上挖洞杀进城里。孟珙派人预先在蒙军挖墙地方的城内，重新筑起一道城墙，并在被挖城墙的内侧挖大坑当陷阱，称之为"万人坑"。当蒙军最终挖开城墙冲进来时，突然眼前又出现一道坚固的城墙，并且前军在后军的推挤下纷纷掉进坑里，继而被宋军用石头、檑木砸死。

到了第二年的春天，死伤十之七八的蒙古军终于撤退了。黄州保卫战取得了胜利，孟珙又一次扭转了被动战局，不久被升为京湖制置使，成为实际上的南宋中部战场主帅。

嘉熙二年（1238），刚升任京湖安抚制置使的孟珙便积极谋求进兵，准备收复中路重镇襄阳府，宋军在荆襄战场展开了反攻。

十二月，宋将张俊收复郢州（今湖北钟祥），贺顺收复荆门，刘全在冢头、樊城、郎神山三次击败蒙军。次年初，收复信阳军。在各路宋军接连胜利的鼓舞下，占据襄阳城降蒙的地方军阀刘廷美送来降书，密约宋军夹击襄阳蒙军。由于有内应，宋军顺利推进到襄樊地区，收复樊城。在强大的攻势面前，襄阳蒙古守将向宋军投降。至此，宋军收复了整个荆襄地区。

但是孟珙清楚，轻松收复襄阳并非因宋军的强大，而是蒙古军战略性的退让，待其元气恢复，必定会重新发兵争夺这一战略要地。因此刚一踏入襄阳，孟珙就巩固城防，招兵买马，整军备战。孟珙以蔡、息两州的降兵组成忠卫军，以襄、郢两州的"归正人"组成先锋军，襄阳开始逐渐恢复元气，重新成为军事重镇。

在巩固防守的同时，孟珙并未放弃进攻机会。嘉熙四年（1240）初，孟珙探知张柔率军在河南地区屯田，同时在邓州、顺阳（今河南淅川）积聚造船木材的情报。他一改以往被动防守的做法，学习蒙古军战法，主动出兵骚扰，破坏蒙古军的攻势准备。

孟珙命令张英出随州，任义出信阳，焦进出襄阳，分路连续袭扰蒙军，让蒙古军无法安心屯田。同时派遣王坚偷袭顺阳，将蒙古军积聚的造船材料全部烧毁；派遣部将张德、刘整分兵攻入蔡州，将敌人的物资仓库烧了个一干二净。蒙古人完全没想到，一向被动挨打的宋军居然开始积极防御。可以说，宋军取得了一次对蒙古军后方基地的进攻性作战胜利，把敌人的攻势扼杀于萌芽中，史称"邓穰之战"。

蒙古铁骑

三、固守四川

当京湖战局有所缓解后，孟珙又奉命紧急驰援岌岌可危的上游四川战场。四川本为南宋粮仓，赋税占到天下半壁，是重要的战略物资基地，而且位于京湖战场上游，一旦丢失，后果可想而知。

嘉熙三年（1239）秋，蒙古大将塔海、秃雪率兵号称 80 万杀入四川，如入无人之境，迅速推进到了川东重镇万州（今重庆万县），抵达长江北岸。宋军急忙屯兵于长江南岸，双方隔江对立。

蒙古军在长江北岸列开大批船只，做出了一副强行渡江的姿态。次日，蒙古军开始渡江，宋军出动数百艘战船阻拦，双方战斗在江面打响。双方战船你来我往，江面上杀喊声震天，战斗煞是激烈。正当双方陷入僵持之时，早已埋伏在上游的蒙古军汪世显部突然杀出，乘小船顺流而下，直冲宋军船队。顿时宋军陷入混乱，蒙古水军则士气大涨，将宋军水师杀得大败。宋军只得撤退，蒙古军乘势追击，直逼川东重镇夔州（今重庆奉节）。其余蒙古军则从万州渡过长江，沿南岸急速向夔门挺进。

这年底，孟珙率领他的"孟家军"万余人前往夔州布防。此时，驻守峡州的兄长孟璟也陷入了与蒙古军的苦战，向他求援。面对十倍于己的敌人，孟珙深知绝对不能轻易分兵援助，必须找到一个合适的区域防守。他准确判断出蒙古军主力汪世显部定会取道施、黔（今四川彭水）两州渡江，于是派兵 2000 人驻屯峡州（今湖北宜昌），1000 人驻屯归州（今湖北秭归），另拨部分兵力增援归州军事要道万户谷。此外，作为预备队，其弟孟瑛领精兵 5000 驻松滋，声援夔州；孟璋率精兵 2000 驻守澧州，牵制进攻施、黔两州的蒙古军队。孟珙的军事防御部署环环相扣，各部遥相呼应。

战斗开始后，各路宋军相互支援，进攻的蒙古各路军则处处受敌，陷入苦战。南向施州方面的蒙古军被孟璟部将刘义在清平（今湖北巴东）击败，斩获无数。在各路宋军的围追堵截中，蒙古军主力被逼至归州西大垭寨，双方在此展开激战。由于连日来的胜利，各路宋军士气高涨，将蒙古军杀得丢盔弃甲，大败而去。此战中宋军缴获物资无数，史称"大垭寨之战"。

凭借着孟珙的防御体系，宋军又一次扭转颓势，四川战局转危为安。在此战中，孟珙所采用的机动防御战术更是得到后世推崇。

嘉熙四年（1240）九月，孟珙升任宁武军节度使。节度使头衔在宋朝是武将极高的荣誉职称，继岳飞、毕再遇后，孟珙成为了南宋第三位旗帜性大将。次年春，孟珙改任京湖安抚制置大使兼夔州路制置大使，统领长江上游、中游的军政防务，南宋江淮、京湖、四川三大战区，孟珙独统其二。纵观宋朝 300 余年，没有任何一个武将能有这样的职权。经过一系列的战役，宋蒙战争的局面基本稳定下来，孟珙开始着手建立整体性的防御体系。

孟珙兼管四川后，招集川蜀地区久经征战之士，组成"宁武军"；回鹘人艾忠孝率壮士马匹来降，孟珙创建"飞鹘军"。此外，孟珙大力整顿军纪。一次，开州守将梁栋借口乏粮擅离职守，孟珙把梁栋押解到夔州后当即斩首，以明军纪。经过孟珙的大力整顿，四川战局焕然一新，宋军战斗力大为提升。

荆襄乃南宋天然屏障，一旦丢失，江汉平原将无险可守，蒙古铁骑将再无阻拦，因此孟珙十分重视京湖战区的建设。孟珙认为，要倾尽全国之力守住这一防线，于是他亲手绘制工程图，组织军民在江陵附近以沮、漳、汉三条河流为依托，建起堡垒和隘口。

孟珙认为兵以卫民为天职，民以养兵为义务，兵与民相依为命，战事与农桑相辅相成，因此推行兵农合一的屯田政策。从秭归到汉口，孟珙大兴屯田，修筑堤堰，鼓励耕种，共计18.8万顷。屯田使得军队的后勤供应得到了充分保障，对稳固防御作用显著。

孟珙贡献最大的是提出藩篱三层军事防御体系。他向朝廷建议设立三层防线，第一层驻扎在夔州，担负起涪南以下的长江江面上的防务工作；第二层是做好鼎州、澧州的保卫工作；第三层是做好辰州、沅州、靖州、桂州的防备工作。同时，在峡州、松州、滋州等重要军事地域，各屯兵万人以上并配备一定数量的船只。归州屯兵3000人，鼎州、澧州、辰州、沅州、靖州各5000人，郴州、桂州各屯兵1000人。

"藩篱三层"是颇具远见卓识的，这一整体防御体系保障了南宋政权的稳固，甚至在孟珙去世后十余年，横扫亚欧大陆的蒙古铁骑都始终无法攻破这一防线。尤其是第三道防线，孟珙已经预见了蒙古军从云南、广西迂回进攻湖南的可能性，但是第三道防线并未被朝廷重视。果然，1253年，在孟珙去世后七年，忽必烈、兀良合台等人绕道招降吐蕃，攻陷大理，控制了西南地区，对南宋形成钳形夹击，并最终由此攻入湖南。

　　淳祐六年（1246），蒙古河南行省军政长官范用吉请降，孟珙大喜过望，急忙上奏朝廷，但宋理宗一方面惧怕蒙古，不愿打破双方相持的局面；另一方面担心孟珙势力猛增，无法控制，便拒绝了孟珙的请求。孟珙自此心灰意冷，感叹道"三十年收拾中原人，今志不克伸矣"，之后便一病不起。这年九月，一代将星陨落荆襄，史载当晚电闪雷鸣，狂风大作，屋掀树折。宋理宗闻知讣告，为之罢朝哀悼，追封太师、吉国公，谥号忠襄。家乡人民为纪念孟珙忠烈，将随州城孟家故里命名为孟家桥。

12 抗倭英雄
——戚继光

◇ ⋯⋯⋯⋯⋯⋯

　　明中期以后，随着日本国内政治斗争的激烈和地方大名的崛起，大批武士沦为浪人。这些浪人逃到海上后，和中国沿海一些不法走私商人相勾结，组成了强大的武装海盗集团，经常到东南沿海地区进行抢劫和掠夺活动，形成了严重的倭患。至嘉靖年间，随着东南沿海商品经济的发展，走私活动十分活跃，倭寇侵扰也更加频繁。这种情势下，一批抗倭将领应运而生，他们以极大的爱国热情投身抗倭斗争中，经过十余年的奋战，终于肃清了沿海倭患，巩固了海防。这其中最杰出的一位，无疑是创建了"戚家军"的一代民族英雄戚继光。

　　戚继光（1528—1588），字元敬，安徽定远人，生于山东济宁，明代杰出的军事家、书法家，著名的抗倭将领、民族英雄。早年致力于在东南沿海抵抗倭寇，历十余年、大小 80 余战，终于扫平倭患；之后又致力于抵御鞑靼，巩固北疆边防。官至左都督、太子太保加少保。同时，他也是一位杰出的兵器专家和军事工程家，改造、发明了多种武器，并修建巩固了长城。

戚继光画像

一、组建戚家军

嘉靖七年（1528），戚继光出身于一个将门世家。戚家祖籍安徽定远，元末农民起义时，其六世祖戚祥参加了朱元璋的部队，之后便追随太祖南征北战，屡立战功。后来在进军云南时，戚祥不幸战死。为了表彰他的功绩，明廷封其子戚斌为明威将军，并且世袭登州卫指挥佥事之职。此后，戚家便移居登州，直到戚继光的父亲戚景通，戚家历五代近140余年，一直担任着这个职位。父亲给其取名继光，意思是希望他能继承祖上的荣光，并将其发扬光大。

在家学的影响下，戚继光从小就饱读诗书，精通武艺，文武双全。在父亲的言传身教下，他还养成了光明磊落的优秀品质，这为他之后在战场上建功立业打下了良好的基础。嘉靖二十三年（1544），年仅16岁的戚继光继承祖上职位，担任了登州卫指挥佥事。这时，他看到倭寇在山东沿海一带烧杀抢掠，便立下了平灭倭寇的志向。25 岁时，他受到张居正的举荐，升任都指挥佥事一职，管理登州、文登、即墨三营 25 个卫所。他采取了一系列措施，有效防止了在其防区倭寇的侵扰。嘉靖三十四年（1555），戚继光被调往浙江抗倭，担任参将一职，防守宁波、绍兴、台州三地。

戚继光来到浙江的第三年秋天，走私商人汪直召集倭寇 1000 余人占据岑登。嘉靖三十七年（1558）二月，胡宗宪调集各路兵马围剿岑登倭寇，戚继光、俞大猷分别率部由两路进军。岑登位于舟山之西，地势崎岖狭窄，易守难攻。倭寇居高临下，据险死守。戚继光率部多次发起进攻，损失惨重却毫无进展。七月，戚继光、俞大猷因进攻不利被革职留用，但继续让其戴罪杀敌。随后的一个月内，戚继光、俞大猷率部对岑登发起了连续的冒死狂攻，并利用反间计造成了敌人内乱，终于攻破了倭寇营寨。为防倭寇从海路出逃，戚继光还趁机烧毁了倭寇的大船。在明军的攻击下，倭寇抵挡不住，余党最后只好向闽广地区逃窜。戚继光、俞大猷因攻克岑登之功而官复原职。

岑登之战后，戚继光感到官军作战能力太差，便计划组建一支新军。他的计划得到了总督胡宗宪的支持，于是他便在义乌、金华等地募集了勇悍的农民和矿工 3000 余人，组成了日后闻名天下的"戚家军"。戚继光对这支部队亲自进行指导和训练，使其成为了一支精锐之师。戚继光针对倭寇的作战特点，为这支部队打造了新的阵法——鸳鸯阵。这种阵形以 12 人为一个作战基本单位，分别持有长牌、藤牌、标枪、腰刀、狼筅等武器，长短兵器互助，攻防结合，作战中整体性很强，而且变化多端。其中狼筅是戚继光的发明，这种武器粗二尺，长一丈五尺，是在长而多节的毛竹顶端装上铁枪头，两旁枝刺用火熨烫后灌上桐油，再敷上毒药。狼筅在对付倭寇的倭刀时具有很大威力。此外，戚继光还为这支部队配备了火器、战舰等装备，加上纪律严明，这支部队战斗力极强。

戚继光与戚家军

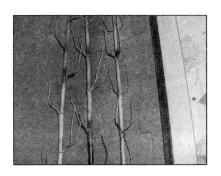

戚继光发明的狼筅

二、台州大捷

嘉靖四十年（1561）四月，一股数千人倭寇分乘 50 余艘大船聚集在宁波、绍兴以外的海面，准备乘机登岸掠夺。戚继光得知消息后，便亲率水军出海侦察巡逻。倭寇了解到台州已有防备后，就窜到了奉化。之后，1000 余倭寇在西凤登陆，并向宁海方向进军，沿途大肆烧杀掠夺，企图吸引明军主力来援，然后再趁机杀回台州。

戚继光接到报告后，立即进行了严密的军事部署。他命令楼南、刘意率部守台州；胡守仁、张元勋率部守海门；任锦率部迅速出海，实施伏击；自己则亲率主力前往宁海，并联合宁波道总兵的水军，对登陆的倭寇进行水路并剿。双方接战后，戚继光长期训练的鸳鸯阵首次用于实战。面对这种新阵，倭寇以往的单兵作战勇力和倭刀威力完全被限制，仅半个小时就伤亡数百人，余寇大为震惊，纷纷四散而逃，而戚家军则无一伤亡，取得完胜。

过了几日，倭寇得知戚继光主力去援助宁海方向后，便兵分三路向台州进军。一路500余人由里浦登陆，进犯桃渚；一路700余人由周洋港登陆，进犯新河；一路2000余人则在健跳所的圻头停泊。戚继光分析形势后，决定集中力量，将其各个击破。进犯新河的倭寇最接近所城，因此，戚继光决定首先围歼这股敌人。

很快，进军新河的倭寇抵达新河城外，并到处进行抢掠。而此时新河城内却守备空虚，百姓们人心惶惶。戚继光的夫人发动城中妇女纷纷穿上军装，站上城头，并摇旗呐喊。城外的倭寇远远看见新河城头旌旗密布，士兵布列整齐，以为城中早有防备，不敢逼近。直到戚继光派出的援兵抵达新河城下，监军唐尧臣也率部由海路赶来，双方在城下展开激战。经过两天的激战，倭寇损失惨重，残敌向温岭方向溃逃。

击退了进犯新河的倭寇，戚继光分析认为桃渚方向的倭寇已距台州府城很近，而此时的台州城墙多处坍塌，守备薄弱，因此决定接下来消灭这股敌人。戚继光率主力部队急行军30多公里，在午前赶到了台州府城。此时桃渚的倭寇突进到了靖江山下的花街，距城仅有2.5公里。戚继光决定先灭贼，再吃饭，他指挥部队列成战斗队形迅速向花街开进。两军相遇后，戚家军先是用鸟铳射击，之后以鸳鸯阵冲杀，倭寇迅速溃败。陈大成、丁邦彦等率军穷追猛打，最后全歼了这股倭寇。这次战斗戚家军仅阵亡3人，解救了被掳百姓5000余人。

五月初一，健跳所的倭寇进抵台州府城东面的大田镇。戚继光率部1500人前往迎敌，两军在大雨中对峙。到了初三，倭寇见攻取台州已无希望，便沿山路向大石方向撤退。戚继光判定这股倭寇必然会进犯仙居，便率军前往其必经之路上峰岭设伏。两天后，倭寇果然到达上峰岭。就在倭寇列成一支长队经过上峰岭南侧时，早已等候在此的戚家军居高临下发起了攻击。看着漫山的戚家军，毫无戒备的倭寇顿时陷入恐慌，只能仓促应战。面对鸳鸯阵的猛攻，倭寇只得边战边退。后退途中，倭寇还想抢占上界岭，从而据险固守。然而戚家军识破了倭寇企图，娄子和率部抢险占据了这一高地。倭寇见状，纷纷四散逃命。戚家军全面追击，倭寇在逃跑途中有的被杀，有的坠崖而亡。此役戚家军全歼倭寇2000余人，解救被掳百姓1000余人。之后，戚家军班师回城，台州百姓纷纷出城相迎。

上峰岭战役后，戚继光又相继在楚门、隘顽湾、藤岭、洋岐等地击败倭寇。五月十七日，原来宁海之战中逃跑的倭寇又聚集了3000多人在长沙（今温岭东南）登陆，他们在附近地区大肆掠夺财物和人口。戚继光接到消息后，立即兵分三路，向长沙挺进。二十日，戚家军逼近敌军，并发起了突然进攻。面对戚家军的强大攻势，倭寇毫无防备，惊恐万分，纷纷向海边逃跑。然而倭寇船只早被戚家军焚毁，倭寇被逼至海滩，此时恰逢风高浪急，大部分倭寇被巨浪卷走。此战，戚家军解救百姓1200余人，夺回财物不计其数。

在近两个月的时间内，戚家军在台州地区对倭寇九战九捷，给侵犯台州的倭寇以毁灭性的打击，史称"台州大捷"。与此同时，其他抗倭部队在宁波、温州等地也击退了进犯的倭寇。至此，浙江地区倭患基本肃清，戚家军威名也传遍了整个东南地区。台州大捷后，戚继光升任都指挥使，并将戚家军扩编到了6000人。

三、福建之战

倭寇在侵犯浙江的同时，也不断袭扰福建沿海各地。尤其是倭寇在浙江遭受重创后，更日益向南发展。嘉靖四十一年（1562），倭寇大举进犯福建，先后攻陷了寿宁、政和、宁德等地，广东南澳方向的倭寇也向龙岩、松溪、大田、古田、莆田等地进军。面对倭寇声势浩大的进攻，福建守军节节败退。七月，胡宗宪命戚继光率戚家军6000余人前往福建剿贼，并派戴冲霄率兵协助。

八月上旬，戚家军抵达宁德。宁德县城东北的小岛横屿是倭寇经营多年的老巢。这座小岛与海岸线相隔5公里，中间全是浅滩，陆兵难以涉渡，水军容易搁浅，因此很难进剿。倭寇凭借这一有利地形，在岛上筑起城池，在此长期活动。戚继光研究地形和敌情后，下令招抚当地百姓，免其胁从之罪，以孤立岛上的倭寇。当地胁从倭寇的1000余名百姓看到戚继光以诚相待，便纷纷离开倭寇阵营，投效了明军。随后戚继光指挥部队向横屿发起攻击。他让士兵背上草铺在滩涂上跨海前行，大大加快了行军速度。此外，他还派出一支部队乘小船迂回到敌人后方以截断倭寇退路。接近小岛后，戚家军摆开鸳鸯阵向敌军发起了猛攻。倭寇怎么也没想到戚家军会大举攻上岛来，纷纷溃散潜逃。不过，在戚家军的包围下，哪里还有退路，倭寇被杀和被淹者不计其数。此战，戚家军全歼盘踞横屿多年的这股倭寇，并解救百姓800余人，取得了入闽作战的首胜。

剿灭横屿之敌后，戚继光率部向福清挺进。倭寇听说戚家军大队人马即将赶到，便联络当地的山贼数万人集中到福清东南的牛田一带进行抵御。倭寇在这一带布置了多个据点，像长蛇一样摆开，以图在相互支援下包围明军。九月，戚继光率部抵达福清。他立即召集福建诸将分析敌情，制订作战方案。根据倭寇的防御布置，戚继光决定兵分三路，对敌人进行分割围剿。第一路由戴冲霄率领，从仓下进剿；第二路由戚继光率领，从锦屏山下进剿；第三路一部分设伏于木岭，一部分据守田原岭、上迳等处，以切断倭寇退路。当天夜里，戚继光率部以迅雷不及掩耳之势包围了盘踞在杞店的倭寇。而此时被围倭寇却都在睡梦中，毫无察觉。戚继光派人爬过城墙，打开了寨门，戚家军一拥而上，冲进敌营，一边放火，一边杀敌。倭寇们从梦中惊醒，四处乱窜，纷纷成了刀下之魂。杞店倭寇被消灭后，戚继光又在锦屏山设下埋伏，使前往偷袭戚家军营寨的倭寇大败而去。戚继光率部乘胜追击，直捣倭寇牛田大寨。牛田的倭寇匆忙出战，但在戚家军狂潮般的攻势下哪里还抵挡得住，只得弃寨而逃。之后戚家军又接连攻破上薛、闻读等倭寇营寨，其他据点的倭寇见牛田大营丢失，便纷纷撤退而去。这便是史上著名的"牛田大捷"。

牛田大捷后，败退的倭寇撤往了莆田以南的林墩。倭寇见这里四面临河，直通海港，可守可逃，便在此集结据守。戚继光得到消息后，便率部前往江口驻扎。九月的一天晚上，戚家军在当地向导的带领下向倭寇发起偷袭。然而向导却误将戚家军带入了一条泥泞的小路，当戚家军经过艰难跋涉接近敌营时，天已经放亮。倭寇发觉戚家军来袭，便砍断了河上的木桥，只留下一个宽不足一米的石板桥，倭寇则集中兵力固守在桥头。这样的地形使戚家军无法展开兵力，几次进攻都被打退了。幸好此时埋伏在宁海桥的戚家军一部听到杀声赶来，从背后对倭寇发起攻击，戚家军才趁机冲过了河。双方短兵相接，肉搏上阵，在前后夹击下，倭寇大败。此战中，戚家军歼敌数千，解救被俘百姓2000余人，取得大胜。

　　林墩之战后，戚家军班师福清，戚继光因积劳成疾病倒。此时，有人报告一股登陆的倭寇在距城 10 公里外的葛塘聚集。戚继光接报后，拖着病体率军前往迎敌。原来这股倭寇的头目就是著名的双剑潭，此人勇悍善战，横行海上多年。他这次登陆，是受其他倭寇邀请，一起来攻打福清的。戚家军抵达葛塘后，在戚继光的鼓励下，将士个个奋勇杀敌，随双剑潭而来的倭寇被杀得几乎全军覆没，其他相继赶来的倭寇听说戚家军的威名后，也纷纷调头离去。自此，戚继光在倭寇中得了个"戚老虎"的绰号。

　　戚家军进入福建战场后，转战千里，四战四捷，一时间倭寇们如惊弓之鸟，纷纷乘船远逃。十一月，由于将士们水土不服，疾病蔓延，戚继光只好率部返回了浙江。

四、兴化之战

　　戚继光率部撤回浙江后，倭寇又在福建沿海地区集结。他们多次袭击兴化府城，均未能成功。此后广东总兵刘显派八名士兵到兴化城中送信，不料中途被倭寇截杀。倭寇派人假扮成刘显的信使，将刘显书信送入城中，并骗说刘显将于当天晚上率兵进城，要兴化守军到时开城迎接。兴化守军信以为真，半夜开门后，大批倭寇蜂拥进城，在城中到处烧杀抢掠，一举攻克了兴化府城。

　　兴化失陷是抗倭以来第一次大府城被倭寇攻克，整个朝野为之震惊。明廷急调谭纶为福建巡抚，俞大猷为福建总兵，主持福建抗倭之事。另外，又调戚继光所部到福建援助抗倭。嘉靖四十二年（1563）正月，俞大猷率部从江西进入福建，并在莆田地区与刘显部会合。戚继光接到命令后，由于浙江兵力不足，便派胡守仁带部队先行，自己则在沿途招募新兵，一边行军，一边训练。四月，戚继光率部抵达福州。

倭寇占领兴化后，在城中盘踞数月，后来由于粮食耗尽，便退往了崎头。平海卫都指挥欧阳深率部追击，并到城中安抚居民。不料倭寇在中途设下埋伏，欧阳深部下数百人全部牺牲，倭寇又趁机攻占了平海卫，转而据守许厝。此时，刘显率部驻守名山，俞大猷率部驻守秀山，戚继光率部刚刚抵达兴化城东的东亭。

四月二十日，谭纶在兴化召开军事会议，进行作战部署。经过讨论，谭纶决定以戚继光所部为主力，从中路发起攻击；刘显率部居左，俞大猷率部居右，在两翼辅助进攻。三路大军并进，共同夹击盘踞许厝的倭寇。

二十一日，戚继光率部发起攻击，双方在五党龄展开激战。面对戚家军的猛烈进攻，倭寇组织了120人的骑兵部队进行反扑。戚继光立即调集火器对敌阵进行射击，倭寇骑兵溃退。明军左右两翼的刘显、俞大猷随之率部对倭寇发起攻击，顿时倭寇阵脚大乱，退回许厝。明军进而将许厝四面包围，一把火烧了倭寇营寨，倭寇们随之葬身火海。

兴化之战，以戚家军为主力的明军歼敌2200余人，解救被掳百姓3000余人，基本荡平了莆田地区的倭寇。

五、仙游之战

兴化之战后，戚继光继续率部在福建各地征剿倭寇，虽然多次胜利，但未能从根本上阻止倭寇对福建的进犯。此后，明廷任命戚继光为总兵官，让其统一指挥福建全省和浙江南部的抗倭斗争。嘉靖四十三年（1564）二月，倭寇集结万余人对仙游发起围攻。

此时的仙游守军只有500余人，戚家军在闽部队也只有4000余人，总兵力不到倭寇的半数。根据这一形式，戚继光决定先集中力量固守仙游，待援军赶到后再图反攻。倭寇对仙游发起多次进攻，县令陈大有率领全城军民，在城外戚家军的配合下，顽强抵抗，艰难地守卫着城池。倭寇见强攻无果，便改变策略，派人对守城军民进行诱降。陈大有按照戚继光的授意，一面与敌人谈判周旋，拖延时间；一面加紧修筑城防工事，巩固防御。

倭寇见劝降难以奏效，城中守军也已伤亡惨重，便再次对仙游发起了大规模攻城行动。随着时间的推移，城中守军渐渐不支。就在这危急时刻，浙江6000援军终于赶到了仙游以东的沙园。倭寇见明军援军赶到，只好停止了攻城。

得到援军的戚继光随即召开军事会议，研究并部署解救仙游、歼灭倭寇的作战方案。他认为倭寇兵力占优，要想全歼敌人，不能全面进攻，只能采取各个击破的战术。他根据倭寇四面包围仙游城的布置情况，决定先集中兵力攻打城南的敌人，之后再分兵攻打城东和城西的敌人，最后合围城北倭寇，从而解除仙游之围。根据这一作战方针，他派吕崇周率兵400人驻守铁山，负责牵制城北之敌；李超率部为左翼，负责牵制和攻击城西之敌；陈濠率部为右翼，负责牵制和攻击城东之敌；王如龙、胡守仁两部则作为中路主力，合力围歼城南之敌。部署完毕，各部队开始进入阵地待命。

第二天，一个大雾弥漫的早晨，戚家军中路主力首先向城南倭寇发起了攻击。戚家军包围敌军营寨，并四处纵火焚烧。在戚家军鸳鸯阵的猛烈攻势下，城南倭寇迅速溃败，分别向城东、城西方向窜逃。戚家军中路主力随之兵分两路，联合两翼部队分别杀向城东、城西。经过激烈战斗，戚家军逐渐占据上风，城东、城西倭寇损失惨重，被迫向城北方向溃退。戚家军乘胜追击，从左右两边夹击城北之敌，城北倭寇也迅速溃败。倭寇大部被歼，余众向泉州、惠州等方向逃去。仙游之围解除。

此后，戚继光又联合俞大猷等部在潮州、梅岭、南澳等地剿灭

了广东地区的倭寇。至嘉靖四十四年（1565），扰乱东南沿海近200
年的倭患基本被扫平，千里海防重新归于平静。因伟大的抗倭功
绩，戚继光被称为"民族英雄"。

戚继光雕像

平定倭乱后，戚继光被调往蓟辽一带练兵，以抵御鞑靼的侵
略。此后的十余年间，戚继光多次击退鞑靼人的进攻，并不断加固
长城，致力于巩固北疆边防。然而，在内阁大学士张居正逝世后，
戚继光不断遭到政敌的弹劾和攻击，最终被罢职回乡。万历十六年
（1588）底，一代抗倭名将在忧愤中病死。

13

五百年第一伟人
——左宗棠

◇ ....

　　鸦片战争后的满清王朝，内忧外患，风雨飘摇。农民起义，列强入侵，无不动摇着这个古老帝国的根基。这不仅是满清王朝的危机，更是整个中华民族的危机。面对危机，一群有着先进思想的中国人挺起了民族的脊梁，他们自筹武装镇压了国内农民起义，并开始学习西方先进技术，开启了中国的近代化进程。这其中有一个杰出的代表，他的卓越才华曾让林则徐赞叹不已，他的军事才能曾令曾国藩自愧不如，他的旷世奇功更让梁启超评价他为"五百年来第一伟人"。他就是率军收复新疆、平定祖国大西北的一代千古奇

左宗棠画像

才——左宗棠。

左宗棠（1812—1885），字季高，号湘上农人，湖南湘阴人。清末著名的政治家、军事家、民族英雄，也是洋务运动的代表人物之一。举人出身，后破格敕赐进士，官至东阁大学士、军机大臣，封二等恪靖侯。一生亲历湘军镇压太平天国运动、洋务运动、收复新疆、中法战争等重大事件，与曾国藩、彭玉麟并称"中兴三杰"，与曾国藩、李鸿章、张之洞并称"晚清四大名臣"。

一、不惑之年的机遇：镇压太平天国

左宗棠出身于湖南一个地主家庭，天生聪颖，5岁便熟读四书五经，9岁能作八股，15岁中得举人，引得时人侧目，惊为天人。道光九年（1829），17岁的左宗棠离开家乡赴各地游学，先后在长沙岳麓书院、醴陵渌江书院学习。在这些地方，他与经世学派大家贺熙龄、罗泽南等人谈经论学，接受了经世致用思想的熏陶。此后的近20年间，他虽然赢得了各方名流显宦的赏识与推崇，但却在会试中屡次落榜，令人甚感遗憾。

左宗棠书法

道光二十九年（1849），失意中的左宗棠有幸得到了路经湖南的林则徐的会见。这次会见中，两人相见恨晚，彻夜长谈，在很多政见上不谋而合。林则徐对左宗棠所流露出的才华大为赞叹，称其为"绝世奇才",并将自己在新疆整理的宝贵资料全部交付给了左宗棠。或许林则徐自己也没想到,他所托付的定疆希望日后会在左宗棠手里得以实现。

咸丰二年(1852),太平天国起义席卷南国大地,40岁的左宗棠应好友郭嵩焘之邀,出任时任湖南巡抚张亮基的幕僚,投入了保卫大清江山的阵营。当时恰逢太平天国大军围攻长沙,张亮基将军政事务悉数托付给了左宗棠。左宗棠竭尽所能地为其日夜谋划,终使太平军围攻三月而不下,无奈撤围北去。之后几年,左宗棠又进入继任巡抚骆秉章幕府,佐其革除弊政,开源节流,大力筹措军备。在左宗棠的全力辅助和悉心筹划下,湖南形势逐渐转危为安。

因为治湘功绩,左宗棠出类拔萃的才华很快引起朝野关注,潘祖荫评价他"天下不可一日无湖南,湖南不可一日无左宗棠"。这期间,发生了一件趣事。一天,总兵樊燮来拜会巡抚骆秉章,见了左宗棠便没有向这位品级比自己低的幕僚行礼。心高气傲的左宗棠认为自己代表巡抚本人,顿时大怒,一脚踢向这位总兵,并骂道:"王八蛋,滚出去!"被羞辱的樊燮立即向咸丰帝写奏折弹劾左宗棠,然而由于众人的维护,樊燮反而被罢了职。朝廷对左宗棠的赏识,由此可见一斑。

咸丰六年(1856),曾国藩率部攻打武昌,左宗棠负责接济军饷。战后,左宗棠因功被提升为兵部郎中。

咸丰十年(1860),太平军攻破江南大营,清廷绿营兵彻底崩溃,湘军成为剿灭太平天国之乱的唯一希望。这种情况下,曾国藩被任命为钦差大臣、署理两江总督,左宗棠随同襄办军务。这一年,曾国藩派左宗棠到湖南招募新军,以支援安徽战场。

左宗棠凭借自己多年来在湖南地方的威望,很快就集结了湘楚地方勇悍之士3500人,并召集了崔大光、李世颜、罗近秋、黄有光等一批将才。此外，左宗棠还收归了老湘军王鑫旧部1400余人，由王鑫之弟王开琳统领。左宗棠将招募的这近5000人分成四营，并由王开琳总领全军营务处。为了区别于曾国藩的湘军，左宗棠将自己的这支部队命名为"楚军"。

咸丰十年（1860）八月，在经过两个月的训练之后，左宗棠率领着自己亲手打造的"楚军"准备开赴前线，对太平军作战。他取道醴陵，向江西挺进。这是左宗棠第一次统率军队奔赴战场。

在左宗棠入赣前后，太平天国战场形式又有了新的发展。太平军在攻破江南大营后，先后进行了东征和西征。忠王李秀成率军东下，连克无锡、苏州、嘉兴、松江等地，并一路攻进上海，开辟了苏南根据地。英王陈玉成则率军南下，接连攻克临安、余杭等地，进而包围了杭州城。八月，曾国藩围攻安庆，太平军西线告急。李秀成、陈玉成商量之后，决定分别率领南北两路大军向西推进，两军计划在武昌会师，以逼迫曾国藩回军救援武昌，从而解除安庆之围。随后，李秀成率南路大军由浙江进入赣北和皖南地区。

为了让长江北岸的湘军全力进攻安庆，曾国藩在皖南祁门设立大营，以阻止太平军进入这一地区，并确保南昌的军需物资能安全运往安庆前线。太平军进入皖南后，侍王李世贤、辅王杨辅清等部先后占领绩溪、徽州等地，直逼祁门大营。曾国藩急命身在南昌的左宗棠驰援祁门。

九月底，左宗棠率领楚军抵达赣北重镇景德镇。左宗棠到祁门面见曾国藩后，曾国藩派其驻守景德镇。十一月初，左宗棠主动出击，攻占了德兴和婺源两地，然而此时太平军围绕祁门大营开始构筑包围圈。杨辅清、黄金文率部攻占建德，切断了祁门大营与安庆方面的联系；之后黄金文又攻占江西彭泽，从西面夹击祁门；李世贤部则从东面休宁逼近祁门，从而完成了北、西、东三面对祁门的合围。这样，祁门大营就只剩下了南大门景德镇，因而景德镇的得失就显得至关重要了。左宗棠迅速回师景德镇，并在此积极布置防御。十一月底，太平军黄金文、李远率所部进攻景德镇，被左宗棠击退，之后湘军鲍超部由皖南而来支援楚军。两军会师后，向黄金文部发起反击，相继收复了彭泽和建德，黄金文部节节败退，损失惨重，不得不退出祁门战场。

咸丰十一年（1861）正月，太平军李世贤部进攻婺源，楚军王开琳部败退至景德镇，李世贤一路追击，兵临景德镇。左宗棠未能及时回师，至二月底，景德镇落入太平军之手，祁门大营江西粮道被切断。曾国藩见李世贤率部南下，便率军由祁门攻打休宁，准备由此打开通往浙江的通道，结果被太平军打得大败而归。逃回祁门后，曾国藩陷入了绝望，甚至写好了遗书交代后事。此时左宗棠率部在乐平击退太平军，暂时压制了太平军的攻势，使曾国藩得以喘息，绝处逢生。

正向祁门进军的李世贤听到左宗棠卷土重来的消息后，立即调转方向向乐平进军。左宗棠所部经过休整后，利用乐平背山面水的有利地形，大败李世贤大军。李世贤被迫向东撤退，由赣北退往浙西。左宗棠乘势收复景德镇等地，祁门之围彻底解除。战后，在曾国藩的奏请下，左宗棠升任太常寺卿，并由襄办军务改为了帮办军务。

左宗棠在赣北的军事胜利，对牵制太平军西征和确保曾国藩集中兵力围攻安庆的战略起到了重要作用。南路李秀成所部在左宗棠的力守之下，未能达成进入湖北会师陈玉成的战略计划，最终不得不撤回浙江；而北路陈玉成在孤军进入湖北后，无力攻克武昌，也不得不回军奔赴安庆战场。曾国藩在稳固赣北后，全力围攻安庆，终于在八月初攻陷了安庆，至此，太平军天京上游再无屏障可守。

这年九月，咸丰帝驾崩，慈禧太后发动辛酉政变夺取了政权，更加开始重用湘军集团为首的汉族地主武装，曾国藩、左宗棠等人势力迅速膨胀。十一月，左宗棠被任命为浙江巡抚，督办浙江军务，主持浙江战事。左宗棠进入浙江后，与外国人合作，先后组织了中法混合军、中英混合军，并先后攻陷了金华、绍兴等地。

同治元年（1862），左宗棠再升闽浙总督。同治三年（1864）三月，左宗棠攻陷杭州，控制了浙江全境。七月，曾国藩攻陷天京，太平天国覆灭。随后，左宗棠率部追击并剿灭了李世贤、汪海洋等太平军残部。

二、西北力挽狂澜：平定回民起义

镇压太平天国运动，清王朝南方归于平静，然而西北却又开始波涛汹涌，硝烟弥漫。西北历来是多民族聚集、多文化汇聚的地方，多重矛盾交织在一起。太平天国起义后，清政府将主要军力调往南方，从而导致了西北军备空虚。同治元年（1862），太平军扶王陈得才率军进入陕西，关中各地回民纷纷响应。

陕西回民起义后，形势发展很快，形成了赫明堂、任武等领导的十八大营，不仅攻占很多州县，而且曾一度包围西安。此外，回民起义迅速蔓延到了甘肃、青海、新疆等地。

面对西北回民起义，正全力用兵镇压南方太平天国运动的清政府，只得从直隶调派一些兵员前往镇压。然而直至同治五年（1866），先后三任统帅胜保、多隆阿、穆图善都难有作为，一代猛将多隆阿更是战死在了周至。随着形势的发展，西北回民起义越来越难以控制。

同治五年（1866），左宗棠由闽浙总督调任陕甘总督，清廷令其率军平定回民起义。左宗棠入陕后，深知回民军与捻军联合后将更加难以对付，因此他提出了自己的平回方略："以地形论，中原为重，关陇为轻；以平贼论，剿捻宜急，剿回宜缓；以用兵次第论，欲靖西陲，必先清腹地"，也就是"先捻后回，先秦后陇"的方针。因此，左宗棠对回民提出了"不分回汉，只问良莠"的号召，目的是集中力量剿灭捻军，而对回军剿抚并用。

至同治七年（1868）十一月，左宗棠基本肃清了陕西境内的捻军势力，并先后攻克鄜州、宜君、三水、绥德等地，将回民军大部逼出了陕西，自此陕西基本平定。

同治八年（1869），左宗棠移军乾州，开始集中对付甘肃方面。八月，刘松山部进兵灵州、吴忠，并分兵进击峡口，对金积堡形成了包围态势。金积堡地区回民军首领马化龙团结本地回民，并吸收了从陕西入甘的白彦虎等部，在金积堡周围布置了580座堡寨进行防御。面对刘松山部的进攻，回民军进行了顽强抵抗，并时常袭击刘松山部的粮运。第二年正月的一次战斗中，刘松山战死沙场，其侄刘锦棠接管部队。刘锦棠接任后，改变策略，不再进行强攻，而是采用严密包围的办法，对金积堡进行长期围困。金积堡人多粮少，时间一久，粮食问题必成大患。这年十一月，金积堡粮草告罄，无奈之下，马化龙率部投降。之后，马化龙父子被处死，但其部众被妥善安置在了平凉一带。

同治十年（1871）七月，左宗棠派傅先宗部、杨世俊部、刘明灯兵分三路进军河州，由于不熟悉地形，加上前方将领指挥失误，这次进攻中清军被回民军首领马占鳌打得损兵折将，大败而归，损失十分惨重。然而，战后马占鳌却向左宗棠投降，左宗棠对其加以重用，将其部队按楚军编制改编了三旗马队。这支部队后来成为了横行西北数十年的"马家军"。

同治十一年（1872），左宗棠派徐占彪率部向甘肃回民起义的最后一个据点肃州进军。不久，徐占彪肃清了肃州周围堡垒，进而包围了肃州。此后，双方在肃州城下进行了激烈的围攻战，徐占彪日夜用大炮轰城，城内回军则在头领马文禄的带领下，对城墙随坍随垒；徐部挖掘隧道进城，回民军就在城内挖壕沟阻拦。双方整整相持了 18 个月，肃州也没能被攻破。

同治十二年（1873）八月，左宗棠亲自来到肃州督战，并调西宁的刘锦棠部前来助战。面对左宗棠大军的层层包围，抵抗已久的肃州城内回民军渐渐陷入绝望之地。回民军头领马文禄被迫放弃战斗，开城投降。

肃州之战后，甘肃境内回民起义大部被基本肃清，各小股残部汇集到白彦虎的统领之下，经敦煌一路向西撤去。在左宗棠的追击之下，这股部队一路逃到了今吉尔吉斯斯坦境内，形成了现在的东干族。这年年底，延续十余年的陕甘回民起义在左宗棠的主持下，最终平定。

三、成就不世之功：收复新疆

同治四年（1865）初，中亚的浩罕国派军官阿古柏率军侵入新疆，先后攻占了喀什噶尔、英吉沙尔、叶尔羌、和田、阿克苏、库车、乌什等城，并于同治六年（1867）宣布成立了哲德沙尔汗国，意为"七城之国"。随后阿古柏又攻占了吐鲁番和天山以北的乌鲁木齐。在阿古柏四处侵略扩张之时，英、俄两国也对新疆地区虎视眈眈，俄国还趁机侵占了伊犁。160 多万平方公里的新疆，就这样从大清帝国的版图上消失了。

左宗棠在平定陕甘回民起义时，就开始准备收复新疆。同治十一年（1872），左宗棠率部进驻兰州，并在兰州设立了"兰州制造局"，积极为进行西征而制造枪炮。左宗棠深思熟虑后，制定了

"缓进速决"的战略。"缓进"即积极整顿军备，用两年左右的时间筹备军饷，训练军队，裁汰冗员，增强军队的战斗力。即使是自己的嫡系部队楚军，也要剔除空额，裁弱留强。他还规定，不愿随军西征的，一律发给路费，遣送回家。"速决"即一旦出兵，必须速战速决，力争在一年半时间内结束战斗，不能长期拖耗。考虑到国库空虚，左宗棠亲自做了调查和精微计算，推出全军 8 万人马一年半的军费开支共需约 800 万两白银，为留有余地，左宗棠向朝廷申报预算 1000 万两。

面对左宗棠的巨额西征预算报告，当时负责筹措军费的福州船政大臣沈葆桢犯了难，一时无从下手。左宗棠亲自找同治皇帝和慈禧太后陈述利害，同治帝批示立即从国库拨款 500 万两，并允许左宗棠私下向国外借贷 500 万两。

光绪元年（1875），围绕是否要出兵收复新疆，清廷爆发了以李鸿章为首的"海防派"和以左宗棠为首的"塞防派"的论战，双方长期争执不下，西征之战一再拖延。最后，在军机大臣文祥的全力支持下，左宗棠被任命为钦差大臣，全权节制三军，并以金顺为副帅，出塞平叛新疆。

光绪二年（1876），已年过花甲的左宗棠率刘锦棠、张曜、徐占彪等各部征西大军向新疆进军。针对新疆形势，左宗棠制定了搁置伊犁、先北后南的作战方针。考虑到沙俄军力强大，左宗棠主张日后通过外交途径来收复伊犁，对其暂时搁置不攻；而北部乌鲁木齐是整个新疆地区的中心，而且位于天山脚下，地广水足，一旦在这里立足，垦荒屯田可以保障长期后勤供应，之后再挥军南疆，剿灭阿古柏就只是时间问题。

因行军期间要经过著名的莫贺延碛大沙漠，大部队行进时的饮水成了一大问题。为此，左宗棠采用了分批分期行进的策略，他将大军分成南北两路，分别由刘锦棠、金顺率领，每路大军又分成千人一队，每日进发一队。两路约定在哈密会师。

刘锦棠率领的北路大军经过850多公里的跋涉，很顺利地进入了哈密。部队各营到达哈密后，刘锦棠继续向乌鲁木齐进军，其前锋部队很快推进到了距乌鲁木齐只有150公里的济木萨。五月，金顺率领的南路军到达哈密，两路顺利会师。九月，左宗棠大军先后攻克乌鲁木齐、克玛纳斯城等地，一举荡平北疆地区。

第二年三月，经过短暂休整，左宗棠继续率军南下，相继收复了达板城和托克逊城，并攻陷了通往南疆的大门吐鲁番。阿古柏见大势已去，服毒自杀，其长子胡里杀死诸弟后，率残部逃亡喀什。八月，左宗棠率大军向西挺进，相继收复南疆八城，胡里率部逃入俄国。至此，阿古柏之乱平息，除伊犁外的新疆领土全部收复。

光绪六年（1880），左宗棠上书清廷，力主在新疆设省，并建议派人与俄国通过外交途径交涉归还伊犁问题。清廷采纳其建议，派崇厚为全权大臣，出使俄国进行谈判。

谈判开始后，沙俄多方要挟，蛮不讲理，提出了通商、割地、赔款和重划天山以北边界等要求。面对沙俄的威逼利诱，崇厚竟然在沙俄提出的条约上签了字。这引起左宗棠的极为不满，他再次上书清廷，主张与沙俄重开谈判，如不能达成目的，就应以军事手段收复伊犁。在左宗棠的坚决要求下，清廷将崇厚治罪，派曾纪泽赴俄重新议定条约。

左宗棠深知外交必须以军事为后盾的道理。这一次，他在哈密设立了指挥部，并让士兵抬着棺材前往哈密，表示誓死收复伊犁的决心。此外，左宗棠还兵分三路，向伊犁挺进。这一举动，令沙俄方面极为紧张。沙俄闻讯后，火速增兵伊犁，但由于刚刚结束跟土耳其的战争，元气大伤，没有必胜的信心，最终不得不在谈判桌上做出让步。

光绪七年（1881）二月，中俄签订《伊犁条约》和《陆路通商章程》，沙俄归还伊犁，但仍割去部分领土。虽然这一条约仍被认为是不平等条约，但在当时的条件下，已最大限度保障了中国权益。左宗棠也对这一和约表示满意，认为伊犁全部归还，边界基本得到保全，通商口岸也仅开放了嘉峪关、吐鲁番两处，相对来说可以接受。

至此，新疆地区全部收复。此后，在左宗棠的力主之下，清政府于光绪十年（1884）在新疆设省，加强了对新疆地区的有效管理和控制。

收复新疆后，左宗棠先后出任两江总督兼南洋通商大臣、军机大臣兼总理衙门行走等职，并以钦差大臣的身份指挥了于1884年爆发的中法战争，取得了镇南关大捷等胜利。但由于李鸿章的和谈政策，清廷在这次战争中"不败而败"。中法战争后不久，左宗棠在福州病逝。就这样，一代伟人结束了自己辉煌的一生。死后，清廷追赠其为太傅，谥号文襄。

左宗棠雕像

下编　外国篇

14　　　　　　　　　四方之王
　　　　　　　　　——亚历山大大帝

◇ ⋯⋯⋯⋯⋯

　　在历史的长河中，无论是东方还是西方都经历了无数的战争，伴随这些战争也产生了无数的战斗英雄。在西方历史上出现过四位最伟大的军事统帅——亚历山大大帝、汉尼拔、恺撒大帝、拿破仑大帝，而其中居于首位的就是征战东西方的亚历山大大帝！

　　亚历山大大帝（前356—前323），20岁继位，33岁去世，在位12年，从未打过一次败仗，先后统一了希腊、横扫了中亚、荡平了波斯、不费一兵一卒占领了埃及全境，并且一度远征到了印度河流域。《西方战略思想史》里这样写道："亚历山大的伟大几乎是无法用语言来形容的……相比言之，项羽是长于战斗，韩信是长于战术，刘邦是长于大战略，但亚历山大则似乎是三者兼而有之。"亚历山大大帝在位仅仅12年就建立了一个横跨欧、亚、非三大洲的亚历山大王国，其伟绩至今无人超越，他华丽的探险也为世人惊诧不已，流芳百世！

亚历山大雕像

一、临危受命的王子——格拉尼卡斯河畔战役

公元前 356 年，亚历山大出生在马其顿首都派拉，他的出生被认为是天神宙斯之子的降临，父亲是马其顿国王腓力二世，是一个卓有成就的君主，母亲是希腊世界伊庇鲁斯公主奥林匹亚丝，是一个强势、坚定的女人。亚历山大从小就接受着各种各样优秀的教育，希腊伟大的哲学家亚里士多德便是他的老师，就这样，小亚历山大在希腊哲学和《荷马史诗》的熏陶，以及王室的宠爱下逐渐成长为一个具备冷静、谨慎、热情、活力、进取等优秀品质的王位继承人，而这些都成为亚历山大成功的重要因素。

亚历山大人生最大的转折发生在他 20 岁那一年。公元前 336年，他的父亲腓力二世去参加女儿克丽欧佩特拉和伊庇鲁斯的亚历山大一世的婚礼，然而意外发生了，就在这喜庆的时刻，一把利剑插进了腓力二世的身体，顿时整个马其顿弥漫着腓力二世惨遭杀害的噩耗。就在这慌乱的时候，20 岁的亚历山大在大臣的帮助下，继承了父亲的王位，开始了他大显身手的岁月，他要做一名不受时空限制的最伟大的勇士。

年轻的亚历山大非常有魄力，他迅速处置了参与行刺的贵族，为父亲报了仇，并且很快平息了本土的叛乱。接着他把目光投向了东方，亚历山大以波斯国王大流士三世为幕后指使和"解放小亚细亚希腊城邦"为理由，开始向东方远征。

公元前 334 年，亚历山大带着他的大军出征波斯帝国，他很快从伊利亚来到阿瑞斯比，并迅速渡过了赫勒斯滂海峡，接着亚历山大向格拉尼卡斯河挺进，准备在格拉尼卡斯河畔开始自己跨过海峡以后的东征第一仗，格拉尼卡斯河战役被称为亚历山大著名的四大战役之一。

在风光秀丽的河畔两岸，双方迅速摆开了自己的队形开始对峙，大战一触即发。亚历山大的马其顿方阵威力无穷，在当时几乎打遍无敌手。他把骑兵部署在两翼，中间是步兵，并且加强了步兵的力量，准备渡河厮杀波斯人。河的对岸，波斯有 2 万骑兵、步兵和外籍雇佣兵，骑兵沿河摆出了一个长方形阵形，步兵居后，这里居高临下，地势极为有利。他们发现亚历山大在他们左翼的对岸，于是就在这一段集中了大批骑兵。

一开始，双方都在等待，亚历山大等待时机强行渡河，波斯等着马其顿人渡河，好在河面上截杀。事实上，亚历山大的军队并没有优势，然而将领的魄力却成了此役的关键所在。亚历山大举起自己的武器，大声地鼓舞并号召着自己的勇士们，然后下令开始渡河。亚历山大身先士卒，向前冲去，引领着一批又一批的马其顿士兵扑向河中，前行的部队与水流方向成斜角态势，这样就能拉长战线，使波斯人不能一起向他的部队进攻，同时马其顿的部队却能用密集的队形攻击波斯人。

接着，第一批马其顿人上岸了，河岸上立马展开了一场骑兵大混战。马其顿人非常忠勇，尤其是首批上岸冲锋的勇士，面对强大的波斯兵团，毫无畏惧，最后全部壮烈牺牲，但他们为后渡河的士兵争取了时间。接着亚历山大率领着自己的右翼军团袭来，如海啸般冲击波斯军，与此同时，马其顿部队一队接一队陆续过河，在亚历山大的带领下，士气大振，立即展开了一场猛烈的厮杀。

马其顿人狠狠地将长矛刺向了波斯人，慢慢地波斯的中央阵线开始后陷，接着两翼的骑兵也被突破，波斯人见形势不利，便开始撤退。亚历山大只追击了一截波斯人军队后，便开始转攻波斯的外籍雇佣部队，为恐吓为波斯人效劳的希腊雇佣兵，他命令骑兵从四面八方把他们包围起来，然后砍杀殆尽。

马其顿以很小的伤亡打赢了这场战斗，损失了骑兵60人、步兵30人，亚历山大把这些牺牲的勇士和他们的武器装备一起埋葬了，并且下令对他们的父母子女一律豁免地方税、财产税等。为了纪念这次辉煌的胜利，亚历山大将300副波斯铠甲作为给雅典娜的祭品送回雅典卫城，写着如下题字："来自亚历山大，腓力之子，和希腊人（除了斯巴达人）的奉献，从居住在亚细亚的野蛮人那儿夺取。"

亚历山大东片壁画

二、从西亚到北非的曙光——伊苏斯战役

公元前 333 年，亚历山大的大军一路所向披靡，占领了小亚细亚腹地以后，立刻南下进军波斯帝国在小亚细亚最后的据点西里西亚。接下来，西方王亚历山大大帝要与东方王大流士三世在伊苏斯正面交锋了。

波斯帝国的末代君王大流士三世（前 380—前 330）在公元前 336 年继位，当时波斯帝国已存在着许多内忧外患：大宦官巴古阿把持朝政，印度、埃及已经相继独立。但大流士凭借着自己非凡的谋略和魄力将这些问题一一解决，成了称霸一方的波斯王。起初大流士很轻蔑亚历山大这个毛头小子，认为他不会有什么大的作为，但是亚历山大一路打来，震惊了这个东方王。这一次，波斯王大流士三世不得不亲率数十万大军从巴比伦出发，要与亚历山大一较高下了。

西里西亚是波斯的一个行省，对于进入两河流域有着重要的战略位置。亚历山大在到达西里西亚以后，就感染了风寒，在养病期间，他就已派帕马尼奥率部控制了叙利亚山口。在打探到波斯军队驻扎在索克依后，亚历山大将伤病员留在伊苏斯的营地里，亲自率兵来到了叙利亚山口，准备埋伏在这里阻击大流士的大军。

然而，这次亚历山大失算了，正当亚历山大向叙利亚山口进军时，大流士却从索克依挥师北上，从另一个阿曼山口顺利通过，占领了伊苏斯大营，截断了亚历山大的后路。不仅俘虏了所有的伤病员和物资，还将马其顿的伤病员全部剁去双手，并让他们去给亚历山大报信。然后就驻扎在伊苏斯南面 20 公里处，并且排列了纵深达到 24 行的希腊雇佣军密集方阵和由 4 万卡尔达克步兵和 2 万弓箭手组成的左翼阵营以及 2 万卡尔达克步兵和 3 万波斯骑兵组成的右

翼阵营，大流士乘坐黄金打造的华丽战车高居波斯阵线中央，等待着亚历山大的到来。

这一切使得亚历山大处在一个绝境里，他必须在粮草耗尽前赶回伊苏斯，以疲惫之师迎战数倍于己的波斯大军。但是他并没有沮丧和退却，反而激起了斗志，就在全军上下一片惊恐之中，亚历山大召集起大家，发表了慷慨激昂的演说，重新拾起军队的士气，大家用短剑敲打着盾牌，团结一致准备绝地反击。于是亚历山大照例亲率 2000 骑兵组成的右翼主力和 3000 近卫步兵组成的马其顿密集阵以及 1800 特萨利重骑兵、800 马其顿轻骑兵、2000 希腊联盟游击步兵、3000 阿格里亚和色雷斯标枪手，浩浩荡荡地向伊苏斯进发了。

当部队即将进入波斯弓箭的射程内时，亚历山大又进行了一次鼓舞士气的讲话，接着才下令右翼的突击近卫骑兵率先进攻，当波斯人看见逐渐靠近的马其顿兵时，瞬间万箭齐发，密密麻麻的箭雨落了下来，但是大流士显然高估了自己这 2000 马迪亚弓箭手的抗冲击能力，居然把他们部署在波斯左翼重装步兵密集阵的前面，并没有留下足够的空地给弓箭手后撤。亚历山大根本不怕弓箭的阻挡，骑着战马一直往前冲，像钢铁战神一样率领着自己的骑兵出现在了马迪亚弓箭手的面前，这些轻装弓箭手根本不是骑兵的对手，慌忙转身逃命，而这一慌忙撤退，立刻冲乱了后面的卡尔达克密集阵。紧接着，马其顿骑兵冲进了波斯步兵密集阵，又是一顿厮杀，就在这时，亚历山大的步兵也过来了，这些步兵投出手中的长矛后，便纷纷挥舞着刀剑格挡劈砍。战场上顿时尘土飞扬，嘶鸣哀嚎声四起，就这样波斯左翼阵线不久便土崩瓦解了。

就在波斯左翼开始战斗的时候，波斯右翼的铁甲骑兵也向马其顿左翼远端发起冲锋。亚历山大早就发现马其顿的左翼远远不是波斯铁甲骑兵的对手，就秘密将右翼的特萨利重骑兵调到左翼，并且藏在了方阵的后面，在关键时刻，这一支骑兵犹如神兵一样猛攻波斯骑兵，一直将波斯人驱逐到河对岸。没过多久，波斯右翼阵线也开始败退。

形势已经倒向了亚历山大这边，亚历山大越战越勇，犹如一头猛兽一般在波斯军里横冲直撞。突然，亚历山大马头一转，直奔大流士座驾的后方，不一会儿就冲到了大流士的 2000 禁卫骑兵阵前。大流士看见了亚历山大的身影后，顿时惊慌失措，就连他的马也受到了惊吓，拖着大流士向敌阵冲去，大流士急忙使劲拉住缰绳，战车才停下来。这位波斯王并不像亚历山大大帝那样勇猛无畏，擅长杀敌，当看到敌军就在前方，而自己身边没有任何保护的时候，脑海里只闪现出了逃跑的计划。

国王骑着战马逃跑了！这个消息犹如火山爆发一样，使得波斯军队上下的斗志顿时消失得无影无踪，无论是将军还是士兵都开始撤退逃跑，但是庞大的军团后面是一道狭窄的海岸，根本容纳不了大批的军马，于是就出现了相互践踏挤压的一幕。亚历山大率骑兵追击大流士，但大流士逃跑得特别快，一路昼夜兼程逃回了巴比伦。国王自己幸运地跑了，但是大流士三世的母亲、皇后和两个公主就没那么幸运了，连同波斯军队的大批武器装备和金银财宝，纷纷成了亚历山大的战利品。

这场战役最终征服了波斯王国的西部，进而开辟了通向叙利亚和埃及的道路。接着亚历山大开始南下，进军腓尼基和埃及，这期间最令亚历山大自豪的是，在围攻埃及时，马其顿没有用一兵一卒，埃及就投降了，并且亚历山大被埃及人誉为法老，称之为太阳神阿蒙之子，这一年亚历山大才 24 岁。

三、彻底征服波斯——高加米拉会战

公元前331年，亚历山大在把埃及划入自己的版图以后，决定率领大军从叙利亚北部进入两河流域，向波斯腹地进军，一举拿下巴比伦。与亚历山大的辉煌胜利相比，大流士的惨败就遭到了世人的笑话。伊苏斯战役后，大流士决定报仇雪耻，于是在国内开始备战，下令在帝国各省强制征兵并进行严格训练，还升级了武器装备，将标枪更换为希腊式的长矛，还给波斯骑兵大部分都配备了鳞片甲，并且研究出了对付马其顿密集阵的卷镰战车。

亚历山大带着近2万的重装步兵和7000骑兵，非常谨慎地避开了沙漠地带，最终安然无恙地渡过了两河，慢慢地向波斯的腹地进发。大流士密切关注着亚历山大的一举一动，每次一想到伊苏斯的耻辱，想到自己的母亲、妻子和孩子还在亚历山大的手里，他就恨不得将亚历山大生吞活剥。鉴于伊苏斯战役失败中的地形因素，大流士决定选择一个地形平坦开阔、便于骑兵灵活作战的地方作为决战场所，于是高加米拉就入选了。高加米拉在底格里斯河上游的东岸，在巴比伦以北约300公里处，毗邻著名的波斯帝国大道，因而后勤运输可以得到保障。

大流士选择好了决战场所，并且部署了20万波斯步兵，4.5万骑兵，200辆战车和15头印度战象，依然站在一辆金碧辉煌的战车上，以逸待劳地等着马其顿军的到来。另外，这里是波斯的核心地盘，所以大流士只需诱敌深入，然后将劳师袭远的马其顿军一网打尽。

战象

不过可惜的是，他的对手是亚历山大，伟大的亚历山大大帝早已洞察了大流士的一举一动，包括他心里的想法。可以说这次战役的特殊之处就是心理较量明显增加了，而一开始亚历山大就以胜利者的姿态居高临下地牵制着大流士的自尊心和自信心。

亚历山大针对波斯的"两翼包抄"战术，决定实施"中央突破"战略。马其顿军队按照惯例布阵：老将帕米尼奥率领 6 个密集阵 1.5 万重装步兵组成中央阵营，并且方阵之间留有足够的空间变换阵形；左翼是 2000 特萨利重骑兵和 300 希腊联盟重骑兵以及 1000 希腊雇佣军步兵；右翼是 2000 近卫骑兵和 3000 精锐的近卫步兵。为遏制波斯战车的冲击，亚历山大在阵线前沿部署了数千游击步兵组成的散兵线。

波斯中央阵线比较长，再加上两翼宽大的波斯骑兵，就会对马其顿军队形成包围之势，为此亚历山大在两翼的侧后方各部署了 4 个营的骑兵，兵力布置前轻后重形成防守纵深。紧接着后面约 1 公里处还部署了第二道阵线，就这样马其顿战阵呈现出一个空心的梯形阵式。

亚历山大率领着右翼先锋队向波斯阵线冲了过去，结果遭到波斯铁甲骑兵的迎头痛击。战役的前半阶段，马其顿的兵力比较吃紧，渐渐处于下风。不过波斯军队先派出铁甲骑兵后，卷镰战车即使砸开马其顿密集阵正面由盾牌和长矛组成的坚硬外壳，也没有后续力量来打开更大的缺口，这为后来波斯的失败埋下了伏笔。

不一会儿，大流士看到左翼骑兵进展顺利，就下达了决战的命令，波斯两翼的骑兵一齐向马其顿大营狂奔而去，与此同时，波斯的战车突击集团也开始向马其顿密集阵发起冲击。就在这时，亚历山大的散兵线犹如克星一般破坏着战车的行动能力，他们灵巧地躲过正面冲击，在其侧面跟随奔跑，有的用盾牌抵挡波斯战车兵的长矛，有的用标枪攻击缺乏铠甲防护的役马肋部和车夫。当这些战车冲到马其顿密集阵后，反而被马其顿人全部缴获了。但这时马其顿密集阵已经打开，大流士看到后立刻派遣波斯中央阵线的禁卫军骑兵和印度骑兵从缺口处高速突破。马其顿阵营受着两面攻击，形势十分严峻。

然而幸运之神非常偏爱亚历山大，就在马其顿军力不从心的时候，突破密集阵的波斯骑兵并没有从背后攻击马其顿阵线，而是直扑马其顿大营。亚历山大看到这一场景后大笑了起来，他知道大流士的心已经被大营里的亲人牵绊了，这一场心理战以大流士的失去理智而告终。波斯禁卫军轻易驱散了看守马其顿大营的色雷斯步兵，然后开始劫掠辎重马车，寻找王室成员。

就在这时，天空中飞来一只盘旋的鹰。正如此前发生的月食一般，亚历山大把他们都看成是吉兆，是神的旨意，并利用这一现象来鼓舞士气，原本已摇摇欲坠的马其顿阵线突然坚挺起来，希腊联盟步兵甚至成功地反攻了大营。而在波斯方面，他们则认为这些大自然的启示是在预告着波斯的灭亡，反而从内心里丧失了斗志，失败成了迟早的事。

更为关键的是，大流士在整场战役指挥中频频失误，而亚历山大总能抓住大流士的漏洞进行反击。在战役的尾声就如同伊苏斯战役一样，亚历山大带着自己的近卫骑兵，神奇般地攻至大流士的身边，而大流士也再一次选择了落荒而逃。就这样，高加米拉战役落下了帷幕，这是一场后人无法效仿复制的胜利，只有受到命运青睐的"宙斯之子"才能取得这样不可思议的胜利。随后，千年古都巴比伦也成了亚历山大的囊中之物，亚历山大被加冕为"亚洲之王"，这一光环证明着他的伟大，也刺激着他的野心。

大流士包括他的帝国输了，亚历山大的复仇之路成功了！年轻而不知疲倦的亚历山大成为马其顿—波斯王国的王之后，继续猎取他的新领土，西亚、中亚，一直挥军进入印度，并在印度河以东的海达佩斯河征服了印度国王波拉斯，直到这时亚历山大才在部将们厌战的声音中开始西归。不久，在公元前 323 年 6 月初，亚历山大在巴比伦突然因发热而病倒，十天后就死去了，他伟大而传奇的一生在他 33 岁这年画上了句号。

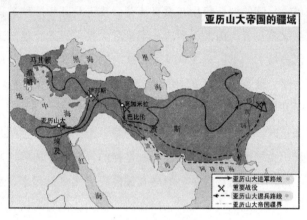

亚历山大帝国疆域

15

战略之父
——汉尼拔

◇ ⋯⋯⋯⋯⋯

众所周知，古罗马曾是欧洲的霸主，敢于挑战其权威的，在世界上恐怕也是寥寥无几，而历史上有一个人却曾严重地挑战了罗马王朝的权威，并且成功入侵罗马。这对于罗马来说是奇耻大辱，罗马人对他恨之入骨，以至于在他晚年已经出走东方、到处流亡的境况下，依然对他不放心，不肯放过他，生怕他活着会再次对罗马造成威胁，直到把他引渡到罗马法庭受审，才肯罢休。然而威武不屈的他最终以服毒自尽终了。这位伟大的将军就是"战略之父"汉尼拔·巴卡。

汉尼拔（前247—前183），迦太基著名的将领，被西方人誉为"战略之父"，也有人把他称为今天美国"高边疆"战略理论之父。汉尼拔足智多谋、学识渊博、战无常法、注重信息搜集，曾率军多次打败罗马军队并成功入侵罗马，创造了许多经典战例，也创造了一世传奇。

汉尼拔雕像

一、少年的战火誓言

自公元前 5 世纪初开始，古罗马通过一步步的征服，逐渐成为地中海乃至欧洲的强国，许多周边城邦纷纷臣服于它的脚下。而在公元前 6 世纪末，在非洲北部突尼斯一带出现了一个发达的商业小国——迦太基，他的国人被罗马人称为布匿人，就是这个小国不甘心屈居一隅，逐渐对外扩张，为争夺地中海的霸权而与古罗马共和国进行了长期的布匿战争。

公元前 247 年，一个叫哈米尔卡尔·巴尔卡的迦太基将领，在这一年生了一个儿子，就是著名的汉尼拔·巴卡。生活在军人家庭里，他的父亲自然对他寄予了厚望。和别的小孩不同，汉尼拔从小就接受着军人般刻苦的训练，这培养了他坚韧不拔和吃苦耐劳的精神。

汉尼拔的童年是与第一次布匿战争相伴而度过的，在这次战争中，迦太基战败了，不得不将撒丁岛和科西嘉岛割让给罗马共和国。与此同时，国家的失败也影响着汉尼拔的人生，在他 9 岁的时候，他的父亲哈米尔卡命令汉尼拔跪在神殿内发下重誓：终生与罗马势不两立！从此在小汉尼拔心里，就烙下了与罗马对战的誓言。令人欣喜的是，汉尼拔是一个天生的将才，在他 25 岁的时候，已经成长为一个足智多谋、学识渊博、富有军事才能的人了。这时他的父亲已经去世，汉尼拔子承父业，被任命为迦太基驻西班牙部队的最高统帅。

自从 9 岁发誓以后，与罗马对战就成了汉尼拔终生的奋斗目标。在他上任的那刻起，他脑子里已经在策划着对罗马发动战争了。在任期间他始终与士兵们同甘共苦，因此士兵们非常爱戴他，更佩服他是一个无畏的勇士。汉尼拔战法战术灵活多变，而且最大的一个特点在于，他总是会秘密派出许多"使者"来搜集各种情报。同时他精通多种语言，尤其是希腊语、拉丁语和高卢语，他能够利用外交手段，去拉拢那些对罗马心怀不满的希腊城邦，将敌人的敌人拉入自己的阵营，使得罗马四面受敌。

自古"师出有名"，要开战就要争取有利的舆论，那么如何迫使罗马首先向迦太基宣战，成为汉尼拔开战的首要问题。"万事俱备，只欠东风"，汉尼拔把这个东风指向了罗马的西班牙同盟者——萨贡姆城。

汉尼拔开始攻打萨贡姆城，并且闪电般地在 8 个月之内攻陷了此城。由于萨贡姆城和罗马是正式的同盟关系，所以盟国遭到袭击后，罗马马上伸出了援助之手。罗马元老院非常生气，但又非常傲慢，警告并谴责汉尼拔的这种入侵行为，并要将他抓到罗马法庭上来受审。果然如汉尼拔所料，公元前 218 年，罗马以此为理由向迦太基正式宣战，这就是著名的第二次布匿战争。从此，汉尼拔站上了一个可以充分展示自己战略才华的舞台。

二、特拉西梅诺湖的埋葬

当第二次布匿战争打响后，汉尼拔考虑到了战争对国家经济的破坏和对人民的危害，所以不打算在自己本土上点燃战火，而是决定进军意大利半岛，将战火带到敌人的领土上。这一思想方法被称为"间接路线战略"，即最大化地削弱罗马人的战争潜力，而减少迦太基的损失。

为了保卫罗马城，罗马人也进行了全部武装动员，在通往罗马城的道路上，早就布满了罗马士兵，然而大量士兵被安排在要道上，罗马城的防守必然就薄弱了。汉尼拔远道而来，不能与罗马主力直接交锋，只能出奇制胜，奇袭此时防守薄弱的罗马城。虽然迦太基军队远离熟悉的家乡来到陌生的他国作战，但是博闻强识的汉尼拔对附近的地理非常了解，除了布满罗马兵的东西大道外，他知道摆在面前的就只剩下位于阿诺河口的一片淹水频繁的沼泽区了。

公元前217年，汉尼拔率领全军向南出发，路上亚平宁山的积雪不断在消融，使得士兵们在水中艰难地行走了四天三夜。士兵们不得不经常在忘记疲劳与面对死亡之间作出选择，不幸的是，恶劣的环境使得汉尼拔自己也染上了眼疾，最后医治无效成了独眼将军。

汉尼拔的这次史无前例的跨越远征，仅用了33天就跨越了阿尔卑斯山，但是他的军队由原来的9万步兵、1.2万骑兵和几十头战象，到出现在罗马城前时只剩下2万步兵，6000多没有马的骑兵和1头战象了。虽然经过了千辛万苦和付出了巨大的代价，但却起到了让罗马人防不胜防的目的，并且打破了对方的防线和计划，不仅如此，在这段征程中，汉尼拔以战养战，沿途中补充了很多痛恨罗马的高卢人兵源和充足的物资。经过修整后的汉尼拔军队，斗志昂扬、士气大振，充分准备好了与罗马的大决战。

迦太基的军队突然出现在罗马城的脚下，令守备薄弱的罗马城一片恐慌，但是守将弗拉米尼却坚守不出，一心等待着救援，任凭汉尼拔怎样挑衅，都激怒不了他。时间不等人，汉尼拔必须要速战速决，必须赶在援军到来之前出击。汉尼拔考察和分析了附近的地形后，决定转变战略，采用迂回战术，挥师南下向通往罗马的交通要道科托那奔去，以切断罗马救援的道路，顺便再诱使弗拉米尼出城。这个方法果然有效，弗拉米尼看到汉尼拔退军后，终于按捺不住了，决定出城尾随汉尼拔，等待时机进行反攻。

汉尼拔一路南下，傍晚时分，抵达了中部意大利最大的特拉西梅诺湖畔，立刻开始布置自己的埋伏，等着罗马的自投罗网。

第二天早晨，天还蒙蒙亮，特拉西梅诺湖畔的雾气特别大，对于身在其中的罗马军来说简直就是烟幕弹。而另一边，汉尼拔在山坡附近埋伏着，对于包围圈中的敌情了如指掌。当罗马军在峡谷中行走时，突然前后出现了大量迦太基兵，罗马军被攻击了，而汉尼拔还在丘陵上埋伏着轻装兵、投石兵、弓箭手和高卢士兵，这时也冲向了罗马军，三面被围，一面临湖的罗马军，只能面临被宰割的命运了。

3 个小时过后，太阳驱散了晨雾，特拉西梅诺湖又恢复了安静，而此时却多了许多尸首。这次战役，罗马战败，死亡 1.5 万人，统帅弗拉米尼战死，剩下的士兵也都缴械投降了。

特拉西梅诺湖的惨败，使罗马元老院非常恼怒，立马任命费边·马克西穆斯为新一届独裁官，费边采取的是消耗战避其锋芒、保持距离的战术，而这种"费边主义"也成了克制战神汉尼拔的有力武器。而后来由于汉尼拔安全离开坎帕尼亚，费边被免了职，这种战术被暂时搁置，直到坎尼战役后。

三、震惊！坎尼的"屠宰场"

坎尼战役是古罗马历史上最惨痛的败北战役，亦是全球历史上单日中伤亡最严重的战役之一。汉尼拔孤军在他乡，没有自己国家的粮食补给，唯一能做的就是就地取食。为了自己能够得到补给，也为了破坏罗马的粮食供应，公元前216年，汉尼拔将目光锁定在了普利亚平原的补给重地坎尼，将坎尼攻下，变成自己的粮仓。

坎尼仓库的失去引起了罗马军队的骚乱，于是罗马元老院将新选出的两位执政官瓦罗与保卢斯全都派上了战场，并且动员了罗马共和国史上最庞大的一支联军。为了将汉尼拔彻底铲除，以往罗马大多只是由一名执政官与两队罗马军团负责，这次却史无前例的全都翻了倍。与罗马军相比，迦太基的部队却显得格外可怜。汉尼拔手下只有2500名士兵是迦太基公民（其中大部分是骑兵），其余大部分是募兵于战败的部落，人员成分十分复杂，有非洲人、南欧人、高卢人等，重骑兵成为汉尼拔的优势。

虽然罗马实力占优势，但指挥却不佳，两位统帅，只能像议会那样轮流执政，于是两位执政官轮流指挥作战。这两位统帅各有特点：保卢斯盲目自大，求胜心切；瓦罗却小心谨慎，步步为营。当保卢斯掌兵日时，早已忘记了汉尼拔强大的骑兵作战，非要急切地与汉尼拔正面交锋，他将三分之二的兵力驻扎在奥非都斯河东侧，余下的三分之一渡河，在汉尼拔军营附近的高地上扎营以便抢夺粮草和骚扰对方，接下来等着双方的应该是一场大决战。可是轮到谨慎的瓦罗执政时，采取的却是拒绝汉尼拔的战书。但是汉尼拔不能长期消耗下去，急需开始大决战，聪明的汉尼拔立马骚扰了瓦罗最重视的奥非都斯河的水源运输，并成功激怒了他，大战就这样拉开了帷幕。

　　就这样，著名的坎尼战役开始了，双方都进行了精心的布阵，这次战役的阵法也堪称世界经典。罗马方面的阵形依然是按照惯例的中间步兵，两边骑兵的摆法，并大大加厚了中间的力量，希望用强大的步兵把汉尼拔军队逼到河流附近，最后切割并逐个击溃他们。瓦罗选择主动出击，以使得汉尼拔没有时间做一些精密的部署。

　　坎尼这个战场一目了然，埋伏士兵不可能了，只能直接赤裸对阵。为了适应这个战场和对付罗马军的优势兵力，汉尼拔运用了世界闻名的"新月形"战术。汉尼拔根据自己军队中各种兵的特点来布阵：中间阵地选用战斗力最弱的高卢新兵和久经沙场的8000名西班牙重装步兵相配合；而两边则选用骁勇善战的非洲重装兵；最后两翼分置着最精锐的骑兵。

　　战斗打响后，汉尼拔首先命令自己两翼最精锐的骑兵去攻击罗马的骑兵，先发制人打了一个大胜仗，然后骑兵转入其后攻击罗马的步兵。但是罗马利用其数量庞大的步兵直逼汉尼拔的中军，汉尼拔的中军只好一步步往奥非都斯河撤退。本来罗马军打算让奥非都斯河成为汉尼拔军的葬场，没想到最后这条河成为了汉尼拔免受后方攻击的护身屏，而罗马的进攻却一步步走向了汉尼拔布置的陷阱。

　　就在汉尼拔中军一路后退的过程中，一个像上玄月的包围圈形成了，就在这时两边的非洲重步兵该登场了，他们一步步向中央靠拢，像个口袋一样吞噬着罗马兵团。就在这时汉尼拔最精锐的骑兵也从后面进攻过来，配合着正在从两翼猛攻的非洲重步兵，此刻一直往后退的步兵也开始拼命反攻，就这样，各种兵种相配合，层层包围，被装在袋子里的猎物只能一个个地被消灭掉了。

　　仅仅经过12个小时的激战，罗马军就遭遇了惨烈的屠杀，损失 7 万余人，而让人惊叹的是汉尼拔只损失了不到 6000 人，这又一次证明汉了尼拔的天才战略，又一次以少胜多的著名战例诞生了。从此以后，没有任何人敢当面挑战汉尼拔这只猛虎了，而且这场轰动世界的胜利直接导致了希腊城邦的纷纷起义和巴尔干半岛上马其顿王国向罗马的挑战。直到这时，罗马人才彻底领悟到了费边的睿智，只能重新运用被动的消耗战了。

四、誓言与生命的终结

到了公元前 203 年，汉尼拔已经在意大利的土地上与罗马打了 15 个年头的仗，正当汉尼拔打算接着战斗终生的时候，国内的情况出现了危机。这么多年，罗马遭遇到了汉尼拔那么多的践踏，对这个"眼中钉"恨之入骨，不过"瘦死的骆驼比马大"，于是罗马决定不惜一切代价将迦太基打败。罗马名将大西庇阿被任命为罗马远征军的统帅，就像汉尼拔一样，这位统帅也率军入侵迦太基本土，这下子，汉尼拔不得不离开罗马，回去拯救自己的国家。

汉尼拔被称为"战略之父"，战法灵活多变，对方根本防不胜防。对于这么一只猛虎，罗马人根据这么多年的惨败教训，也逐渐掌握了他的一些特点，如加强情报的搜集，充分运用外交手段拉拢盟友，破坏汉尼拔的物资供给等等。大西庇阿反复研究汉尼拔的战术，再将费边的思想结合起来，总结出了一套作战方法，即避其主力锋芒，团结盟友，保持距离的游击战。接下来关键的扎马战役，成了汉尼拔第一次也是最后一次的失败，但是不能忽视的是，罗马的胜利正是汉尼拔"训练"的结果。

扎马之役

　　这一次，优势依然在罗马一方，如果说以往汉尼拔的胜利主要是靠谋略和骑兵的话，那么这次罗马也有了迦太基前盟友东努米底亚的精锐骑兵，而汉尼拔一方最醒目的就是那 80 头战象了。罗马这次有备而来，形势大好，迦太基军有点慌乱了，汉尼拔依旧运用自己的智慧重新布阵排兵，但是来不及了，最终汉尼拔这头猛兽被制服了。

　　但是汉尼拔的威猛与睿智时刻萦绕在罗马人脑海里，只要汉尼拔活着就是对罗马的威胁，所以只有将汉尼拔送至罗马法庭才能让他们心安。但即使汉尼拔自愿被流放离开迦太基，也没能使罗马忘记曾经的恐惧。汉尼拔不会忘记 9 岁时的誓言，一生只能与罗马为敌，怎么可以落在敌人的手里屈辱而死呢！公元前 183 年，汉尼拔最终选择了服毒，终结了自己的生命。他没有违背自己的誓言，英雄就这样英雄般地谢幕了。

16 无冕之皇
——恺撒

◇ ······

　　一说到恺撒，估计稍懂历史的人都会听过这个如雷贯耳的名字，就连后来很多国家如德意志帝国和俄罗斯帝国的君主，都以"恺撒"作为皇帝的称号。拿破仑曾说过："我一生只佩服恺撒，如果一个军官不知道恺撒，就不配拿枪，更不配拿指挥刀！"

　　盖乌斯·尤利乌斯·恺撒（约前102—前44），即恺撒大帝，是罗马共和国末期杰出的军事统帅、政治家，恺撒被认为是罗马帝国的"无冕之皇"，是罗马帝国的奠基者。恺撒坚毅睿智，风云际会，先后取得高卢战役的胜利，打败强劲的对手庞培，征服了埃及，并不断开疆扩土，最终获得罗马共和国

恺撒半身像

终身独裁官的辉煌荣誉。

一、曲折的执政官之路

在恺撒登上历史舞台前，罗马正经历着两大巨头——马略和苏拉的对决，他们分别代表着罗马政权的两大党，苏拉是贵族的代表，马略则是平民的代表。当时的罗马共和国已经是一个地跨欧、亚、非三洲的大帝国了，但是国家内部依然存在着各种派别斗争，时时刻刻充斥着战争的硝烟。在他们几经波折的斗争中，最后苏拉取得了这场对决的胜利。作为胜利者，苏拉获得了罗马的最高权力，他开始清洗马略的余党，就在以马略为首的平民党派中，苏拉发现了一个特别的人，他叫盖乌斯·尤利乌斯·恺撒。

恺撒是谁？苏拉为什么要杀恺撒呢？

恺撒出生在罗马，他的父亲曾担任过财政官、大法官以及小亚细亚总管一些高官，母亲奥莱莉亚也是出身自贵族奥莱利·科塔家族，恺撒的外祖父曾经担任过执政官。其实按恺撒的家庭划分的话，恺撒属于贵族阶层，但在恺撒的成长中他却是代表平民的利益倾向于马略派的，老马略娶的是恺撒的姑母，而恺撒也娶了马略得力助手钦纳的女儿，就是这一层关系，使得苏拉要清除掉恺撒这个敌人。

但是当恺撒被治罪时，却有很多人为他求情，这又是为什么呢？从小生活在贵族圈里的恺撒，天性活泼乐观，非常善于社交，能文能武，不仅长得高大英俊，精通骑马、剑术，而且勤奋好学，尤其是对希腊文学有着很深的喜爱和造诣，根本不像一个雄心勃勃的野心家。所以当苏拉要治罪恺撒时，很多人为他求情，希望他可以得到赦免，但是苏拉提出了一个恺撒所不能接受的条件，那就是要与自己心爱的妻子离婚。恺撒深爱着自己的妻子，再加上他性格倔强不屈，断然拒绝了苏拉的要求，于是恼怒的苏拉剥夺了他的财产和头衔，将他列入了国家公敌的名单上。

公元前82年，这个乐观的年轻人趁天黑乔装打扮后，逃离了罗马，开始流亡东方，不仅经历了各种各样的奇遇，并且培养了敢于面对困难和不畏艰险的性格。直到苏拉去世，国内的危险解除以后，恺撒才终于回到了阔别已久的罗马，而此时的恺撒已经变得非常强大了。

在恺撒时代，每个人都习惯于去公共集会场所，在这里可以听到各种焦点信息的探讨，各种各样的历史演讲以及法庭辩论。恺撒也专门师从罗德岛的哲学家兼演说家阿波罗尼，练就了出众的口才。他一回来就公然支持平民派，控告苏拉的忠实党羽、马其顿省的长官多拉贝拉贪赃枉法，他用娴熟的演讲技巧在公共广场赢得了许多人的支持，开始成为平民派领袖。

恺撒为平民所做的这些事赢得了更多的平民支持，而贵族阶层和元老院里的那些人却很反感恺撒。公元前70年，当选为财务官的恺撒，被元老院打发到西班牙去了。然而恺撒更愿意回到罗马，虽然他的对手频频拿一些阴谋的罪名指控他，但是民众却站在了他的一边，在民众的支持和选举下，恺撒做了市政官，主要负责为民众安排精彩的表演节目，对公共建设进行扩建和改造，并安排角斗士表演和野兽格斗，这一切更加赢得了平民的拥护。

公元前61年，恺撒成功地使西班牙成为了自己的行省，并在此时遇到了自己的一个好伙伴，他就是克拉苏，后来的"三巨头"之一。之后，恺撒前往西班牙，抵达伊比利亚后，发动了对卢西坦人和加拉埃西人的战争，这些战争为恺撒积攒了大量的战利品，没过多久，他就满载战利品地回到了罗马，并成功调和了克拉苏和庞培这两大巨头的矛盾，三个人一起结盟，被称为"前三头同盟"。

在强大的威望下，公元前 60 年，恺撒被森图利亚大会选举为罗马共和国的执政官，这一年又被称为"尤利乌斯和恺撒执政之年"。

二、比布拉克特的惩罚

高卢是指今天的意大利北部、法国、卢森堡、比利时、德国以及荷兰和瑞士的部分地区，是罗马共和国北部的一片土地。或许很多人在说起恺撒时，最先想起的就是他征服高卢以及他的《高卢战记》，可见这一时期是恺撒的重要阶段。

当上执政官的恺撒，在任期内做了大量有利于平民的事情，他还通过土地法，使许多贫穷多子女的公民获得土地，并经常将粮食免费分配给公民，这使得恺撒赢得了不少民心。公元前 58 年，恺撒结束执政官任期后，被任命为高卢总督。当时的高卢大体上以阿尔卑斯山为界，分为山北的外高卢（法国、比利时等地）和山南的内高卢（意大利北部），恺撒到任时高卢行省管辖范围只有内高卢，恺撒看中了外高卢这块富裕的土地，所以一到任便着手准备高卢战争。

高卢地区的部落，大部分都是一些未开化的民族，他们骁勇善战，野蛮无知。当时的外高卢民族被称为"长发高卢"或"野蛮高卢"，他们蓄发不剃须，还把头发染成火一样的红色。这里存在着许多部落，恺撒未征伐前，各部落之间经常战争不断，其中有三个部落较为强大，一个是以罗马为靠山的爱杜伊人，一个是以日耳曼人为靠山的谢克瓦尼人，还有一个是更强大的厄尔维几人。

厄尔维几人中有一个名叫奥尔及托列克斯的人，他家族显赫富有，为了谋篡王位，他蛊惑煽动族人烧毁自己长期居住的城镇，带上钱物离开自己的领土。就在南下的时候，他们自恃强大，专门选择了受罗马控制的大道而走，根本不把罗马放在眼里，更严重的是厄尔维几人掠夺了爱杜伊人的市镇和儿童，这些挑衅足以成为恺撒发兵的理由了。公元前58年，恺撒带领5000多人组成的军团赶往外高卢，火速在日内瓦城布好了防线，还将通往日内瓦的一座重要桥梁拆除了，厄尔维几人见此情景，只好向恺撒求和。

　　恺撒思索着该怎么办，他内心是想好好教训一下厄尔维几人的，但是30多万的厄尔维几人不是好对付的，恺撒需要时间和援军，于是就采用了缓兵之计，宽限几日以便好好考虑。过了几天，恺撒奇迹般地修建了一条又长又高的城墙和壕堑，当厄尔维几人的使者来到恺撒大营的时候，等待他的回答就是战争。厄尔维几人知道上当后，非常生气，他们立刻向罗马军发动进攻，但是在坚固防线的抵挡下，他们丝毫占不到上风，最后只好退走另一条窄小崎岖的小路。

　　此时，恺撒快马回到内高卢精心挑选了5个军团，日夜兼程去追杀厄尔维几人，就在厄尔维几人正在渡河之时，他们万万没想到，恺撒的大军居然追赶了过来，那些没有来得及过河的厄尔维几人就遭到了恺撒的围歼。接着恺撒在阿拉河上建起了一座桥，罗马军队仅仅用了1天就渡过了这条河，并以最快的速度继续追击厄尔维几人。

　　过河后，厄尔维几人在爱杜伊人最大的城镇比布拉克特附近进行了埋伏，并袭击了追赶而来的罗马军队。罗马军猝不及防，受到了惨重的打击，士气非常低落。但是恺撒镇定自若，为了鼓励大家，他让大家将马匹送走，以此表明自己破釜沉舟，与大家同甘苦共进退的决心。在恺撒的鼓舞下，大家抱着誓死的决心投入了这场残酷的战斗。恺撒的军队斗志昂扬，训练有素，经验丰富，勇猛无畏，经过一天一夜的搏杀，厄尔维几人渐渐不敌，开始败退逃跑。厄尔维几人死伤惨重，只有1.3万人得以逃生，恺撒取得了巨大的胜利，还将他们首领的儿女变为自己的俘虏。这就是著名的比布拉克特战役，也是恺撒高卢之战的第一次远征。

三、不列颠最早的远征

恺撒在高卢战争期间一共远征了 8 次，远征不列颠可以说是最了不起的功绩了。据恺撒记载，这里的人的习俗和高卢人差不多，他们人数众多，以乳、肉为食，善用菘蓝染身，战斗力十分强。在相继打败阿尔卑斯山商路上的塞邓尼人和维拉格里人后，恺撒又肃清了沿海的文内几人，接着恺撒将目光放在了英吉利海峡对面那个神秘的岛屿上。

恺撒对士兵们说，不列颠人经常支援高卢人来打我们的军队，那么我们就要到他们的岛上去惩罚他们，并且要切断日耳曼人的海上补给线。当恺撒到达法国北海岸时，由于不了解不列颠的情况，特地找来一些商人询问关于不列颠的情况，但是收获不大，于是他派人专程坐船去岛上打探消息。

公元前 55 年的一天，在黑夜笼罩的海面上，出现了 80 艘满载罗马两个军团的战舰，他们正在恺撒的指挥下向不列颠进发，剩余的军队留守在高卢各地。

第二天清晨，当恺撒的船队临近海岸，却发现悬崖上布满了人。原来岛上的凯尔特人看见有军队驶来，便集结了大批军队拿着长矛，严阵以待。恺撒认为这里不适合登陆，于是等所有的船都集合好后，下令转航，去寻找一块平坦的陆地作为登陆口。不列颠军队一路尾随，以便阻止他们登陆。恺撒决定冒险一试，他下令有投石车和火箭的战舰先靠近海岸，为部队开路，凯尔特人看到威力这么大的武器，纷纷惧怕向后撤去。随后恺撒趁凯尔特人没能稳住脚跟的时候，对其发起了进攻，于是一场恶战拉开了帷幕，士兵们搏斗时流的鲜血都染红了海水。

与此同时，战舰排成一列一齐逼近海岸，船上的士兵强行登陆，向不列颠发起了猛攻。不列颠的民族哪里是罗马军团的对手，不一会儿，恺撒就征服了他们，占领了海岸，并在此安营扎寨。但是恺撒并没有松懈下来，常年的征战使得恺撒对这些民族的反复无常多了几分警惕，于是密令骑兵加快速度赶来。就在骑兵将要到达的时候，天降灾难刮起了风暴，阻止了骑兵的到来，随后更加严峻的潮汐毁坏了罗马军的所有装备。

更不幸的是，这些情况被凯尔特人得知了，并很快开始谋划反击策略。恺撒怕情况有变，便开始寻找粮食和修补船只。就在恺撒第7军团在收割麦子时，遭到了埋伏在地里的凯尔特人的突然攻击，恺撒得到消息后立即前来支援，才免遭这场劫难。几天的大雨过后，恺撒又遭到了凯尔特人的攻击，幸亏恺撒在高卢组建了训练有素的雇佣军，他们的骁勇善战最终使罗马军团免于失败。不过此时恺撒已经觉悟，认为该是离开的时候了，就这样第一次远征不列颠结束了。

不过，恺撒并没有放弃对不列颠的远征，接着他又开始着手准备第二次远征了。这次恺撒带着800艘战舰和运输船以及5个军团、2000名骑兵，共计2.5万人，准备充分地向不列颠驶去。在这次远征中，恺撒利用他们内讧之际，帮助门杜布拉修斯打败了卡西维拉努斯，并通过这样使不列颠对自己臣服。然而恺撒这时意识到，不可能真正占领不列颠，再加上高卢发生的各种动荡，恺撒决定结束第二次征服活动。

恺撒足智多谋，行动果敢，灵活多变，在高卢戎马倥偬了7年，取得了巨大的胜利。大量奴隶和金钱源源不断地流入罗马，这大大提高了恺撒在罗马的威望，并且恺撒还组建了自己庞大的军团，为以后的独裁奠定了基础。据统计，恺撒拿下了 800 座城池，攻克了 300 个国家，俘虏了 100 万人。

四、"三巨头"的决斗

就在恺撒在高卢的征战节节开花时，另一位英雄开始感到不安了，他就是庞培。公元前 53 年，"三巨头"中的克拉苏在东征帕提亚时战败身亡，剩下的两巨头便开始了暗流涌动，元老院开始拉拢庞培。而此时在罗马的庞培也有很高的声望，庞培比恺撒大几岁，曾是苏拉一派，战功卓著，具有卓越的军事才能，现在又有元老院的支持，便不把恺撒放在眼里，一心要与恺撒斗争到底。

恺撒在高卢时，时刻关注着国内局势。任期到了之后，恺撒便带着自己的军队渡过了高卢与罗马直辖地的界限——卢比孔河，这一举动震惊了所有人。庞培面对恺撒的大军却毫不畏惧，敦促元老院拒绝恺撒所有的要求，并打算带军镇压恺撒。但令他们没有想到的是，恺撒如今的实力非常强大，庞培和元老院都不是他的对手了，于是庞培开始恐慌起来，并在一个夜晚偷偷地逃跑了。就这样恺撒几乎不流血地进入了罗马，并被剩下的元老们选举为独裁官。

当恺撒发现庞培带领着军队到了希腊时，便下令开始攻城。虽然庞培加固城防，设置了各种障碍和陷阱，但恺撒军最终还是在军民齐心下攻破了城池，大军进城后发现庞培早已乘船逃跑了。逃亡东方后的庞培，一直在扩充自己的部队，并将兵力集中在马其顿和希腊沿海，精心布满了各种防线，以等待将要穿越亚得里亚海的恺撒。

寒冬腊月时节，恺撒率大军去追击庞培，但是恺撒没有船只，因为渡海的所有设备都被庞培清除了。恺撒想尽办法得到了一些船只，就在这么困难的时刻，恺撒对自己的士兵作了慷慨激昂的演讲，他希望所有士兵准备好决一死战。

　　战斗开始后，恺撒的士兵个个视死如归，拼命杀敌，直到冬天过去了，双方混战还是处于胶着状态。恺撒时刻关注着战局，当他发现庞培出现失误的时候，就使用了一些机敏的手段摆脱了庞培的包围，并反包围了庞培，恺撒切断了庞培与整个地区的一切联系，并切断了他们的水源。这下子庞培的部队开始变得士气低落了，大量人马渐渐地死去，并引发了可怕的疾病，这些都摧垮着庞培。

　　庞培在被逼入绝境的情况下，不顾一切地拼死进攻，挣脱了恺撒的束缚。双方始终处于战争中，一直打到了法尔萨拉斯平原。两军摆开阵仗，准备决一死战，这就是著名的法尔萨拉斯会战。

　　这时的庞培在人数上占有优势，所以他对这场战役显得很有信心，不过为了慎重起见，庞培下令静等恺撒的进攻。庞培在自己军队的两翼部署了大量骑兵、投石兵和弓箭手，以此来防止恺撒的两翼攻击。但是当战斗的冲锋号响起时，恺撒带着自己的部队冲进了庞培的阵营，如猛兽一般的恺撒军团逐步吞噬着庞培两翼的防守，庞培的骑兵、弓箭手一一被恺撒的骑兵团打败，庞培的计划泡汤了！

　　当庞培看见自己大势已去后，便再一次选择了逃跑，一路向东逃去。法尔萨拉斯会战最终以恺撒的胜利而告终，庞培在这场战争中一败涂地，最后庞培的小船越过地中海，驶向埃及，寻求埃及的保护。恺撒率领着自己的军队一路追杀至埃及，然而庞培非常不幸，他被刺杀了，而且埃及国王托勒密将庞培的首级献给恺撒以求得庇佑。一代巨头就这样消失了，从此再也没有人是恺撒的对手。

　　公元前46年，恺撒回到罗马召集军队，将逃往北非的庞培余党消灭殆尽，之后又回到罗马，接受了长达10天的凯旋仪式。公元前44年，在元老邀请恺撒去元老院宣读一份陈情书时，恺撒被刺杀了，时年 58 岁。恺撒死后，按照法令列入众神行列，被尊称为"神圣的尤利乌斯"。恺撒虽然死了，但是人们对他的爱戴依然没有减少，并且为后世的人们越来越推崇。

罗马城鸟瞰图

17 拜占庭之矛
——贝利撒留

◇ ⋯⋯⋯⋯⋯

　　6世纪，在查士丁尼一世统治时期，拜占庭帝国迎来了第一个辉煌时期。这期间，拜占庭帝国在政治、经济、文化等方面全面发展，呈现出一派繁荣景象。尤其是军事上，帝国军队东征西扩，甚至夺回了罗马帝国分裂以来丧失的诸多西部省份。帝国军队的再次强盛，与一位杰出军事统帅的领导密不可分，他就是帝国大将、拜占庭之矛——贝利撒留。

　　贝利撒留（505—565），又译作贝利萨留斯，生于色雷斯，拜占庭帝国杰出的军事家、统帅。他早年曾是皇帝查士丁尼一世的侍卫，后被提拔为将领，率领帝国大军东败波斯，南灭汪达尔，西取东哥特，取得了辉煌的战绩，并因功被授予执政官称号。但后来受到皇帝查士丁尼的猜忌，遭到冷遇。因其出色的军事业绩，后世历史学家称他为"最后的罗马人之一"。

一、帝国东线的捍卫者

贝利撒留出生于色雷斯，早年加入查士丁一世的近卫军。由于他的妻子和帝国继承人查士丁尼的夫人提娥多拉原来都是马戏演员，交情深厚，因此他也受到查士丁尼的信任，并成为了其侍卫。527 年，查士丁一世去世，查士丁尼继承皇位，即著名的查士丁尼一世。随着新皇即位，贝利撒留的地位也水涨船高，逐渐被委以重任。

就在查士丁尼即位后不久，拜占庭帝国与东部的波斯萨珊王朝发生战争，贝利撒留以禁卫军长官的身份率领一队骑兵参战。他在亚美尼亚地区成功击退了波斯人的进攻，并在一次突袭后夺回了被敌人占领的要塞。贝利撒留的胜利让皇帝查士丁尼一世大为赞赏，战后他被提拔为了德拉总督，统领帝国东线的军事作战。德拉城位于美索不达米亚地区，是拜占庭帝国东部战线的重要战略支撑点，地理位置极其重要。就这样，不到 25 岁的贝利撒留依靠自己出色的军事才能和皇帝的宠信，一跃成为了帝国的最高级将领之一。

贝利撒留到任后，便立即着手加固城防，整顿军备，积极备战，以应对随时可能爆发的战争。530 年，波斯国王喀瓦德一世派遣大将菲鲁兹率 4 万大军进攻德拉城。而此时驻守德拉的拜占庭军队只有不到 2 万人。面对兵力上的劣势，贝利撒留没有选择撤退，而是积极率部迎战。他并没有一味困守城池，而是积极部署，准备采用防守反击的策略，在野战中击退敌人。他判断敌人一定会依靠优势兵力，首先发起攻击，因此积极做好防御。他在城下横向挖了一条又宽又长的壕沟，并将步兵方阵部署在这条壕沟后面，组成一道防御阵线；接着，他在这条壕沟的两端纵向垂直挖了两条短壕沟，并将重骑兵配置在两条纵向壕沟附近；最后，他又在两条纵向壕沟的前端挖了一条横向壕沟，并将轻骑兵摆在了壕沟后方。此外，他还在战场西北方向的小山丘上布置了 600 人的伏兵，作为预备力量。这样的布阵进可攻，退可守，并根据战场形势可随时改变战争策略，显示了贝利撒留出众的军事才华。

波斯人到达战场后，对贝利撒留的布阵很是困惑。在他们看来，拜占庭人的阵地两翼突出，中间向内凹陷，一旦发起进攻很容易陷入包围，因此不敢大规模进攻，而只是派遣骑兵向两翼轮流冲锋。但由于壕沟的阻挡和城头弓箭手的支援，波斯铁骑很难靠近拜占庭阵地，几番下来损失惨重。波斯人受挫后，贝利撒留立即发起了反击。他命令两翼的重骑兵分别从两边突击波斯人的侧翼，对其形成夹击之势。在拜占庭军队的猛烈冲击下，被打得晕头转向的波斯人只得调转部队，向后撤退。贝利撒留抓住机会，迅速派出轻骑兵突击敌人后方，不远处山丘上的伏兵也加入了战斗，波斯人顿时腹背受敌，陷入崩溃。这样，德拉战役以贝利撒留的完胜而告终。

德拉战役后，不甘心失败的波斯人改变策略，再次发起了进攻。531 年，喀瓦德一世派阿尔蒙达率领 1.5 万大军准备绕过拜占庭重兵把守的德拉城，穿越南部的沙漠，直接进军富庶的叙利亚地区。贝利撒留得知波斯人的计划后，认为敌人远程奔袭，而且还要穿越沙漠，后勤得不到补给，肯定无法长期作战。因此，他率领 2 万大军赶赴叙利亚地区，并控制了沿途要塞。阿尔蒙达率军抵达后，见无机可乘，只得率军撤退。

贝利撒留认为逼退敌人就是胜利，本不打算追击。然而，他的保守策略却引起了部下的强烈不满。为了稳定军心，贝利撒留只得派军追击波斯人，结果在沙漠地区被波斯人打得大败而归，这是贝利撒留人生第一次、也是唯一一次失败。虽然遭遇了败绩，但是逼退波斯人进攻的战略目的还是达到了。

突袭叙利亚失败后不久，波斯国王喀瓦德一世病逝，其年幼的儿子继位。由于内政不稳，532 年，波斯与拜占庭帝国缔结和约，双方进入暂时的稳定期。随着帝国东部战线的战事结束，贝利撒留被调回了君士坦丁堡。

二、汪达尔的终结者

暂时稳定了帝国东部的局势后，查士丁尼一世开始着手准备对原罗马帝国西部行省的征服战争。首先，他将目光瞄向了北非正发生内乱的汪达尔—阿兰王国。

汪达尔—阿兰王国是欧洲移民汪达尔人和阿兰人于 5 世纪初在北非建立的王国，首都迦太基，领土包括今突尼斯和阿尔及利亚等地。西罗马帝国末期，汪达尔—阿兰王国依靠强大的海军，又相继控制了地中海的西西里岛、撒丁岛、科西嘉岛等地区。国王希尔德里克统治时期，推行亲罗马的政策，并在宗教扶持天主教，这与汪达尔人传统上信奉的基督教阿里乌教派宗教信义相抵触，从而引起了统治上层的分裂。530 年，汪达尔对当地摩尔人的作战失利更是将矛盾推向了无法挽回的地步，愤怒的汪达尔贵族乘机发动政变，废黜了国王希尔德里克并将他囚禁于监狱，转而拥立他的堂弟盖利默继位。这一内乱事件为早就把恢复罗马帝国西部领土作为奋斗目标的查士丁尼一世提供了机会，他由此发动了对汪达尔—阿兰王国的战争。

533 年，查士丁尼一世任命贝利撒留为远征军统帅，宦官所罗门为随军参谋，率军 1.6 万进攻汪达尔—阿兰王国。与此同时，拜占庭与意大利东哥特王朝达成合作，远征军被允许在当时已处于东哥特人控制下的西西里岛补充淡水和食物。

就在拜占庭帝国出兵汪达尔期间，汪达尔国内的特里波利塔尼亚和撒丁岛相继发生了叛乱。盖利默急忙派遣他的弟弟特萨松率领120艘战船和一支5000人的部队前往撒丁岛进行镇压。贝利撒留登陆西西里岛后，得知了这个消息。他判定迦太基此时肯定兵力空虚，因此短暂补给后，便立即率部向北非进发。为了避免强大的汪达尔舰队的阻拦，他选择在迦太基以东相距约150公里的北非海岸登陆。

贝利撒留率军成功在卡普特瓦达登陆北非后，随即向迦太基进发。他将部队排列成进攻阵形向前推进：亚美尼亚人约翰率领的300精锐重骑兵作为先锋在前开道；匈奴人组成的600骑兵处于部队左翼，担任警备任务；贝利撒留则亲率主力中军向西快速挺进。

汪达尔国王盖利默获知拜占庭军队登陆的消息后，大为震惊，他立即杀掉了希尔德里克，并集结所有兵力前去迎敌。他分析形势后，决定利用骑兵机动优势，采用迂回包围的战术来围歼敌人。他派弟弟阿玛塔斯率2000骑兵在正面阻拦击敌人；侄子吉巴蒙德率领2000骑兵牵制敌军左翼；自己则亲率主力6000余人准备绕至敌军后方，截断敌军退路，从而完成对敌军的合围。然而由于没能协调好进攻时间及其他一些失误，这一计划最终破产了。负责正面攻击的阿玛塔斯首先与拜占庭大军相遇，他没等其他两部到来即发起了攻击，结果刚一接战就被约翰的先锋部队斩于马下，一时间2000汪达尔人群龙无首，迅速溃散。负责牵制敌军左翼的吉巴蒙德由于指挥不力，也被600人的匈奴骑兵击败。当盖利默率主力部队赶到战场时，他才发现自己没能绕到拜占庭大军后方，而是与贝利撒留的主力中军正面遭遇了。双方随即展开大战，汪达尔人一度占据上风，但当他看到弟弟阿玛塔斯的尸体时，顿时惊慌失措，他不顾战场形势，下马抱着弟弟的尸体痛哭。汪达尔人失去指挥，渐渐陷入混乱。贝利撒留抓住时机，重整军队，一举击溃了汪达尔人。这就是著名的"十里战役"。

十里战役后，贝利撒留顺利占领了迦太基城，盖利默则率残部向西逃往努米底亚。占领迦太基后，贝利撒留由于兵力太少，并没有立即展开追击，而是下令修复城墙，加固攻势，以防汪达尔人的反击。此外，他还严明军纪，不准在城内进行烧杀抢掠，这得到了城内居民的支持。果然，不甘心失败的盖利默从各地调集兵力，并召回了到撒丁岛平叛的弟弟特萨松的部队，很快集结了 2 万余人，对迦太基发动了反击。盖利默一方面率军围城，一方面派人入城企图收买拜占庭军队的匈奴雇佣兵。贝利撒留得知后，决定主动出城迎击，与汪达尔人进行决战。双方在迦太基城西各自布阵，仅隔一条小溪对峙。贝利撒留将近卫重骑兵布置在正面和右翼，左翼则放置了匈奴骑兵；在骑兵身后，是 1 万人的步兵方阵，形成防御阵地。盖利默将弟弟特萨松的 5000 精兵布置在正中央，身后是摩尔人的轻步兵，自己则亲率骑兵在两翼待机。贝利撒留首先派出约翰的 300 重骑兵进行试探性进攻，想以此寻找敌军破绽。不曾想约翰的这 300 骑兵异常勇猛，经过三次连续冲锋冲开了敌军的中央阵地，并一举斩杀了其主将特萨松。主将阵亡，5000 汪达尔中军都惊慌不已，纷纷向后溃散。这一溃散，又冲垮了后方摩尔人的步兵阵营。贝利撒留见势，立即下令全军攻击，汪达尔人顿时溃散而去。眼看 2 万大军崩溃，盖利默只好率领亲兵向西北方向的山地逃去。贝利撒留一举攻占了汪达尔军队的大营，并派军追击各队汪达尔残兵。负责追击盖利默的是猛将约翰，他率部一路穷追不舍，将盖利默封锁在了帕布亚山中。

534 年春，被困整整一个冬天的盖利默再也支撑不住了，他最终率部出山投降。至此，汪达尔—阿兰王国灭亡。不到一年时间，贝利撒留就率军征服了汪达尔王国，将北非重新纳入了帝国的统治，实现了恢复原罗马帝国西部领土的第一步。这一年，贝利撒留还不到 30 岁。

三、东哥特的征服者

征服北非后，查士丁尼一世又将他的目光瞄准了西部的东哥特王国。东哥特人是日耳曼人的一支，他们在灭亡西罗马帝国后，统治了意大利半岛，史称东哥特王国。534 年底，东哥特王国因王位继承问题发生内讧，宫廷各党派矛盾激化，查士丁尼一世趁此机会，准备出兵意大利。

东罗马骑兵

535 年 9 月，查士丁尼一世决定分兵两路进攻东哥特人。他首先派蒙杜斯率领 3000 人进攻亚得里亚海东岸的达尔马提亚，准备由此沿海岸线向北推进，以吸引敌人主力。为了对东哥特人形成夹击之势，他还与法兰克人成立了同盟，约定法兰克人由北面进攻东哥特王国。东哥特人被牵制在北部战线后，他又派贝利撒留率领

8000大军向防守薄弱的西西里开进。12月，贝利撒留率军登陆西西里岛，岛上守军抵挡不住，纷纷开城投降，贝利撒留很快控制了该岛。

536年5月，贝利撒留率领大军渡过墨西拿海峡，登陆意大利半岛南部。由于东哥特兵力被牵制在北线，贝利撒留一路势如破竹，很快便攻至那不勒斯城下。那不勒斯是意大利南部重镇，城防坚固，拜占庭大军在此遭到了激烈抵抗，围攻了半个多月也没能拿下。正在发愁之际，贝利撒留忽然发现了一条废弃的水道，从这里可以绕过城墙，直通城内。贝利撒留率大军由此进城，一举攻占了那不勒斯。

那不勒斯的失陷，引起东哥特人的愤怒和恐慌，贵族们联合起来废黜了国王狄奥达哈德，转而拥立维蒂吉斯为新的国王。维蒂吉斯就任后，首先稳定了宫廷内部秩序，接着就致力于抵抗外敌的入侵。为了解除两面作战的威胁，他准备首先集中兵力对付西北部的法兰克人，之后再回军击退拜占庭人的进攻。然而，维蒂吉斯的这一策略却造成南部地区兵力更为空虚。这年12月，贝利撒留率大军抵达罗马城下，城内教皇和居民在取得和平保证后，便开城投降了。贝利撒留顺利占领原罗马帝国的中心——罗马城。

闻知罗马陷落的消息后，维蒂吉斯很是惊讶，他立即以割让土地的条件与法兰克人达成和议，而后迅速回军反攻罗马。537年3月，维蒂吉斯亲率3万大军包围罗马，由于兵力劣势，贝利撒留只得据城坚守。东哥特人发动连续强攻，贝利撒留依靠坚固的城防和积极的防御策略，一次次击退了敌人的进攻。几次战斗下来，东哥特人损失惨重。维蒂吉斯不得不改变策略，放弃进攻，采取严密封锁的政策。然而由于城内粮食充足，贝利撒留防御稳固，东哥特人包围罗马城一年多，也未能取得丝毫进展。

538 年 3 月，查士丁尼一世派约翰率领 6000 人攻占了意大利东北部的里米尼城。与此同时，拜占庭另一大将纳西斯率 7000 人在意大利东部沿海登陆，并向罗马进军。得知拜占庭援军抵达，维蒂吉斯只得放弃围攻罗马，率军向东北撤退，转而进攻里米尼的约翰。东哥特人北撤后，贝利撒留也分兵两路向北推进：一路沿西海岸向帕维亚、米兰方向进军；另一路则由他亲自率领，沿东海岸追击维蒂吉斯。不久，贝利撒留与纳西斯大军会师，两军联合向里米尼开进。刚刚抵达里米尼的维蒂吉斯听说追兵赶来，便放弃围城，继续向北撤去。

540 年，贝利撒留率拜占庭各路大军包围东哥特王国首都拉文纳。维蒂吉斯无奈之下，派人出城向贝利撒留求和，并表示主动让位，推举贝利撒留为新的国王。贝利撒留根本没有接受之意，但他认为这是一个破城的好机会，便假装同意了维蒂吉斯的和议条件。贝利撒留率队进城后，就立即逮捕了国王维蒂吉斯和一些东哥特贵族，并占领了拉文纳。

首都失陷，国王被俘，北部各城的东哥特人陷入恐慌，他们选举伊狄巴德为新的国王，继续进行抵抗。而此时，功臣贝利撒留却因接受维蒂吉斯让位的举动，遭到了查士丁尼一世的猜忌，随后被调回了君士坦丁堡，纳西斯接替了他的职位。此后，经过十余年的和战，东哥特王国最终被拜占庭帝国灭亡。

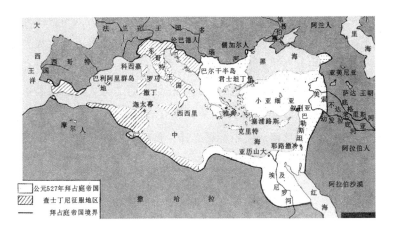

查士丁尼一世的扩张

四、落寞的失宠者

贝利撒留回到君士坦丁堡之后，逐渐被查士丁尼一世疏远，权力遭到极大削弱。此时，拜占庭与波斯的战端再起。波斯国王库鲁斯一世趁拜占庭在西部用兵之际，撕毁和约，对拜占庭发起进攻。在南线，波斯大军穿过沙漠，侵入叙利亚，攻克了拜占庭帝国东方重镇安条克城，进抵地中海东岸；在北线，波斯大军侵入亚美尼亚，并包围了黑海沿岸的拉济卡城。这种情况下，查士丁尼一世不得不重新起用贝利撒留，主持东部战线。

541 年，贝利撒留抵达东部前线。在认真分析了战场形势后，他将主要兵力 1.5 万人集中在了幼发拉底河上游地区。这一地区紧扼波斯人的进军路线，一旦波斯人北上进攻，后方补给线就会被切断。与此同时，他派遣阿拉伯同盟军沿着底格里斯河推进，攻入了阿西里亚地区。库鲁斯一世怕后路被劫，只得匆忙率军退回了波斯。波斯撤军后，贝利撒留被召回君士坦丁堡，并被委以近卫军总司令的虚职。

542年，波斯人再度入侵，库鲁斯一世亲率20万大军进军耶路撒冷。这一次，波斯人选择沿幼发拉底河行军，准备由此进入叙利亚，再转往巴勒斯坦。迫不得已，查士丁尼一世又一次派遣贝利撒留赶赴前线。贝利撒留抵达战场后，将部队近2万人集结在卡尔西米西。这里位于幼发拉底河上游，而且直接威胁着波斯大军的侧翼。此外，贝利撒留还使用疑兵之计，将外族雇佣兵摆在了部队的最前面，同时主力部队在平原上散开，并不停地运动。波斯人看到这样的布阵，以为眼前的这些人只是前哨部队而已，后方大军数不胜数，因此不敢贸然进攻，只得撤退而去。就这样，贝利撒留再一次逼退了10倍于己的敌人。

回到君士坦丁堡之后，贝利撒留再也受不到查士丁尼一世的重用，并且处处被限制。559年，北部的保加利亚人和匈奴人联兵2万入侵拜占庭，并越过多瑙河一路攻到了君士坦丁堡城下。在这危急时刻，贝利撒留受命组织军队退敌。由于查士丁尼一世不愿把近卫军指挥权交出，贝利撒留只得带着新招募的300骑兵老战士和1000新兵出城了。他利用有利地形，将300骑兵分成三路，由三个方向包抄敌人的前锋部队匈奴骑兵，并命令1000新兵在后面大声呐喊。数千匈奴骑兵听到喊杀声，看到拜占庭骑兵三路包围而来，不知道敌方有多少人，顿时吓得向后逃去。见匈奴人逃跑，后面的万余保加利亚人不了解情况，以为遭遇了伏击，也都跟着向后逃去。就这样，贝利撒留再次以少胜多，一路将入侵者赶回了多瑙河北岸。

然而，君士坦丁堡退敌成了贝利撒留军事生涯的绝唱。562年，贝利撒留在君士坦丁堡被起诉犯有贪污罪，法庭判处罪名成立，之后将其关押入狱。这次打击令他心灰意冷。三年后，一代常胜将军在穷困潦倒中郁郁而终。

18　真主的影子
——苏莱曼大帝

◇ ·····················

　　在东西文明交汇的中东地区，曾诞生过一个横跨亚非欧三大洲的伊斯兰大帝国，长达 600 多年的时间里，这个帝国掌控着东西文明陆海交通的命脉，两大文明在此融汇，在世界历史上占有举足轻重的地位。16 世纪，这个帝国在一位杰出君主的带领下东征西扩，东败波斯，西破匈牙利王国，南抚西亚北非诸地，达到了历史最顶峰。这个帝国名叫奥斯曼土耳其帝国，这位君王就是"真主的影子"——苏莱曼大帝。

　　苏莱曼一世（1494—1566）是奥斯曼帝国第十位、也是在位时间最长的苏丹，在西方被普遍誉为苏莱曼大帝。在位期间，苏莱

苏莱曼大帝画像

曼一世完成对帝国法律体系的改造，使帝国在政治、经济、文化等方面都进入极盛时期。尤其在军事上，苏莱曼大帝亲自统率军队征服基督教重镇贝尔格莱德、罗得岛和匈牙利，在与波斯萨非王朝的战争中占领大半个中东，并将西至阿尔及利亚的广大北非地区纳入了帝国版图，帝国舰队更是称霸地中海、红海和波斯湾。外国使节评价他"猛击、毁坏和消灭一切挡道的东西"，他自己更是以"真主在大地的影子""众苏丹之苏丹"自诩。他的文治武功，纵观奥斯曼帝国数百年历史，无堪匹敌。

一、征服匈牙利

苏莱曼一世是谢里姆一世的独子，作为帝国的唯一继承人，他从小就接受伊斯兰教教育，接受如何成为一个君主的严格锻炼。15岁时，年轻的苏莱曼被派往克里米亚担任卡法总督，开始独立治理一方。由于其父谢里姆一世是个天才的马上君王，常年忙于扩张疆土，在其对外征战的岁月里，朝政便由苏莱曼主持。这些主政经历锻炼了他的政治才能，为其日后斐然的文治盛绩奠定了基础。

1520年，谢里姆一世驾崩，26岁的苏莱曼一世继苏丹位，全盘接手帝国统治。苏莱曼明白，要巩固统治，就得像父祖们一样靠出色的对外战绩来树立威望，因此，他立志定要完成先祖的未竟事业，开始了一系列军事征服。

他首先将目光瞄向了欧洲。在塞尔维亚和保加利亚人相继失败后，匈牙利人成为了挡住帝国向欧洲内陆扩张的唯一障碍，这个劲敌必须消灭。位于巴尔干半岛腹地的贝尔格莱德成为了进攻匈牙利的关键，夺取了这座要塞，便获得了进入欧洲心脏地带的前哨战，获得了进攻欧洲基督教诸国的跳板。

1521年，苏莱曼亲率10万大军进军贝尔格莱德。8月，大军兵临城下，将贝尔格莱德重重包围，并用重炮向城内发起了攻击。贝尔格莱德城内守军仅 700 人，面对奥斯曼人的包围和强攻，在匈牙利援军尚未赶到的情况下，城市便被攻陷了。

占领基督教重镇贝尔格莱德后，通往匈牙利和奥地利的道路就被打通了。然而，苏莱曼却突然发现，背后有颗钉子在威胁着自己——东地中海罗得岛上的圣约翰医院骑士团。这一骑士团兵力 6000 多人，拥有很高的战术素养，长期从事海盗活动，袭扰奥斯曼帝国近海地区。

1522 年夏，苏莱曼派遣一支由 400 艘战舰组成的舰队向罗得岛进军，并亲自率领 10 万大军从反方向进行包抄，以截断敌军退路。然而，攻下罗得岛并非易事，该要塞有当时最新式的棱堡城防工事，城墙周围有宽阔的壕沟和斜堤，城墙是双层实心墙，而且港口两岸还有威力巨大的炮塔保护。

6 月底，奥斯曼军队登陆罗得岛，并建立了滩头阵地。7 月，围攻战开始，双方展开了惨烈的炮击战，由于骑士团凭借坚固的城防居高临下，且射术精良，奥斯曼军队损失惨重。骑士团的战斗力大大出乎苏莱曼的意料，经过 5 个月的残酷围攻战，该岛仍在骑士团的坚守之下，帝国舰队始终无法将其攻陷。在付出了损失 5 万多人的惨重代价后，苏莱曼意识到不能再继续下去了。为了减少损耗，尽快解决这一麻烦，苏莱曼一世与岛上骑士团互相达成妥协，骑士团放弃罗得岛，苏莱曼允许骑士团全部撤离，退往马耳他岛。此战虽未能消灭敌人取得全胜，但也达到了基本的战略目的。

就这样，在一切准备工作完成后，大战即将上演。1926 年，苏莱曼一世率领奥斯曼大军侵入匈牙利。匈牙利国王拉约什二世倾全国之力迎敌，他分兵川西凡尼亚军团把守喀尔巴阡山脉南部的关口，自己则亲率主力 2.6 万人布阵于首都布达附近待敌。匈牙利军队所选择的战场莫哈赤是多瑙河下游一片广阔而崎岖的平原，包括一些沼泽地。拉约什二世国王在此早早列好阵势，准备以逸待劳，并利用地理上的优势将奥斯曼军队逐个击破。

由于匈牙利人的战略部署，奥斯曼军队在进入匈牙利后，几乎没有遇到任何抵抗，一路进击到了拉约什二世准备的战场，双方部队相遇后，莫哈赤战役打响。

奥斯曼人最初投入战斗的是先锋鲁米利亚军团，该部队行进到战场之时，遭到了等候已久的匈牙利人的伏击，战局向着匈牙利人预计的情况发展，鲁米利亚军团形势危急。然而一个多小时后，苏莱曼亲率的5万多主力抵达战场，战局迅速逆转。没能及时歼灭鲁米利亚军团，援军川西凡尼亚军团又距离太远，面对两倍于己的奥斯曼军队，匈牙利人迅速陷入了无法挽回的溃散，苏莱曼一世亲自率军进行掩杀。这一战，奥斯曼军队损失甚微，并且歼敌1.6万。

匈牙利国王拉约什二世也没能逃离战场，他在撤退途中摔下马来跌进一条河中淹死了。战后，在见到拉约什二世的尸体时，苏莱曼一世哀悼说："我来此确实是为了击败他，但让他在刚刚品味到生活与权力时就撒手人寰，却不是我的本意。"

莫哈赤战役是奥斯曼帝国在欧洲战场的巨大胜利，匈牙利被纳入帝国版图，标志着奥斯曼利剑插入了欧洲的"心脏"；而对于匈牙利人来说，莫哈赤却是民族永远的创伤，是民族由盛而衰的转折，时至今日，一旦遇上困难，匈牙利人都会说"我们在莫哈赤失去的远比现在多"。

之后，苏莱曼一世开始了与奥地利哈布斯堡王朝旷日持久的对抗，苏莱曼一世曾几次出兵维也纳，没能有所突破；奥地利人曾几次试图夺回匈牙利，也始终未能成功。1541年，苏莱曼迫使哈布斯堡家族的当家人——神圣罗马帝国皇帝查理五世缔结了一项羞辱性和约：哈布斯堡家族放弃对匈牙利王位的企图，并每年向苏莱曼纳贡，以换取苏莱曼对处于哈布斯堡家族控制下部分匈牙利领土的承认。这一和约标志奥斯曼帝国势力伸入欧洲，并成为了欧洲政治舞台一个强有力的重要角色。

二、对决波斯

欧洲的战事稳定之后，苏莱曼将目光转移到了帝国的东方，开始面对帝国的另一个劲敌——波斯萨非王朝。奥斯曼土耳其帝国和波斯萨非王朝都信奉伊斯兰教，是中东地区的两大超级帝国，但双方却属于不同的派别，土耳其人以逊尼派为国教，而波斯人则以什叶派为国教。由于教派不同，加上领土争端等矛盾，自苏莱曼一世的父亲谢里姆一世时代开始，伊斯兰双雄围绕争夺宗教统治权和争夺两河流域美索不达米亚平原、外高加索等地而开启了延续300余年的"圣战"。

在谢里姆一世时代，强悍的马上君王不仅残酷镇压了国内什叶派教徒的叛乱，还乘机对波斯人发动了战争。在1514年的查尔迪兰战役中，依靠先进的炮兵优势，奥斯曼人取得了决定性胜利，不仅攻陷了波斯首都大不里士，还在随后相继占领了西亚美尼亚、库尔德斯坦、叙利亚、黎巴嫩、巴勒斯坦等地。

进入苏莱曼一世时代，波斯新王塔赫玛斯普一世开始寻求收复失地。当苏莱曼一世在欧洲用兵之时，年轻的波斯国王不仅刺杀了忠于苏莱曼的巴格达总督，还成功策反了原属奥斯曼的比特里斯总督。此外，波斯新王还与奥地利人结成了同盟，准备双面夹击苏莱曼一世，奥斯曼土耳其帝国的东方形势堪忧。

1533年，苏莱曼一世派遣部将易卜拉欣帕夏率军东进，重新开启了与波斯萨非王朝的战争。奥斯曼军队很快收复了比特里斯，并乘胜重新占领了波斯故都大不里士。1534 年，苏莱曼率大军亲征，并向波斯内地推进。塔赫玛斯普一世为避免与奥斯曼军队正面决战，而实施了"焦土政策"，即放弃大片领土，试图利用波斯冬天恶劣的天气诱敌深入，伺机给敌人致命一击。苏莱曼识破波斯人的意图，并未一再深入，而是率军转而南下，挥师伊拉克。当奥斯曼大军兵临伊斯兰故都巴格达城下时，波斯人总督开城投降。自此，苏莱曼一世成为了伊斯兰世界最高精神领袖哈里发无可争议的继承者。

为了解决波斯这个心头之患，苏莱曼于 1548 年再度出征波斯。与第一次一样，塔赫玛斯普一世也再次采取了焦土政策，将亚美尼亚、阿塞拜疆付诸一炬，试图让奥斯曼军队暴露在外高加索的寒冬中。苏莱曼大军暂时占领大不里士和阿塞拜疆地区后，不得不撤回本土过冬，波斯人又迅速收复了失地。不过，苏莱曼在此战中并非一无所获，他的军队还是占领了格鲁吉亚的一些港口。

1553 年，苏莱曼第三次侵入波斯，但塔赫玛斯普一世的儿子却率军突袭了奥斯曼土耳其重镇埃尔祖鲁姆，使苏莱曼大感震惊。不过，他很快就稳定情绪，并率军渡过幼发拉底河上游，重新收复了该城。波斯人之后又开始沿袭前两次的规避策略，使苏莱曼进退两难，最后不得不撤军。之后苏莱曼一世加强了在凡城、大不里士、格鲁吉亚等地的统治，并在里海沿岸建立了精细的据点网。

1555 年，在常年战争的互相损耗下，双方达成和解，并签订了《阿玛西亚和约》。和约规定：奥斯曼帝国将大不里士交还波斯，但获得阿拉伯伊拉克地区；伊朗保有所占外高加索领土，并保证停止对奥斯曼帝国的攻击；两国平分格鲁吉亚和亚美尼亚，并将卡尔斯城区确立为中立区。

和约的签订，标志着第一阶段奥斯曼—波斯战争的结束，双方进入了长达 20 余年的和平期。这场战争中，苏莱曼一世无疑取得了暂时性的胜利，不仅取得了伊斯兰最高精神领袖哈里发之职，还将阿拉伯半岛置于自己的控制之下，从而掌握了通往印度的交通与贸易要道。

三、争霸地中海

正当苏莱曼忙于在东方与波斯萨非王朝的争夺之时，1532 年，西班牙海军上将安德烈亚·多利亚率舰队占领了摩里亚半岛的卡罗尼要塞。这一消息让苏莱曼一世感到震怒，他将此视为查理五世与自己争夺东地中海地区的前兆。苏莱曼意识到，帝国必须建立一支强大的海军来抗衡敌人的挑战，因此他任命才能卓越的法赫鲁丁帕夏（西方人称"红胡子"）为海军司令，扩大了奥斯曼帝国舰队。

奥斯曼骑兵

在与波斯人的战争中，北非埃及、阿尔及利亚等地的伊斯兰国家相继成为了奥斯曼帝国的属地，而这一地区也成为苏莱曼与查理五世争夺地中海霸权的前沿阵地。1534 年，法赫鲁丁帕夏率奥斯曼舰队围攻突尼斯，并赶跑了支持查理五世的突尼斯苏丹米拉尔·哈桑。查理五世很快进行了回击，他派遣安德烈亚·多利亚率西班牙舰队护送拉米尔·哈桑回国，以图重新夺回突尼斯。双方舰队在突尼斯海岸地区相遇，展开了激战，最终法赫鲁丁帕夏的奥斯曼舰队遭受重创，几乎全军覆没。西班牙舰队迅速占领了突尼斯，将其重新置于自己的统治之下。

突尼斯失败之后，在苏莱曼一世的强力支持下，法赫鲁丁帕夏在阿尔及尔重新建立了奥斯曼帝国舰队。这一次，帝国战舰的数量大大增加，战斗力也大为提升。1535 年，苏莱曼一世与法国国王弗朗索瓦一世结成同盟，双方开始联合对付查理五世。

1537 年，苏莱曼命令法赫鲁丁帕夏进军威尼斯，开始了对威尼斯的战争。帝国舰队袭击了塔兰托地区，并包围了科孚岛，同时，苏莱曼亲率一支军队驻扎在科孚岛对面的阿尔巴尼亚海岸地区。然而，由于奥地利人对匈牙利的进攻，苏莱曼被迫放弃了对该岛的包围。

1538 年，法赫鲁丁帕夏加强了帝国舰队在地中海的活动，他率军扫荡了爱琴海和亚得里亚海，袭击了西西里岛和意大利南部海岸地区，攻占了威尼斯在爱琴海域的所有前哨基地，并迫使安德烈亚·多利亚的舰队撤离了希腊西部海岸地区。9 月，双方舰队在意大利港口普雷韦扎展开决战，西班牙舰队被彻底击溃，自此确立了奥斯曼舰队在地中海地区 30 余年的霸权。

此后的 20 多年中，奥斯曼帝国舰队横行西地中海地区，在与法国的合作下，先后占领过尼斯、巴斯蒂亚、科西嘉岛、布吉亚、杰尔巴岛等地，并多次洗劫西班牙加泰罗尼亚海岸地区。

1565 年，奥斯曼帝国舰队开始了苏莱曼一世有生之年的最后一次大战——围攻马耳他岛。罗得岛战役后，圣约翰医院骑士团退守马耳他岛，并在这里重建为马耳他骑士团。骑士团在地中海的活动惹怒了奥斯曼人。苏莱曼一世调集了一支 6 万人的舰队由穆斯塔法帕夏率领开往马耳他岛，企图彻底消灭这个长期以来的眼中钉。防御马耳他的骑士团兵力约 9000 人。这场战斗的打法和激烈程度如同 43 年前的罗得岛之役一样惨烈，奥斯曼人连续不断地用火炮进行攻击，并不时发动进攻；而骑士团则展现了强大的战斗力，始终坚守着阵地。经历了近 4 个月的围攻之后，奥斯曼人损失惨重，伤亡 2.4 万人，却丝毫看不到胜利的希望，最终不得不撤退。

马耳他之役后，帝国舰队开始走向衰落，并最终在 1571 年的勒班陀海战中被以西班牙为首的神圣同盟舰队击败，失去了地中海霸权。

苏莱曼大帝统治下的奥斯曼帝国拥有无可匹敌的军事力量，征服了欧亚非三洲的大片领土，使帝国成为了当时世界上最强大的国家之一。然而，他的成就不仅仅局限于军事领域，他的文治或许更胜一筹。作为帝国的舵手，苏莱曼开创了社会、教育、税收、刑法等方面的立法改革，将帝国推向了政治、经济、文化的全盛时期。他以"立法者"名传后世，他主持编撰的各项权威法典奠定了帝国数个世纪的法律制度基础。1566 年 9 月 7 日，苏莱曼大帝归真，"真主在大地的影子"自此谢幕，死后葬于伊斯坦布尔的苏莱曼尼耶清真寺。

19　　　　　　　　　　　　天下布武
　　　　　　　　　　　　——织田信长

◇ ....

　　应仁之乱后，室町幕府统治力衰退，各地新兴贵族纷纷崛起，日本进入战国时代。这是日本历史上最混乱的时代，也是日本历史上最辉煌的时代。这一时期，各地大名或者为了家族的生存，或者为了一方的霸权，或者为了一统天下的雄心，纷纷加入到了尔虞我诈、风云莫测的兼并争霸战争中来。一时间，天下大乱，群雄并起，人才辈出，精彩连连。因此，日本人对这一时期推崇备至。这样的乱世中，有一颗星格外璀璨，他凭借过人的智慧在危机中迅速崛起，他拥有超常的人格魅力，将一时豪杰尽聚麾下，他以其天下布武的雄心征服四方劲敌，奠定了日本重新统一的基础。在他的光芒面前，一切都显得黯然失色，他就是日本战国第一风云人物、六天魔王——织田信长。

　　织田信长（1534—1582），幼名吉法师，通称三郎，日本战国时代杰出的政治家、军事家。他出身于尾张国一个地方大名家庭，继承家督后，带领织田氏迅速扩张势力，并于 1568 年上洛成功，从而推翻了室町幕府统治，成为最强大的势力，掌控了日本政治局势。然而，就在他征伐四方，准备将战国乱世推向终结时，却由于部将明智光秀造反而魂断本能寺。他与丰臣秀吉、德川家康并称为日本"战国三杰"，大正天皇时期被追赠为正一位太政大臣。

织田信长画像

一、生死危局：风雨桶狭间

1534 年，织田信长出生在尾张国的那古野城，父亲是尾张国三奉行之一的织田信秀。作为家中的嫡长子，信长 6 岁就成为了那古野城主，在家臣平手政秀的辅佐与教育下成长。信长少年时期的行为荒诞不稽，他常穿着奇装异服带着一群年轻人四处玩耍，因此被周围人嘲笑为"尾张大傻瓜"。13 岁时，父亲为其举行了元服礼，表示他长大成人，并改称织田上总介。信长 16 岁时，其父与北边的美浓国宿敌斋藤道三结盟，信长迎娶了道三的女儿浓姬。关于这段姻缘，还流传着一段故事。斋藤道三听闻信长是个"大傻瓜"，就给了高傲的女儿一把匕首，告诉她如果信长真的像传闻中那样不堪，就杀了他。然而，女儿嫁过去后，却被信长深深吸引，这让道三很是好奇，想亲眼看看这个女婿到底是什么样的人，于是便约信长到两国边界的正德寺见面。在这次会面中，信长一改往常作风，其才识令道三大为赞叹，从此坚定地支持信长。

1551 年，织田信秀病逝，信长继承家督之位，成为了尾张国下四郡奉行。然而，由于其以往的劣迹，他的能力遭到了家臣们的怀疑。林秀贞、柴田胜家等支柱重臣准备废掉信长，而拥立其弟信行为家督。为了与家中反对派对抗，信长重用了一起长大的玩伴森可成、佐佐成政、前田利家等人，组建了自己的家臣团，并将叔父织田信光拉进了自己阵营。自此，家中开始分裂为两派。

1556 年，斋藤义龙谋杀了父亲斋藤道三，织田氏与美浓国同盟破裂。失去了道三的支持，信行派认为废掉信长的时机到了，便举兵与信长展开了对抗。然而由于信长派佐佐成政、前田利家、丹羽长秀等年轻人的拼死力战，信行派在稻生之战中遭到大败，信行的居城末森城也被包围。这次内乱最终在信长母亲土田御前的调解下和解。一年后，信行再次企图谋反，信长派人将其暗杀，并重整了织田家臣团，化解了内部矛盾，巩固了自己的家督地位。之后经过两年的扩张，信长又战胜了织田信友、织田信安两大奉行，并放逐了尾张守护斯波义银，从而取得了整个尾张国的控制权。

1560 年，掌控远江、骏河、三河三国的"东海道第一弓"今川义元率 2.5 万大军进京，尾张国首当其冲。织田氏与今川氏矛盾由来已久，双方围绕三河国曾展开激烈的争夺战，最终在小豆坂合战中今川氏取得了决定性胜利。此次今川义元率大军上京，准备趁织田氏内乱新定之机，一举荡平尾张国。

面对强大的今川大军，织田信长能组织起来的兵力只有 3000

余人。这样的危机下，织田家臣们陷入混乱，是攻是守，是进是退，家臣们争论不休，难以达成一致意见。而此时的织田信长却躲在后堂，一言不发，陷入了沉思。家臣们无可奈何，只得各自回去整军备战。

今川氏先锋部队三河军在松平元康的率领下首先发起攻击，侵入织田领地，但在织田氏大将佐久间盛重的顽强抵抗下，其行进缓慢，之后双方在丸根—鹫津一线形成对峙。8 日后，今川义元率主力部队抵达前线，并召开了军事会议，准备派松平元康率军 1000人进攻丸根，朝比奈泰朝率军 2000 人进攻鹫津，自己则亲率主力大军绕道直取清州。第二天凌晨，得知丸根、鹫津两城遭受攻击后，沉思已久的织田信长突然觉醒，他开始召集家臣准备出城迎敌。他对家臣们喊道："我之所以迟迟不出来，是因为不想听到大家悲观的论调，难道你们认为我信长会不战而降吗？不，信长一定要战，一定要与今川义元决一死战！"说完便率先策马向城外奔去。家臣们听了这鼓舞人心的发言，一时间群情激奋，纷纷追随信长而去。

第二天上午，信长率军抵达热田的善照寺时，丸根、鹫津相继陷落。信长暂时停在这里，开始收集情报，分析敌情。中午时分，今川义元率主力大军进抵桶狭间山，并在山中的一处低洼平地扎营休息。信长得知今川军的具体位置后，开始率部向敌军靠近。午后1 时左右，忽然狂风大作，天降大雨。织田信长见状大喜，对部下们喊道："这是热田的神明在保佑我们啊！"于是令全军趁大雨掩护向今川义元军发起突袭。而此时的义元军却因避雨而阵形大乱。信长军居高临下，冲向身处洼地的义元军。刚一接战，义元前军便迅速败退。信长下令部属们不要追击溃散之兵，而集中全力冲击义元中军大帐。义元看到全军阵脚大乱，已无力挽回，便在 300 旗本的保护下准备撤退。然而就在他准备上马时，织田部将服部平太和毛利新介赶到，一刀将其斩落马下，一代东海道霸主就此殒命。看到家主丧命，今川军纷纷夺路逃命，信长在后率军追杀，取得全胜。这就是日本历史上著名的桶狭间合战。

桶狭间一役，织田信长以 3000 兵力击退今川军 2 万余人的进攻，并阵斩了今川家主义元，一时间声威大震，而今川氏从此走向衰落。战后不久，松平元康据三河国自立，并改名德川家康，与织田信长结成了同盟。织田与德川的结盟，保障了织田氏东部防线的稳固，自此信长可以全力向西和向北扩张势力。

二、崛起之基：美浓攻伐

在 1556 年美浓内乱时，岳父斋藤道三曾向信长求援，但信长援军尚未赶到，道三便死于其子义龙之手。由于当时织田信长兄弟也处于对立时期，内部矛盾重重，无力对付斋藤义龙，信长便撤军了。但信长一直怀有为岳父报仇并借机兼并美浓国的野心。随着织田氏内部的统一和东部防线的稳固，信长开始着手准备美浓攻略。

1561 年，斋藤义龙病死，其年幼的儿子龙兴继任家督。信长得知消息后，便立即出兵进攻美浓。双方在榆俣川一带展开激战，在斋藤军的拼死防御下，织田军损失惨重，不得不撤军回师。

1564 年，信长与北近江的浅井氏结成同盟，共同夹击美浓国，而此时的美浓国再次发生内乱。斋藤家臣竹中重治以奇计夺取了义龙居城稻叶山城，并占据了半个月之久。虽然后来竹中重治又将此城归还给了义龙，但他在家臣中的威望却从此丧失殆尽。此后，家臣们离心离德，纷纷开始寻找新的出路。趁此机会，信长出兵东美浓，先后攻占了鹈沼城、猿啄城等地，在东美浓站稳了脚跟。

1566 年，织田信长再次大举进攻美浓，首席家老柴田胜家终于攻过了榆俣川进入了西美浓，然而很快便被击退回来。织田信长感到，要想取得胜利，就必须在河对岸的美浓领地内建立根据地，以作为进攻美浓的跳板。为此，他重用了下级武士木下藤吉郎（即后来的丰臣秀吉），让他去完成这个任务。木下藤吉郎接受这个任务后，便找到谋略出众的弟弟木下小一郎（即后来的羽柴秀长）和当地的水运头领蜂须贺正胜帮忙。他在晚上利用流水将木头运到了河对岸的墨俣，并在一夜之间在这里筑起了堡垒，这座城后来被人们称为"一夜城"。天亮后，斋藤军一睁眼便发现一座敌军营寨降临在了眼前，他们慌忙组织兵力进行反攻，然而却被蜂须贺正胜率领的杂牌军击败。木下藤吉郎完成了一项不可能完成的任务，他在此后得到了织田信长的重用。

墨俣城的出现令斋藤宿老稻叶一铁、氏家卜全、安藤守就等"西美浓三人众"深感不安。而之后不久，木下藤吉郎又成功将已经退隐的竹中重治招致麾下。竹中重治在斋藤家臣中享有崇高威望，丹羽长秀趁机建议利用其影响力，策反"西美浓三人众"，信长采纳了这一建议。在竹中重治的劝说下，早已对斋藤氏绝望的"西美浓三人众"率部叛变，并答应里应外合，向稻叶山城发起攻击。

随着顺利获得西美浓，织田军进攻稻叶山城再无阻拦。1567年，织田军包围稻叶山城，惊慌失措的斋藤龙兴一边固守城池，一边派人向国内豪族四处求救。而此时的美浓豪族们早已威慑于织田信长的强大，纷纷倒戈投降，转而支持织田信长，没有一人肯援救龙兴。被围整整一个月后，已经粮草耗尽的斋藤龙兴再也坚持不下去了，他最终开城投降。随着稻叶山城的陷落，织田信长控制了整个美浓国。

美浓攻陷后，年仅34岁的织田信长兵粮充足，实力大增。不久，他将居城迁到稻叶山城，并将其改名岐阜，取自中国的周王朝崛起岐山的典故，显示了他一统日本的决心。此时，他提出了"天下布武"的雄心，而他也迎来了一次大好机会。

天下布武印

三、进掌大局：制霸京畿

就在信长进攻美浓的同时，控制京畿地区的管领三好氏家臣松永久秀等人暗杀了室町幕府13代将军足利义辉，并拥立足利义荣为傀儡将军。义辉之弟义昭在细川藤孝等人保护下，逃往越前国寻求朝仓氏的庇护。1568年，随着织田信长的崛起，足利义昭转而寻求织田氏的支持，希望凭借其强大实力讨伐三好氏。义昭的求援正合信长心意，这为他提供了进京的口实，于是便欣然答应。

1568年，信长以拥立足利义昭为15代将军、讨伐三好氏的名义，率军上洛。在南近江国，信长大军迅速击败六角氏，从而顺利进入了京都地区。而此时的三好氏正陷于内讧，实力派家臣松永久秀与三好长逸、三好政康、岩成友通等"三好三人众"为争夺家中支配权互相攻杀，从而造成三好氏内部分崩离析，实力大衰。面对信长大军兵临城下,"三好三人众"率部退往四国岛的阿波国,松永久秀势单力薄,只得向信长投降。就这样,仅用了半个月时间,信长就上洛成功,并彻底击败长期把持幕府政权的三好氏,从而接管了其权力。

第二年,信长又开始进行伊势侵略,并一举击败北畠氏,从而将这一地区纳入了自己的控制。就在信长进攻伊势期间,"三好三人众"率军重新进入京畿,企图袭击足利义昭。信长得到消息后,在大雪中急行军两天两夜,成功击退了三好军进攻,并在不久后迫使其降伏,从而基本控制了京畿地区。

1570年开始,不满傀儡地位的幕府将军足利义昭开始与信长对立,他密令各地大名讨伐织田信长。作为长期以来的敌对势力,信长首先向越前的朝仓氏发起了进攻。而这却违背了与北近江浅井氏的同盟约定,朝仓与浅井是传统盟友,世代交好。织田与浅井结盟时,双方曾约定绝不攻击朝仓。

这年6月,织田信长联合德川家康大举进攻朝仓,并一路攻到了越前国门户金崎城下。就在金崎即将被攻破时,浅井长政背弃与信长的盟约,开始对织田军后路发起攻击。得到消息后,为了避免后路被截,信长迅速撤军。在木下秀吉、德川家康等人的力战下,织田军才得以全身而退。回到京都后,信长立即重整部队,开始出兵北近江,讨伐浅井长政。双方在琵琶湖东北的姊川展开大战,由于兵力劣势,浅井、朝仓联军在血战之后最终溃败。姊川之战后,浅井氏走向灭亡,朝仓氏也从此一蹶不振。

随后的一年间,在本愿寺法主显如和尚的蛊惑下,摄津、伊势等各地信徒纷纷发动叛乱。织田信长四处派兵镇压,然而进展却不甚理想。1571年,织田信长将大批僧人逼到了佛徒圣地比叡山延历寺,在多次劝降无效后,他下令一把火烧了那里。自此,织田信长

成为了整个日本的"佛敌",并赢得了
"第六天魔王"的称号。1573 年,织田信
长攻入二条城,击败了举起叛旗的傀儡将
军足利义昭,并将其流放,从而终结了室
町幕府时代。此后,各地反信长势力暂时
偃旗息鼓,织田信长完全掌控了京畿地区。

日本战国时期武士

四、突逢变故:葬身本能寺

　　1575 年 4 月的长筱之战中,织田、德
川联军利用大量的新式火枪,一举击溃了甲斐霸主武田氏。经此一
战,武田家中精英损失殆尽,再也无力阻止织田制霸天下的步伐。
长筱之战也吹响了织田信长征伐天下的号角,自此之后织田信长具
备了无堪匹敌的实力,他开始全面出击,步步推进。至 1882 年初,
织田军形成了羽柴秀吉攻略中国,丹羽长秀征伐四国,明智光秀经
营畿内,柴田胜家进军北陆,泷川一益平定关东,德川家康压制东
海道的强大格局,织田信长统一天下的局面已无可阻挡。然而,就
在此时,织田信长与部将明智光秀的矛盾越来越深,他的辉煌人生
也由此走向了终点。

　　明智光秀与织田信长的矛盾开始于 1579 年丹波攻伐战后。明
智光秀以自己的母亲为人质,劝服了丹波领主波多野秀治降服。然
而信长却对光秀的劝降策略相当不满,他在波多野兄弟前往安土城
谢罪请降时,以其善变狡猾为由将他们杀害,结果造成了光秀母亲
被害。这令光秀相当愤慨。1982 年,明智光秀担任御食奉行,并负
责接待前来安土城会面的织田盟友德川家康一行。尽管光秀尽心尽
力,但他的工作还是遭到了信长的训斥,并被撤免,这令光秀深感
不安。随后,中国前线的羽柴秀吉派人求援,信长令明智光秀带兵

前往支援，光秀认为这是要将自己变为秀吉的家臣，因此倍感屈辱。至此，在家臣的鼓动下，明智光秀已心生反叛之意。

织田信长为组织前往中国的援军而前往二条御所，并住进了本能寺。两天后，援军3.5万人集结，并开始出阵，明智光秀的部队也在其中。当天，织田信长所带卫队不到100人。这天夜里，他与寺里的日海和尚对弈，结果下出了罕见的三劫连环无胜负局，这令在场的所有人相当惊讶。之后，信长还与长男信忠一块欢宴，宴后信忠回到妙觉寺休息。

第二天凌晨，明智光秀部1.3万人开始出阵，然而，他所指向的地方不是中国，而是织田信长所居住的本能寺。在夜色中，明智大军完成了对本能寺的重重包围，并在每个出口都设下重兵把守。听到四周的动静，信长的侍卫们开始骚乱。

随着枪炮声的响起，明智光秀开始发起攻击。听到响声，信长起身，命令身边的小姓森兰丸说："一定有人叛乱，去看看叛者是谁！"很快森兰丸回来，匆匆禀报说："是桔梗旗印！"信长大惊，并反问自己："光秀吗？怎么会是他？"

确认叛乱的正是光秀后，织田信长亲自拿起佩刀，走出房门，率领众小姓与冲上来的明智军展开奋战。一个，两个，三个……冲上来的叛军一个个倒在了织田信长的刀下，而信长身边的侍卫也越战越少。终于，寡不敌众，叛军越来越多，信长也身负数伤。他知道，败局已无可挽回，转身步入了房内。他大声吟诵道："人生五十年，如梦亦如幻。一生享尽，岂能不灭？"他下令侍卫放火焚烧自己的居室，并拔刀切腹自尽。在侍卫的拼死抵抗下，明智军始终未能进入信长居室半步，只能眼睁睁看着眼前的房屋化作一片废墟。一代英豪就这样葬身火海，这一年，他49岁。

本能寺之变后，羽柴秀吉与毛利氏议和，并迅速回军消灭了明智光秀叛军，从而掌握了织田氏大局。依靠织田信长奠定的基础，在以后的 20 年中羽柴秀吉与德川家康先后统一日本，最终结束了混乱的战国时代。

20

朝鲜之光
——李舜臣

◇ ⋯⋯⋯⋯⋯⋯

　　1966 年，韩国政府在方华山脚下，大兴土木重新修建了显忠祠，并将此地辟为"圣域"。每年 4 月 28 日，这里都会举行祭祀活动，人们都会聚集此地来纪念古代朝鲜王朝时期的一位民族英雄的诞辰，这位拥有如此之高地位的人就是李舜臣将军。

　　李舜臣（1545—1598），字汝谐，号德水，是李氏朝鲜王朝时期的名将，在抵抗日本侵略朝鲜半岛时立下了不世之功，是朝鲜的民族英雄，死后被赐号"宣武功臣"，谥号忠武，死后追赠领议政。不仅他的显忠祠受人礼拜，他的头像还出现在韩国的 100 元硬币上，并且韩国海军研发的 KDX－II 驱逐舰也被命名为忠武公李舜臣号。在世界海战史上，李舜臣也称得上是一个传奇了。

首尔市中心化门广场李舜臣铜像

一、寒门水将卫国心

1545 年，中国处于明朝万历年间，而朝鲜半岛正处于朝鲜王朝时期，是明朝的朝贡国。朝鲜王朝是朝鲜半岛历史上最后一个王朝，又称李氏王朝，范围大体上相当于今天朝鲜和韩国的总和。自 1392 年建国以来，已经走过了 150 多个年头了。这一年的 5 月 5 日，有一位后来成为朝鲜民族英雄的婴儿诞生了，名为李舜臣。

李舜臣家族本来也是士大夫家族，很有地位，可是到了李舜臣出生时，家道已经败落，于是全家人将希望寄托在这个男婴身上，希望他可以重振家业，保家卫国。家道没落后，生计便十分困难，经常食不果腹。可是正所谓"寒门出贵子"，自打李舜臣记事以来便知道要勤奋好学，这样才能荣登仕途，振兴家门。更难能可贵的是，李舜臣不仅聪慧懂事，文学造诣也颇高，而且喜爱骑射，对武事也很擅长，渐渐长大的李舜臣成为了一个文武双全的人才。

朝鲜半岛毗连我国东北，三面环水，经常受到外侮，尤其是日本的侵扰。李舜臣不希望看到国家被欺凌，决定从武，做一个保家卫国的大将军。1576 年，31 岁的李舜臣在咸境道的武举考试中及第，被任命为全罗道井邑县监，由此他的仕途道路开始起步了。

　　日、朝两国本来长期和平往来，但是自从丰臣秀吉统一日本，登上历史舞台后，两国立即陷入了外交的冰点。丰臣秀吉通过内战磨炼出了一支身经百战的钢铁之师，当国内统一后，仍然有很多矛盾存在，为了转移国内视线，他决定率领自己的军队侵略别国。野心勃勃的丰臣秀吉妄图以武力征服朝鲜和中国，他计划了先占领朝鲜，再征服中国，然后南下的侵略方案。丰臣秀吉先派使臣到中国，假意提出通商的要求，被拒绝后，便向朝鲜国王提出借道入侵中国的要求，当这些无理的要求都被拒绝后，丰臣秀吉就开始用武力来实现他的计划了。

　　1591 年，对于李舜臣，对于朝鲜都是重要的一年。这一年，日本开始着手进行侵略朝鲜的准备，朝鲜马上要面临被侵略的命运。不过，李舜臣保家卫国的心也开始沸腾起来，这一年，他被任命为全罗左道水军节度使，负责操练水军，加强海防。

　　落后就要挨打，国家需要强大的军队来保障安全，而士兵没有强大的武器也只能白白牺牲。于是李舜臣一上任便开始操办起这两件事来，他总结国内国外的各种经验，学习和改进海军的战斗编队、战略战术，不仅从技术上加以训练，更从内心强化海军人员的爱国主义、民族主义情感和精神，训练大家对国家的忠诚和英勇奉献的精神，并且改进了朝鲜水师武器"龟船"。一段时间下来，李舜臣为国家培育出了一支训练有素、忠心勇猛的钢铁之师，而他所做的这些都在随后的卫国战争中发挥了至关重要的作用。

二、国运系"龟船"

　　1592 年，蓄谋已久的日本出动了 20 万大军进犯朝鲜半岛，丰臣秀吉派遣他强大的陆军在朝鲜釜山登陆，同时用水军配合，进行双面进攻，此时朝鲜"壬辰卫国战争"正式爆发。面对日军 100 多年来在内战中千锤百炼的 20 万虎狼之师，朝鲜方面的 8000 人显得格外弱小，卫国战争开始后，朝鲜军队根本不是日本军的对手，陆上战役节节败退。面对这么严峻的形势，李氏王朝急忙向大明朝求救，希望帮助镇压"壬辰倭乱"，明朝作为朝鲜的宗主国，派遣了大军前来救援，从此中朝两国合力开始了长达 7 年的卫国战争。

陆战频频告急，海战的情势与陆地战却不同，朝鲜水军以全罗道水军为中心，在优秀将领李舜臣的带领下取得了一系列的胜利。日本在陆战上屡战屡胜，已经占领了朝鲜的许多领土，所以在海上作战也傲气十足，目空一切。5 月初，朝、日两国的水军在玉浦洋面相遇，可是日军根本不把朝鲜水军当回事，侵略日军一停靠在玉浦港，便上岸开始大肆抢劫。可是令日军万万没想到的是，李舜臣绝不是一个简单的人，李舜臣带着自己的水军，趁日军不注意，迅速率 85 艘船舰驶入玉浦港，猛击日军。正在抢劫的日军乱作一团，防备不足，顿时傻了眼变得惊慌失措，只能被动挨打了。经过一天一夜的激战，日军损失了 34 艘船舰，1000 多名水兵，而朝鲜水师只有一人受伤。

紧接着，李舜臣乘胜追击，率领自己的水师与庆尚右道水军节度使元均的水师会合，一起向泗川洋面的日军发起进攻。泗川浅浅的一道水湾，位于朝鲜半岛南面，自古也是兵家的必争之地。李舜臣到达这里后，便仔细观察了这里的地形情况，发现早已在这布军的日军占据着最有利的地形，进攻的话恐怕比较难，于是李舜臣决定诱敌出港，以退为进，引诱日军到宽阔的洋面上进行战斗，这样才能有取得胜利的机会。接着，他指挥驶入泗川洋面的军队开始后退，让敌人误以为朝鲜畏惧了，想要逃跑。自大的日军认为这是歼灭李舜臣的好时机，于是下令出港追击，一直追到洋面上的时候，他们才发现朝鲜水师已经部署好阵形在前方等待他们的到来，日军这才意识到上当了，可惜撤退为时已晚，只能开打了。

这时，只见从朝鲜军中驶来一排形如乌龟的船舰，是日军没有遇到过的，日军看到后目瞪口呆，茫然失色。原来这是朝鲜水军中一种叫"龟船"的战舰，为了对付日军，李舜臣改进了"龟船"。改进后的"龟船"威力非常强大，这一个长 10 余丈，宽 1 丈有余的战舰，在当时的船中已属庞然大物，且船的两侧各有 10 面桨，行走速度大大提高，不仅如此，船身及"龟壳"都覆上了铁板，铁板上还铺了密密麻麻的铁钉，使敌军不能攀岩。"龟船"最醒目的是那船头的大龙头，上面有两个炮眼格外虎气，而且龙口中还能喷出焚烧硫黄等物体的烟，可以起到迷惑敌人、隐蔽自己的功效，再加上船身四周无数的炮眼、枪眼，使得朝鲜水军的战斗力大大提高了。

很快，"龟船"冲入日军阵营，来回穿梭，火力齐开，没过一会儿，日军水师已经被打得落花流水，日军参与追击的舰船不是被击沉了，就是被缴获了。之后，李舜臣继续率领着"龟船"舰队取得了唐浦大捷。瞬时，在李

"龟船"模型

舜臣的带领下，朝鲜一扫沮丧的雾霾，军队斗志大增，奋起继续迎敌，也在很大程度上改善了陆地上的战局。

三、转运闲山岛

1592 年 7 月，这时的李舜臣已经取得了好几次海战的胜利了。

一天，有人送来战报称日军有大批舰队停靠在见乃梁，李舜臣异常兴奋，连夜组织军事会议，商讨对敌之策。但日军所据地都是一些狭窄易守难攻的港湾，要想彻底歼灭敌军，必须把他们引诱到宽阔的洋面才行。

这一次，李舜臣又采用以退为进的方法，先派几艘战舰去与日军碰面，等到日军全力开火后，便佯装力不能敌，开始向后撤退。日军乘"胜"追击，一直被朝军引到已经埋伏好的闲山岛前海才恍然大悟——又掉进李舜臣的陷阱了！气愤的日军派出最快的军舰去攻击朝军，又派出主力舰全面进攻。为了这次战役，李舜臣筹谋了许久，他一改以往线形或圆形的连续式进攻，改为新型的鹤翼阵或U形阵，这样就会大大减少日军的逃亡率。

当日军的前锋和主力快速向朝军驶来时，朝军的队伍瞬间变得如展翅飞翔的飞鹤一样，将日军慢慢地包围起来。与此同时，朝军先集中火力将日军的先锋部队消灭，再集中火力专打将帅的船只，"擒贼先擒王"，这样就使得日军群龙无首，指挥系统变得更加混乱。李舜臣认为胜败在此一搏了，于是趁此混乱之际，命令已形成包围之势的朝军开始发动全部火力，将日军的军舰一个个地击沉！大部分日军舰队还没来得急靠近朝鲜舰队就已经中弹了，这场战斗干脆利落，仅仅用了两三个小时便结束了。

这就是著名的闲山岛大捷，又称闲山岛海战，这一场海战使得丰臣秀吉想要占领朝鲜、入侵中国的计划破灭了。日军损失惨重，73艘船舰就只剩下了14艘，日军方面大约有3000人丧命，与此相反朝军却没有损失任何船只，人员伤亡也很少。闲山岛大捷是朝鲜壬辰卫国战争中规模最大、最为关键的一场海战，也是卫国战争的转折点。

四、绝杀鸣梁海

1592年的闲山岛大捷，使得战局发生了戏剧性的转变，此战之后，日本海军屡战屡败，不仅丢掉了制海权，就连陆上的攻势也由于补给得不到供应而停止。于是，日军在占领平壤后，于1593年开始与朝鲜议和。朝鲜国王为了表彰李舜臣的功绩，任命其为资宪大夫，还专门为他设置了全罗、庆尚、忠清三道水军统制使的官职。

但是，和议只是日军暂缓的一种手段，日本侵略的野心从未停止过，就在停战期间，日本开始谋划如何铲除这颗眼中钉。1597年1月，丰臣秀吉利用朝鲜的党派之争，派人在汉城散布谣言，说李舜臣居功自傲，大权在握，企图阴谋篡位。国王相信了这些谣言，于是下令把李舜臣贬为一个小士兵，剥夺了他的军权。

丰臣秀吉得知自己的反间计成功后，表面上进行着和谈，暗自却组织全国军事动员，调动了14万陆军和2万水军，准备再次入侵朝鲜。1597年3月，丰臣秀吉率领着水陆两军一齐进攻朝鲜。水战方面，日军曾经饱尝"龟船"的厉害，所以这次发兵专门将自己的日舰做了改进，把所有的安宅船和大关船都包上铁皮，也变成了巨型铁甲船。首先向漆川岛袭击，而漆川岛朝鲜水军根本没有准备就被日军偷袭，导致朝鲜水军全军覆没，连海军指挥官三道水军都统制元均也中炮身亡。

陆军方面，日军更是势如破竹，连下多城，举国上下一片恐慌。就在这时，大家想起了李舜臣，这个曾经制服日军的将领，朝鲜国王不得不顺应民心重新起用李舜臣。李舜臣再次当上了三道水军统制使。然而此时的水军情况凄楚，已经不是当年威风凛凛的铁军了。如今只剩下可怜的12艘军舰可供使用，而日军却是上百艘军舰虎视眈眈，就在这种绝境之下，拼死一搏就成了李舜臣唯一可以做的事了。

李舜臣忠心报国，日夜为国谋划，最终选在鸣梁海峡作为朝、日的决战之地。鸣梁海峡是珍岛和陆地之间的狭窄海峡，狭窄的海峡使得日军在数量上占不到优势了，而且水流特别湍急，经仔细观察，李舜臣发现这里的海流每隔 3 个小时就会转变方向，这时李舜臣脑海里便产生了制敌的好方法。

10 月的一天，天刚蒙蒙亮，在一片海雾中李舜臣派遣一艘舰队去引诱日军，希望将日军引到自己设好埋伏的鸣梁海峡，与此同时，李舜臣又安排百艘民船插上军旗在后面造势。时间一点点过去，但是仍不见日军的到来，就在焦急之时，"龟船"的身影终于出现了，成功了！日军再一次走入李舜臣设下的圈套。这时埋伏在山脚的朝军终于按捺不住了，当日军驶入海峡时，便发起猛烈轰击。本来这里水流湍急不好走，再加上日军舰的船底是尖的，不像朝军船底是平的那样稳当，所以日舰摇摇晃晃，炮弹经常落空，命中率不高，日军顿时变得惊慌失措。

3 个小时很快就过去了，这时，神奇的大自然发挥威力了，鸣梁海峡的水开始逆转了！在逆流的冲击下，日舰已经不听使唤地开始前后碰撞成一团，而且李舜臣在日军后面设下的铁索木桩，使得日军不能撤离，大量的日舰拥挤在狭窄的海峡内，场面一片混乱，搞得日军自己也稀里糊涂，不知所措。趁此良机，李舜臣下令全军猛攻，日军自顾不暇，着急得只想逃出去，哪里还有精力好好攻打朝军，结果只能全军覆没了。庞大的日军不是被打死就是被滔滔流水冲走，李舜臣仅仅用这 12 艘船，凭借着天时地利就打败了日军。日军 31 艘军舰被击沉，92 艘被损毁，损伤 8000 余人，而朝军只阵亡 34 人，创下了世界海战史上不可超越的奇迹。著名的鸣梁大捷之后，李舜臣便移师古今岛（今莞岛）建立基地。

　　1598 年 7 月，中国明朝政府派出陆上部队增援的时候，还派了陈璘、邓子龙率领的 5000 水师舰船支援朝鲜。这一年爆发的露梁海战，是中、朝合击日军的一次著名战役，也是李舜臣的谢幕之战。在这场战争中，中国老将邓子龙以 70 多岁的高龄，勇猛杀敌，不幸遇难，为中、朝两国的友谊谱写了赞歌，同时前来支援的李舜臣也被日军包围，不幸中弹牺牲，一代名将最终将战场作为了自己的最终归宿。1600 年，朝廷为表彰他的功绩，封为一级宣武功臣，在他死后 45 年，朝鲜人民对其的敬仰之情愈发深切，朝廷赠谥号"忠武"，这就是世世代代被称为朝鲜民族英雄的"忠武公"。

李舜臣画像

21 士兵元帅
——苏沃洛夫

◇ ⋯⋯⋯⋯⋯⋯

18 世纪，在彼得大帝和叶卡捷琳娜二世的统治下，俄罗斯经过常年的对外战争和侵略扩张，由一个大公国一跃成为了雄霸欧亚的大帝国。战场是军人的舞台，这样的时代背景为俄罗斯民族造就了一批杰出的将领，他们带领下的俄军逐渐成为了威震整个欧洲的时代主角。这其中，有一颗将星显得尤为卓越，他出身于贵族，却天生不爱文艺只爱军事，执着地投身于军旅和战场；他身为统帅，却能与部下同甘共苦，过着像士兵

苏沃洛夫塑像

一样艰苦朴素的生活；他相貌平凡，却才能出众，其军事思想奠定了俄罗斯军事学的基础，直至苏联时期仍受到广泛推崇。他就是俄

罗斯军人的代表、"士兵元帅"苏沃洛夫。

亚历山大·瓦西里耶维奇·苏沃洛夫（1729—1800），俄国伟大的军事家、军事理论家、战略家、统帅，俄国军事学术的奠基人。他一生参加过七年战争、两次俄土战争、进军波兰、第二次反法同盟等战争，在意大利率军翻越阿尔卑斯山的壮举更是震惊全世界。他是战场上的常胜将军，以卓越的战绩先后获得雷姆尼克伯爵、神圣罗马帝国伯爵、意大利亲王、撒丁尼亚伯爵、俄罗斯陆海军大元帅、奥地利和撒丁尼亚陆军元帅等众多头衔。他开创的一系列战略战术思想使俄国军事学术取得领先地位，其著作《制胜的科学》更是对俄国乃至世界军事史产生了深远影响。

一、绰号"怪物"的贵族士兵

1729 年 11 月 24 日，亚历山大·瓦西里耶维奇·苏沃洛夫诞生于莫斯科一个古老的贵族家庭，父亲瓦西里·伊万诺维奇·苏沃洛夫曾经是沙皇彼得一世的教子、侍从、翻译，并受到之后历代沙皇的重用。

少年时期的苏沃洛夫体弱多病，曾游历欧洲、学识渊博的父亲并不希望他走上军旅之路，而是准备培养他的文艺才华。然而事与愿违，当时老苏沃洛夫正主持编纂俄国第一部军事词典，小苏沃洛夫借机在他的书房里阅览了大量的军事书籍，从此与军事结下了不解之缘。模拟书籍中的战争故事成为了他每天最喜欢做的游戏，亚历山大大帝、恺撒、汉尼拔、欧根亲王等杰出的统帅成为了他最崇拜的偶像，他们的指挥艺术使这个小孩子甚为痴迷。

热爱军事的小苏沃洛夫从小就表现出了超乎常人的坚韧意志力。他立志当兵后，就下定决心改变体弱多病的身体。为了锻炼出一副强健体魄，他在大雨中策马奔腾，在寒冷的冬天只穿单衣，每天坚持用冷水洗澡。他的种种疯狂行为引起周围人的笑话，并给他起了"怪物"的绰号，但他依然我行我素。

老苏沃洛夫最终被他的毅力所感动，从而改变了初衷，不仅陪他一起玩各种军事游戏，还在12岁那年为他在近卫军中报名登记。彼得一世为了建设强大的军队，曾规定没有在军队下层服役的履历不能晋升为军官，于是贵族们一般在其孩子出生时就为其登记入伍，这样当孩子成年时便能够直接升任军官了。就这样，尚未成年的苏沃洛夫成为了名义上的近卫军士兵。在家学的熏陶下，这一时期的苏沃洛夫先后攻读了诸多历史、地理、哲学等方面的著作，并在父亲的指导下研究炮兵学和筑城学，为其之后的戎马生涯奠定了良好的军事素养。

1747年，不满18岁的苏沃洛夫正式进入近卫军谢苗诺夫团第三连服役，开始了军旅生涯。由于登记入伍较晚，他的军衔只是下士，与大多数同龄的贵族子弟相比，他的起步职位算是很低了。

入伍后的苏沃洛夫严于律己，在执行勤务等方面严肃认真、一丝不苟，这使得他在一群贵族士兵中间显得与众不同，完全格格不入。一次女皇为了奖励他站岗的辛苦而赏赐给他茶钱，他却以这违反军队条令为由给拒绝了；还有一次他到普鲁士送公文，在那里遇到一个出身低微的俄国士兵，便热情地与他拥抱。他的种种行为在身边的近卫团贵族士兵们看来，是那么怪异和难以理解。因此，他"怪物"的绰号再次传开了。

虽然他的种种行为不受近卫团士兵们的喜欢，但他身上的严肃、坚毅等特殊品质却得到了其长官的认可。"看着吧，这个怪物将来一定会干出些让我们所有人大吃一惊的事来。"他的连长曾这样评价他。

1754年，在近卫团中服役了整整7年的苏沃洛夫晋升中尉军衔，并被派往英格曼兰步兵团任职。这是俄国军队最悠久、也是最精锐的部队之一，彼得一世时曾率其参加过多次远征。在这里任职期间，苏沃洛夫并无太多事可做，他用闲暇时间继续学习外语和军事历史，不断提升自己。

二、刀锋烈火中的七年磨砺

1756 年，漫延整个欧洲的七年战争开始，苏沃洛夫也迎来了人生中的第一次机遇。新崛起的普鲁士王国势力迅速扩张，引起欧洲大陆政治秩序的动荡。俄国、奥地利、法国、瑞士等国结成了反普同盟，并赋予了它进攻性质。

这年初，俄罗斯整个国内进入了紧张的备战中。苏沃洛夫晋升上尉，并被任命为粮秣主司，主管军需后勤工作。8 月，普鲁士国王腓特烈二世统率 10 万大军进攻奥地利，俄罗斯对普鲁士宣战，并派陆军元帅布图尔林组建军队开赴前线。后勤工作显然不能令苏沃洛夫大显身手，这年底，在其主动要求下，他被派往布图尔林步兵团任职，并被提升为少校，真正从一名近卫军军官走上了俄军作战部队指挥官的位置。从此，一片更为广阔的领域向苏沃洛夫敞开，使这只雄鹰得以展翅翱翔。

进入布图尔林步兵团后，苏沃洛夫接受的第一项任务便是在里夫兰和库尔兰征兵，负责组建和训练预备队。在一年多的时间里，苏沃洛夫先后成功组建了 17 个步兵营，并把它们运到了前线的温特尔营地。为了表彰他出色地完成了建军任务，1958 年 10 月苏沃洛夫被晋升为中校。

1959 年春天，萨尔特科夫上将接任俄军总司令，随着天气的转暖，他率领俄军开始向波兹南集结。萨尔特科夫是一个严谨的老头，他一到波兹南就重新整编了军队，将部队分成了 3 个师，苏沃洛夫被安排在了第一师沃尔孔斯基少将旅。

　　按照盟军作战计划，道恩元帅率领的奥军应和俄军在波兹南会合。但奥军却在行军途中有所延误，迟迟未能赶到。果敢的萨尔特科夫立即决定率军越过勃兰登堡边境向克罗森城进发，去迎接奥军。途中俄军击败普鲁士韦德尔中将所部，歼灭和俘敌 6000 余人。7 月，俄军兵临克罗森城下，与普军隔奥得河对峙，双方以火炮隔河对射。在俄军优势兵力的攻击下，普军守将最终开城投降。

　　攻克克罗森之后，苏沃洛夫被任命为司令部总值勤官，成为了总司令身边的参谋。俄奥联军会师后，双方计划首先进攻法兰克福，之后再乘胜进军柏林。

　　8 月，俄奥联军近 6 万人与普鲁士国王腓特烈二世亲率的 4.8 万普军在法兰克福附近的库纳斯多夫附近遭遇，双方在此展开大战。萨尔特科夫将联军布置在米尔山、大施皮茨山、尤登山等高地上，并把步兵和炮兵主力布置在了中央的大施皮茨山和右翼的尤登山上。腓特烈二世首先以火炮密集攻击了联军左翼米尔山高地，之后又集中兵力以斜切队形对这一高地发起猛攻，彻底击溃了联军左翼，占领了该高地。之后，普军向中央的大施皮茨山发起攻击。首战失利的萨尔特科夫沉着应对，他令第一师鲁缅采夫中将率部向普军发起了反冲锋，以白刃格斗阻止了普军的攻势。这时腓特烈二世将其最精锐的部队赛德利将军的骑兵投入了战斗。萨尔特科夫也将预备队骑兵投入战斗，并以炮兵火力击退了普鲁士骑兵的猛攻。普军损失惨重，被迫开始撤退。此后，俄奥联军乘胜追击，普军被彻底打散，史称库纳斯多夫战役。

　　库纳斯多夫一战，普鲁士军队几乎全军覆没，整个欧洲为之一震。但由于之后俄奥联军发生内讧，进军柏林的目标并未达成。这次战役中，苏沃洛夫作为司令部的一员，始终待在总司令萨尔特科夫的身边，亲眼目睹了这位老将军沉着冷静、坚毅果敢的指挥作风，这使他终身受益。战后，苏沃洛夫回到第一师服役，并担任了师长费莫尔中将的参谋官。

在这之后，俄普双方进入相对平稳期，战争只限于小规模冲突，直至七年战争结束。在此期间，苏沃洛夫多次亲率哥萨克骑兵支队对普鲁士军队进行袭击，并屡立战功。他的军事才能逐渐得到上级赏识，1762 年 9 月，苏沃洛夫晋升为上校，并先后出任了阿斯特拉罕步兵团、苏兹达尔步兵团团长。

苏沃洛夫画像

三、俄土战场利刃出鞘

1768 年，为了摆脱沙俄控制，波兰贵族党人发动了叛乱。叶卡捷琳娜二世立即出兵镇压，刚刚晋升为准将的苏沃洛夫率领一个旅参加了这次进军。他带领着自己的部队，在奥列霍夫一役中，创造了用步兵刺刀攻击骑兵、用骑兵冲锋坚固高地的打法，这一完全违反战术原则的战法却大获全胜，震惊了整个欧洲。此后，他又在朗茨克鲁纳、扎莫斯季耶、斯特洛维奇等地取得胜利，并在1772年取得最终胜利。这次进军中，他因功晋升少将。战后，他被派往俄土战场巴尔干战区。

就在苏沃洛夫进军波兰的同时，奥斯曼土耳其帝国向俄国发起攻击，俄土战争再度打响。俄军派戈利岑的第1集团军和鲁缅采夫的第2集团军前往应战。双方在黑海沿岸展开激战，至1772年，俄军不仅击退了入侵的土军，还吞并了原属奥斯曼控制的克里木汗国。1773年，鲁缅采夫率军渡过多瑙河，向巴尔干半岛进军。正是在这一时期，苏沃洛夫来到了巴尔干战场。

1773年5月，苏沃洛夫抵达鲁缅采夫军营报到，他被派往萨尔特科夫军团任职。苏沃洛夫接受的第一个任务就是率军对图尔图凯地区进行侦查，以转移敌军对多瑙河下游的注意力，从而减轻俄军在这一地区进攻的阻力。就这样，苏沃洛夫马不停蹄地带着2000人的部队出发了。

在抵达图尔图凯的当夜，苏沃洛夫的营地就遭到了土军的偷袭，由于发现及时，俄军损失不大，击退了敌人并抓到了一名俘虏。通过俘虏的供述，苏沃洛夫了解了图尔图凯土军的兵力和部署，土军设有3个营地，驻军4000余人。

面对两倍于己的敌人，苏沃洛夫毫不退缩，准备立即对敌军发起攻击。苏沃洛夫视察了多瑙河岸，并亲自部署了炮兵阵地。土军以为刚刚对俄军兵营进行过偷袭，夜间应该会相安无事，因此防备松弛。凌晨时分，俄军趁着夜幕开始渡河，并顺利登上了敌岸。在炮火掩护下，登岸的俄军向土军营地发起了攻击，苏沃洛夫身先士卒，端着刺刀率先冲锋。面对俄军的英勇进攻，毫无防备的土军顿时成了刀下之鬼，迅速溃散。苏沃洛夫突袭成功，首战告捷。

然而苏沃洛夫此次遇到的对手也并非一般人。土军溃散部队在指挥官费拉祖·穆罕默德的召集下重新集结，并在图尔图凯几公里之外筑起了新的营地。这个费拉祖·穆罕默德是奴隶出身，作战极为勇悍。面对强敌，苏沃洛夫积极部署，并在一个风雨交加的下午再次对土军发起了攻击。面对俄军的疯狂进攻，土军渐渐被逼出了营地。为了扭转颓势，凶悍的费拉祖·穆罕默德亲自带队发起了反攻。然而不幸的是，他在冲入苏军阵营后不久，就中枪身亡了。土军一看指挥官跌下马来，纷纷溃逃而去。此战，苏沃洛夫以极小代价歼敌800余人，并缴获大量物资，受到鲁缅采夫元帅的赞赏。

6月底，在对土军的一次进攻中，才能卓越的魏斯曼将军不幸阵亡，苏沃洛夫受命接替了魏斯曼所部。由于兵力不足，俄军之后被迫撤回了多瑙河左岸。1774年6月，俄军再次渡过多瑙河，并在科兹鲁贾战役中击溃了土军4万余人。在这种形势下，俄土双方签订和约，确认了俄国在这次战争中的胜利果实，第一阶段战斗结束。

1787年，奥斯曼土耳其帝国要求俄国归还克里木，并承认其在格鲁吉亚的统治权，叶卡捷琳娜二世拒绝了这一要求。随后，土耳其对俄开战，俄土战争第二阶段开始。俄方派出波将金的叶卡捷琳娜集团军和鲁缅采夫的乌克兰集团军应战，苏沃洛夫奉命率部驻守金布恩。

10月初，土军5000余人在金布恩沙咀登陆。苏沃洛夫指挥部队向土军发起了攻击，他先用炮火轰击了敌人阵地，而后派出骑兵向敌军发起了突击。然而在土军的顽强抵抗下，双方陷入了混战，在岸边狭长的地带，双方进行着激烈的肉搏。苏沃洛夫亲自冲入敌阵，经过9个小时的激战，终于将敌人赶下了海。此战，土军伤亡4000余人，苏沃洛夫的威名震惊了整个土军。

　　1788 年，奥地利加入俄军一方参战，俄军在战场上逐渐占据优势，先后夺取了霍京和奥恰科夫要塞。1789 年 8 月，苏沃洛夫指挥俄军 5000 余人联合奥地利军队，在福克沙尼击败了奥斯曼名将奥斯曼帕夏率领的 3 万大军，极大地鼓舞了俄军士气。9 月，苏沃洛夫又在勒姆尼克河之战中，指挥 2.5 万俄奥联军击溃了奥斯曼宰相优素福率领的 10 万大军。但俄军却未能乘胜追击歼灭敌军，而是致力于围攻要塞。

　　1790 年，俄军开始向多瑙河方向进军。12 月，苏沃洛夫兵抵伊兹梅尔要塞。这座要塞由法国人设计，呈直角三角形，墙高沟深，是当时世界上最坚固的要塞之一。土耳其人认为这里固若金汤，俄军无论如何也是无法逾越的。但苏沃洛夫毫不迟疑，在黑海舰队的配合下，他指挥部队向这座最坚固的要塞发起了强攻。苏沃洛夫对士兵动员说："我们曾两次在这里撤退，决不能再有第三次。我们别无选择，要么攻克要塞，要么在此牺牲。"在指挥官坚毅的目光中，俄军以誓死之心向要塞发起了疯狂攻击。经过 6 个小时激战，要塞陷落，苏沃洛夫的英勇无畏迅速传播，轰动了整个欧洲。

叶卡捷琳娜二世

　　1791 年，俄军在各条战线接连胜利，奥斯曼土耳其帝国被迫签订《雅西和约》，最终承认了俄国对克里木和格鲁吉亚的兼并，俄国从此称霸黑海。

四、所向披靡的意大利远征

　　俄土战争后，苏沃洛夫晋升为陆军元帅。然而就在这人生得意的时刻，他却由于反对新任沙皇保罗一世的军事改革，而遭到了贬黜，解甲归田。在此期间，他完成了奠定俄国军事学基础的巨著《制胜的科学》一书。1798 年，俄国加入第二次反法同盟，在盟国的坚决要求下，保罗一世不得不重新起用苏沃洛夫，并任命他为驻意大利北部俄奥联军司令。就这样，这位年近七旬的老将踏上了人生的最后一次征程。

1799 年 3 月，苏沃洛夫抵达意大利战场。一个月后，他指挥部队对布里西亚要塞发起了攻击，驻守这里的是布泽将军率领的 1100 名法军。在经过几天的进攻后，布泽率军投降，苏沃洛夫在与法军的首次交锋中取得胜利。几天后，苏沃洛夫率 4.8 万俄奥联军在阿达尔河左岸布阵，对面是莫罗将军指挥的 2.8 万法军。苏沃洛夫利用法军防御正面过长的弱点，在几个地点同时渡河，发起强攻。法军被分割成几段，迅速溃败。

6 月，俄奥联军几乎占领了整个意大利北部。拿破仑调集麦克唐纳元帅和莫罗将军的部队共 5 万余人，向摩德纳、帕尔马、皮亚琴察等多个方向进行突击，企图包围歼灭联军。苏沃洛夫识破了法军企图，遂制订了各个歼灭的计划。他派出一支部队牵制莫罗军队，自己则亲率 3.2 万人迎击麦克唐纳军队。之后，双方在特雷比亚河畔遭遇，展开了激烈的肉搏战。俄奥联军在兵力处于劣势的情况下，靠着顽强的斗志和高昂的士气一举击溃了法军，歼敌 4000 余人，俘敌 1.2 万人。随后苏沃洛夫下令奥军追击麦克唐纳残军，自己则率领俄军回师进攻莫罗军队。莫罗获悉法军在特雷比亚失利后，迅速向热那亚退去。

8 月，恢复元气的法军在茹贝尔将军的率领下再次向俄奥联军发起攻击。苏沃洛夫计划将敌军引入平原作战，但兵力处于劣势的茹贝尔却在诺维依山构筑起了阵地。这种情势下，苏沃洛夫指挥近两倍于敌的兵力向法军发起了强势突袭。战斗中，茹贝尔不幸阵亡，为了避免被包围，莫罗率残部撤退。

　　这样，在不到半年的时间里，苏沃洛夫指挥俄奥联军经过三次战役，将强大的法军赶出了意大利北部。随后苏沃洛夫打算向法国本土进军，但此时盟军却出现了矛盾。为了遏制俄国在地中海地区的发展，英国和奥地利决定将俄军调离意大利战场。苏沃洛夫只得遵照命令留下奥军驻守意大利北部，自己率领俄军向瑞士进军。9月，俄军到达圣哥达隘口。苏沃洛夫指挥部队进行多次强突都未能成功，经过观察地形，他派出一支 6000 人的部队向敌军左翼的雪山顶迂回包抄。经过两昼夜的艰苦跋涉，这支部队终于抵达目的地。突然出现在头顶的俄军令驻守的法军大为震惊，他们丢下阵地，仓皇逃走。之后，俄军克服重重艰难险阻，翻过罗斯西托克山脉，跨过姆坚山谷，越过帕尼克斯山脉，完成了人类军事史上的一次行军奇迹。这次行军中，苏沃洛夫综合运用了前军战斗、后军战斗、巧妙迂回、合围歼敌等多种战术，无疑是其军事生涯的巅峰之作。恩格斯评价"这是当时为止所进行的一切阿尔卑斯山行军中最出色的一次"；法国马塞纳元帅则说："我所获得的一切胜利和荣耀在这次远征面前都化为乌有。"

翻越阿尔卑斯山

遗憾的是在这次伟大的行军结束后，10 月，俄国和奥地利的同盟就破裂了，苏沃洛夫奉命率领部队返回俄国。因为他的卓越功勋，回国后他被授予俄国陆海军大元帅军衔。然而不久之后，他再次遭到贬黜。1800 年 4 月 21 日，这位心灰意冷的俄军统帅在彼得堡家中黯然离世，之后葬于亚历山大·涅夫斯基修道院。

22　英格兰海军之魂
　　　　——纳尔逊

◇ ·················

　　法国大革命后，包括英国在内的
欧洲国家组成反法同盟，拿破仑率领
着法兰西勇士不仅几次打退反法同盟，
而且还横扫大半个欧洲，几乎没有敌
手，但法国的海军却遇到了自己的老
牌对手，就是号称海上霸主的英格兰。
法国制订的与英国争夺海上霸权，并
乘势攻入英格兰领土的计划被一个人
给扼杀了，这个人就是英国海军司令
纳尔逊。

纳尔逊画像

　　第一代纳尔逊子爵（1758—1805），是英国有史以来最伟大的
海军指挥官，在英国历史上与马尔博罗公爵及威灵顿公爵齐名。在

自己短暂的生命中，他屡次为英国出海作战，并且先后失去右眼、右臂，直至 1805 年特拉法加战役中付出了自己的生命，被视为英国海军的灵魂，激励着一代又一代的英国人。2002 年，英国 BBC 评选的英国伟人中，纳尔逊位列第九名。

一、小试牛刀——圣文森特角海战

1758 年 8 月 29 日，在英国诺福克郡伯纳姆索埔村，一声新生儿的啼哭，纳尔逊诞生了。父亲埃德蒙·纳尔逊是当地的一个牧师，母亲凯瑟琳·索克令是西敏荣誉领奉牧师莫里斯·索克令博士的女儿，也是已故首相罗伯特·沃波尔爵士的侄外孙女，她在纳尔逊 9 岁的时候就去世了。纳尔逊的学业时断时续，直到 1771 年加入英国皇家海军，他才算是找到自己的未来之路，从此投身于海军事业，并且不断尝试各种探险和经历，使得自己很快就成为一名技术熟练的海军将领。

1789 年，法国大革命爆发，欧洲很快陷入了弥漫的硝烟中。当法国国王路易十六被送上断头台时，震惊了欧洲许多还存在国王的国家，这些国家的首脑们立刻组建起反法同盟，企图扼杀法国大革命的火焰。纳尔逊在反法同盟的战争中充分发挥出了自己的军事才能，在圣文森特角海战中，凭借着自己的睿智果敢，在实力较弱的情况下取得了辉煌的胜利。

欧洲陆地上已是硝烟一片，在海洋上的争霸也是激烈万分。1793 年 2 月 1 日，法国正式向英国宣战，英国加入第一次反法同盟，战幔旋即拉开。5 月，纳尔逊带着自己的阿伽门农号加入塞缪尔·胡德爵士的地中海舰队，但是出师不利，在土伦战役中铩羽而归。在第二年的 1 月，纳尔逊接到了胡德出兵封锁科西嘉岛的指令。尽管没有陆军的支持，纳尔逊仍成功登陆科西嘉，并使得巴斯蒂亚的守军投降。纳尔逊总是身先士卒，将每一次战斗都视若珍宝，积极建功立业。但战争是无情的，就在 7 月 12 日这一天，纳尔逊在战斗中不幸被对方投掷的乱石击中脸部，右眼也失明了，成了独眼将军的纳尔逊继续坚持战斗，直到法军投降。

1796 年，西班牙加入拿破仑阵营，地中海的战势立马危急起来。在西班牙和法军强势挥师南下的时候，英国在地中海的处境非常不妙，英国政府只能决定放弃科西嘉岛。杰维斯上将率领着地中海舰队也退到了直布罗陀，伴随着寥寥的 10 艘军舰。

西班牙舰队浩浩荡荡，已通过直布罗陀海峡，正要北上与法军会师，但是在他们还没会合之前，纳尔逊却率先与杰维斯会合了！他们时刻关注着西班牙舰队的一举一动，突然有一天，他们发现西班牙舰队被强劲的东风吹入了大西洋，在一片大雾中飘荡到了圣文森特角以西约 40 公里的海域。英军掌握了这一动向，立即兴奋起来，这可是单独消灭西班牙舰队的大好时机！

一场大战即将拉开帷幕，据信息来源，西班牙战舰大约有 27 艘，分两队进发，还有 22 艘小型舰队严阵以待。纳尔逊知道后大喜，这可比想象中的少啊。凌晨 2 点，大西洋上一片漆黑，这时，炮火的光亮划破了天空，西班牙在远处率先发出了战斗的信号。杰维斯下令迎敌战斗，按照计划，英军舰队呈两列纵队切入西班牙舰队之中，并且利用风势向敌方主舰队后部进行包抄攻击。就在顺利按照计划战斗时，时局却发生了变化，由于西班牙护卫舰队的海军中将唐·胡安·祖亚昆·莫雷诺的冒死反击，使得英军不能快速结束战斗。

僵持之中，英军一直在等待反击的机会，本来杰维斯想让海军少校查尔斯·汤普森在情势好转的时候去迎击敌人，但是却迟迟得不到回应。正在焦急的时候，只见纳尔逊当机立断，旋即脱离舰队，朝西班牙主力的背风面驶去，纳尔逊与在迎风面的英军主力正好形成前后夹击之势。就这样，在英军的前后夹击下，双方展开了激烈的战斗，双方的船舰距离越来越近，纳尔逊驾驶的"上校"号眼看就要与西班牙的"圣尼古拉斯"号及"圣约瑟夫"号撞在一起了，在场的人立刻骚动起来，该怎么办好呢？就在这时，纳尔逊突然表现出了巨大的勇气，他趁机率一队人马跳上了敌军的"圣尼古拉斯"号，在敌人的地盘上与其进行近距离的肉搏战，这一举动简直太冒险了，但也激励着大家奋力拼杀。

就在纳尔逊拼命杀敌的时候，迎面一艘更加庞大的"圣约瑟夫"号向他驶来，炮火隆隆，强轰着"上校"号及"圣尼古拉斯"号。纳尔逊在危亡之际急中生智，再次成功率部队闯上了"圣约瑟夫"号，又是一番厮杀，而此时的纳尔逊就像是战神附体一样，表现出了神一般的勇猛，从而又重创了这一艘庞大的怪物。在这样激烈的拼杀中，圣文森特角海战接近尾声，西班牙以惨败告终。之后，纳尔逊被授予巴斯勋爵士，他的英雄事迹也在英国广泛流传开来。

二、霸气外露——阿布基尔海战

纳尔逊自从服役于英国海军以来，就一直为国家的荣誉奉献着，先是失去了右眼，后来连右臂也失去了。1797 年，为了追击西班牙军队，在登陆圣克鲁斯岛时，纳尔逊不幸被敌人伤了右臂，在做手术的时候只得无奈地切除了右臂。纳尔逊回英国休养康复后，并没有选择安逸，而是又投入到战场中，并且战术越来越成熟，胜利也越来越多。

阿布基尔海战，又被称为尼罗河口海战，是纳尔逊又一次辉煌的战果，也是世界历史上影响深远的一次战役。1798 年，拿破仑开始实行对埃及的远征，法军海军上将布律埃斯本在拿破仑登陆埃及后，便前往阿布基尔这一个小港停泊。这个海湾位于亚历山大港东南约 56 公里处，布满了浅滩暗礁和曲折的水道，非常危险，对于布律埃斯来说这却是一个错误。布律埃斯来到这里后开始着手建立自己的防线，他背靠海滩，先在岛上建立起一个炮群，然后将法舰变成一个拥有 1183 门大炮的浮动堡垒，全部战舰排成一字纵队，中央和后方的舰队较强，此外把船舰的上桁放了下来，停泊在浅水区，布律埃斯对自己的部署很满意，殊不知其中的漏洞——成了纳尔逊获胜的法宝。

纳尔逊在午饭时间巡视海洋，突然发现了法国军队的身影，随即召开了史无前例的战术讨论会，他与"一伙精干的兄弟"——舰长们进行直接讨论，使大家对战术都有了深切的体会。纳尔逊勇于探索创新，改变了以往许多惯用方法，如仅靠信号旗指挥作战的惯例，准备就绪后，纳尔逊下令准备战斗。

就在此时，法国军舰也发现了英国海军，但是布律埃斯却做了一个错误的分析，他坚持认为英军战舰庞大，且英国人性格谨慎，不会在夜晚冒险进入浅水湾。于是他也就没怎么在意，只是将舰队摆为前卫、中央和后卫的圆弧形阵势。很显然，布律埃斯并不了解纳尔逊，当法军在水湾发现了英军时，纳尔逊进攻冒险的精神使得法军目瞪口呆。这时法军已经开始惊慌了，当英军还在很远时，便命令对其开火，浪费了不少炮弹。

英军谨慎地避着浅滩行驶，就在航行过程中，英军在仔细查看地图后发现了布律埃斯排兵的错误，比如在浅滩的法军只抛了艏锚，没有抛尾锚，他们忘记了地中海的风向是变化无常的，这样没有升起帆桁的法舰与岸边之间就出现了一条深水区。

当纳尔逊升起了他最喜欢的上蓝下红的进攻信号旗后，"歌利亚"号在弗列船长的指挥下立马穿进那个深水区，并开始展开猛攻，其他英舰也马上跟了过来，一起对法军开火。其中机动灵活的"奥赖恩"和"歌利亚"号成功地将前来追击的法国巡航舰"严肃"号击沉，并继续在海上迂回。与此同时，纳尔逊亲率"先锋"号等舰从濒海一侧包围了法军的前卫和中央，这时的英军军舰是法军的两倍，数量上占有绝对优势，再加上纳尔逊的英明指挥，很显然法军面临着失败的结局。

在这场战役中，法军屡屡失误，相比于英军击沉了法舰，法军只是轻微地攻击了英军的索具，而没有重创军舰。经过一天一夜的激战，法军的军舰毁灭的毁灭，投降的投降，只留下少数中央船舰还在顽强抵抗了。在战斗过程中，法军统帅布律埃斯不幸头部被弹片击伤，腿也被炸断了，最终在痛苦和遗憾中闭上了双眼。

失去统帅的法军更加不堪一击。天渐渐亮了，战斗也渐渐结束，昨日平静的海面今日已经成为一个惨不忍睹的屠场了，阿布基尔海战最终以英军的胜利而结束。这是 18 世纪最艰难也是最值得回忆的一场战役，法军的 11 艘战舰无一完好，伤亡超过 5000 人，而英国方面没有一艘战舰被击沉，伤亡 1000 多人。这不仅保住了英国在地中海的霸权地位，同时还直接促成了第二次反法同盟的形成，此战之后，纳尔逊被授予尼罗河男爵。拿破仑也在 1799 年发动政变，解散了无能的政府，成立了执政府，这两大巨头还会有更大的碰面。

三、生命赞歌——特拉法尔加海战

特拉法尔加海战

2005 年 6 月 28 日这天，在英国朴茨茅斯港附近的索伦特海峡，聚集了来自 35 个国家的 160 余艘战舰，连英国女王伊丽莎白二世也来到了现场，这是为什么呢？原来这里在举行特拉法尔加海战的 200 周年纪念活动。特拉法尔加海战是英国海军史上的一次最大的胜利，是拿破仑与纳尔逊的一次海上对决。

1804 年 12 月 2 日，拿破仑加冕称帝，建立了法兰西第一帝国。与此同时，英国、奥匈帝国、俄国等国组成了第三次反法联盟，而荷兰和西班牙站在了法国的一边。大战一触即发，1805 年 10 月，英国宣战后立马封锁了法军各个港口，这对法国极为不利，为了扭转这种形势，拿破仑决定使用"调虎离山"之计，来解除封锁。

正在巡视的英军突然发现维尔纳夫率领的分舰队和罗什福尔率领的分舰队突然突破了英军的封锁，向西印度群岛驶去。他们要去侵扰这些英国殖民地，好让英国派兵去救援，从而减轻法、荷、西入侵英吉利海峡、登陆英国本土的压力，这就是拿破仑的"调虎离山"之计。但是，拿破仑的这一计划被胆小而愚蠢的维尔纳夫给破坏了，于是拿破仑决定让罗西里来接替他。

然而，不甘心的维尔纳夫决定在被接替之前要好好打一个漂亮

仗给拿破仑看，事后证明，这简直是他最愚蠢的行为了。10 月 19
日，他下令舰队冲出加的斯港，越过直布罗陀海峡，去地中海配合
拿破仑在意大利的军事行动。不一会儿，纳尔逊侦察得知了这一信
息，便发出了全面追逐的信号。21 日清晨，纳尔逊的眼睛死死地盯
着法西联合舰队，就在他们快到特拉法尔加海域时，纳尔逊立刻命
舰队分成两队前进，一场大战开始了。

维尔纳夫最大的弊病就是善变，上午 8 时，为了使加的斯港处
于下风向位置，好作为他的避难场所，维尔纳夫下令舰队转向。法
西联合舰队有 33 艘战列舰，7 艘巡洋舰，共载 2 万多人，因为是临
时变动计划，这么庞大的队伍这一掉头就像逃跑一样，顿时乱了
布阵。

英军共有 27 艘战列舰、4 艘巡洋舰和 2 艘辅助船，官兵约 1.6
万人，虽然略处劣势，但与法西联军的狼狈相比，英军却在纳尔逊
的指挥下秩序井然。当联合舰队正在慢悠悠地调转方向时，纳尔逊
已经率领着两个舰队赶来。一队由纳尔逊在上风向处亲自指挥，一
队由科林伍德在下风向处指挥。为了防止维尔纳夫逃回加的斯港，
纳尔逊一边发出"英格兰要求每人恪守职责"的号令，一边率军向
对方前卫的中央冲去，而科林伍德则向后卫部分的前段进攻。

科林伍德先与对方展开了对战，25 分钟后，纳尔逊亲率"胜
利"号，并保持着不规则的鱼贯形队伍投入战斗。纳尔逊指挥着
"胜利"号开始射击，并且一直寻找着维尔纳夫的司令旗，他想要
与对方的统帅直接碰面。"胜利"号将目标锁定在了拥有四层甲板
的"三叉戟"号，然而，这时纳尔逊却又意外发现了"三叉戟"号
后面的一艘双层甲板战舰，这才是挂着司令旗的"布森陶尔"号。
纳尔逊立刻向"布森陶尔"号的后方驶去，并猛烈地对其轰击着，
重创了"布森陶尔"号。

当英军的"海王星"号和"征服者"号向"布森陶尔"号驶来后,"胜利"号便向右旋转,不巧与法舰"敬畏"号平靠并纠缠在了一起,两艘军舰距离非常近,几乎可以跃上对方的甲板。双方立刻展开狂轰滥炸,激战一会儿后,一颗来自"敬畏"号的枪弹穿过了纳尔逊的胸部和脊椎骨,这一情景顿时吓坏了所有人,但是战争还没有结束,纳尔逊一直硬撑着,他要等到一个结果。

英军并没有慌乱,而是按照将军的布阵继续战斗着,此时英军因为纳尔逊的中弹反而士气大振。就在这时,英军的"不列颠"号、"巨人"号和"征服者"号都赶了过来,夹击了"布森陶尔"号。终于,维尔纳夫降旗投降了,一直到这时,当纳尔逊听到了胜利的消息后才闭上了眼睛!

伟大的特拉法尔加会战结束了,英军获得了巨大的胜利,却也失去了伟大的将军。这场战争中,英军死亡449人,联军死亡4395人,联军的33艘舰队中12艘被俘,8艘被毁,而英军却没有损失一艘军舰。

战争结束后,纳尔逊的遗体被"胜利"号载回英国,并且举办了隆重的出殡仪式,最后纳尔逊安息于圣保罗大教堂内。为了纪念纳尔逊,英国建立了特拉法尔加广场和许多以纳尔逊命名的街道、城市和船只等,甚至在他死后200年,依然荣登了《美国新闻与世界报道》,可谓深受人民爱戴。

23 "世界征服者的征服者"
——威灵顿公爵

◇ ·····················

今天，我们在回望历史上那些决定世界格局的瞬间时，滑铁卢战役绝对能当之无愧地入选，并且"滑铁卢"已然成为失败的代名词。那么是谁征服了当时所向披靡的王者拿破仑，从而扭转了世界历史的乾坤呢？也许我们更多人记住的是军事天才拿破仑的陨落，却很少有人记得那个征服了拿破仑的英国人——威灵顿公爵。

第一威灵顿公爵，原名阿瑟·韦尔斯利（1769—1852），别名"铁公爵"，是19世纪初期著名的军事家和政治家，被英国人称为"世界征服者的征服者"。在2002年BBC一个名为"最伟大的100名英国人"的调查

威灵顿画像

中，威灵顿位列第 15 位。威灵顿公爵于 1813 年晋升英国陆军元帅，并在滑铁卢战役后，被法国、沙俄、普鲁士、西班牙、葡萄牙、荷兰 6 国授予元帅权杖，成为世界历史上唯一获得 7 国元帅军衔者。

一、远赴印度的战斗岁月

1769 年，威灵顿出身于爱尔兰都柏林一个显贵的新教徒贵族家庭，然而父亲莫宁顿公爵在他 12 岁时去世。童年的不幸使他变成了一个孤独而又羞涩的少年，整天沉迷于音乐。母亲对于这样的儿子很失望，经过深思熟虑，决定把他送往法国昂热军事学院学习。

18 岁时，威灵顿进入高地步兵团服役，开始了自己的军旅生涯，之后不久又出任了爱尔兰总督副官。在爱尔兰的岁月里，威灵顿对朗福德勋爵的三女儿凯瑟琳·基蒂·帕克南心生爱慕，但他的求婚却遭到了对方无情的拒绝。这一拒绝改变了这个年轻人的人生轨迹，威灵顿立志成为一个大人物，并烧掉了自己心爱的小提琴，终生未再拉一曲。

1896 年，心怀抱负的威灵顿作出了一个艰难的决定：离开英国，到遥远的印度去谋求更大的发展。这一决定无疑是威灵顿辉煌军事生涯的转折点，在印度的十年间，威灵顿南征北战，扬名四方。

威灵顿是幸运的，来到印度的第二年，他的哥哥莫宁顿爵士被任命为英印总督，这更给威灵顿展示自己的军事才华插上了腾飞的翅膀。

18 世纪的印度由多个王国组成，为争夺权力，内战频繁。1799 年，第四次英迈战争打响，威灵顿奉命带领一个师的兵力，夜袭敌军堡垒。由于敌人准备充分，威灵顿不仅负了轻伤，还在生平第一战便吃了败仗。之后威灵顿改变进攻策略，利用优势兵力，将敌人层层包围，再用大炮轰开城墙，率军冲入城内，占领敌城。虽然最终取得了胜利，然而那次失败的夜袭给了他深刻的教训——"绝不要攻击准备充分、各就各位的敌人，也不要在未侦察敌人方位的情况下进攻"。之后的军旅生涯中，威灵顿始终秉持这种"知己知彼"的战略思想，使他受益良多。

1802年10月，印度马拉塔王公发生内讧，这给了对这里垂涎已久的英国人机会。1803年，莫宁顿爵士分南北两路进军马拉塔，第二次英马战争打响。威灵顿作为南线军总指挥参加作战。

马拉塔王公辛迪亚有一支精良的部队，在法国人帮助下，这位王公组织了4个旅1.5万人的正规军，全部欧式训练和欧式装备，并雇用了一些欧洲军官指挥，战斗力极强。此外，辛迪亚还有2万多骑兵和2万多非正规部队。而威灵顿所指挥的英印军只有不到1万人，其中英军2000人。认真分析敌我两军的特点后，威灵顿认为要击败他们，最好的方式是机动进攻，并寻求机会在有利条件下打决战。

威灵顿首先攻击了山地城堡阿梅努格尔，他率军强袭，于战争开始的第三天就占领了该城。之后威灵顿得到辛迪亚在伯克顿驻扎的情报，于是他决定渡过戈达瓦里河，向敌人发动快速袭击。为了更好地补给物资和利用道路，威灵顿分兵3000人由副手斯蒂文森率领，从附近的一个山谷进军。双方约定在距离伯克顿约20公里的一个村庄会合，之后与敌军决战。

然而计划总是赶不上变化。当威灵顿到达预定目的地后，辛迪亚也已率军进击到了阿萨耶附近，双方相距仅约6公里。威灵顿亲自侦查敌军驻防情况时，被眼前的情景惊呆了：辛迪亚的大军绵延展开在近12公里的平原上，而且步兵和炮兵居中，骑兵居于两侧，整个营寨驻防井然有序。这哪里是之前情报所说的1万多步兵，这几乎是辛迪亚的全部主力部队啊！然而，这还不是全部，还有更坏的消息——副手斯蒂文森由于沿途迷路，迟迟不见踪影。

　　威灵顿的7000人与辛迪亚的4万多人仅隔凯特纳河对立，年轻的指挥官遇到了前所未有的难题。威灵顿时陷入了沉思……突然，威灵顿下达了进军的命令，所有士兵都被将军的决定惊呆了，将军疯了吗，这无异于一场毫无胜算的赌博啊！

　　其实，陷入沉思的威灵顿一直在观察着敌军的布阵情况，寻找着敌军的破绽。终于，他发现两条一前一后保护马拉塔军队的河流在偏东一些的地方汇合，两河之间的平地逐渐变窄。如果从这一带迂回渡河，不但可以攻击敌军侧翼，而且敌人庞大的军队在这里也无法展开，甚至敌军骑兵都会陷入无法动弹的境地。

　　威灵顿率军向敌军侧翼进发，然而在渡河的过程中，敌军察觉了英军动向，开始用炮兵攻击。威灵顿迅速将部队布置成三线，步兵在前，骑兵居后，边渡河边完成布阵。左翼是凯特纳河，右翼是约阿河，只要能从左翼和中央突破，敌军便会被挤压到约阿河一边，右翼便会不攻自破。于是按照这一方案，威灵顿集中兵力，在左翼和中央向敌军发起了总攻。

　　辛迪亚急忙调集军队应战，然而面对英军的凌厉攻势，加上地形的限制，马拉塔军哪里还动弹得了。炮兵阵地被迅速突破，马拉塔人开始逐渐失去斗志，向约阿河边溃退。

　　就在一切都顺利进行时，意外发生了。英军右翼的奥克拉眼见左翼和中央的胜利，按捺不住，便不经命令，率军向敌人右翼发起了攻击。然而很快就陷入了敌人优势兵力的包围中，损失惨重。威灵顿不假思索，跃马赶到后备队前，亲自带领骑兵冲入了敌兵右翼。激战中，威灵顿的战马两次被击倒，但他仍然身先士卒战斗在前列。在英军的英勇攻击下，辛迪亚的军队彻底崩溃。

　　阿萨耶一战，威灵顿指挥7000人突袭了6倍于己的敌军，并且取得了全胜，歼敌6000人，缴获无数，创造了世界战史上的又一个以少胜多的神话。他以巧妙的战术，过人的洞察力和胆识赢得了一场决定性的大胜仗。

11月，威灵顿又指挥部队在阿尔干战役中击败邦斯勒的军队，迫使其缔结《德奥冈条约》，最终确立英国对印度的殖民统治。

这位将军后来回忆说，对他个人来讲也许这次战役比滑铁卢战役更辉煌！在远赴印度的那些岁月里，年轻的威灵顿积累了影响他一生的军事思想，并逐步走向了成熟。

二、扬威欧洲的半岛战争

1805年，回到英国后，威灵顿的人生开始与一个同年出生的法国人的命运交织在一起，这也许就是宿命的安排。拿破仑·波拿巴——威灵顿天生的敌手，在之后近十年的对决中，双方共同谱写了一幕幕伟大的诗篇。

在威灵顿远征印度的岁月里，英吉利海峡对岸的法国正经历着剧烈的大革命。这期间，一位年轻的将军迅速崛起，并于1799年的雾月政变中登上了共和国执政官的宝座，这个年轻人就是拿破仑·波拿巴。1804年，拿破仑加冕称帝，缔造了法兰西第一帝国。之后五破反法联盟的入侵并多次对外扩张，发动了全面战争，成为当时欧洲大陆的征服者。在拿破仑登上人生巅峰的时候，拿破仑时代的终结者——威灵顿回归了欧洲舞台。

1808年葡萄牙人起来反对拿破仑，作为盟友，英国义不容辞地准备前去支援。威灵顿制订的关于葡萄牙的防御计划，得到了内阁认可，他被任命为葡萄牙英军的总指挥。就这样，威灵顿率军登陆伊比利亚半岛，开始了与拿破仑的对决。

登陆葡萄牙之初，威灵顿就遇上了拿破仑副官、号称"风暴"的朱诺将军，两军在维梅罗附近展开激战。法军的纵队密集进攻，在大炮猛烈轰击下，骑兵闪电般冲击着对方阵形。威灵顿为了减少大炮群轰击的伤亡，布兵于山的后面，或是洼地，即后来有名的"后坡战术"。此外，威灵顿还创造出火力更猛的"细红线"步兵阵型，即500人在0.15公里、1分钟内射出1000～1500枚子弹。

这些前所未有的新战术让横扫欧洲大陆的法军目瞪口呆。在面对法军的疯狂进攻时，英军两排步兵似乎岿然所动，静静地等待。直到敌人临近时，才忽然一起射击出飞蝗一般的弹雨。最终，英军以"稳如磐石的军队"阻挡了法军的攻击，这是拿破仑战术体系的第一次完败。

1809年，威灵顿再次率军在里斯本登陆，奇袭了被拿破仑称为"欧洲最好战术家"的苏尔特元帅。当时苏尔特固守葡萄牙北部重镇波尔图，他认为威灵顿会倚仗皇家海军从西面发起进攻，因此对其他几个方向疏于防守。威灵顿看到了东面和南面法军防守薄弱的特点，于是决定从东面抢渡，打法军一个措手不及。出其不意的攻击取得了成效，毫无防备的苏尔特大败，只好丢弃所有物资率军一路退往西班牙。这次战役将法军赶出了葡萄牙，英军得以在伊比利亚半岛立足，法军也在战略上陷入了被动。

1810年9月，"胜利之子"马塞纳元帅率军6万人进攻葡萄牙东部城市阿尔梅达和罗德里格，威灵顿依靠秘密构筑的"托里什韦德拉什防线"，与马塞纳展开对决。威灵顿率英军2.5万人，充分利用地形和他的"后坡战术"，打退了法军的多次进攻。面对威灵顿构筑的坚固防线，马塞纳始终无法取得任何突破，在损失了5000多人和5位将军后，被迫撤退。拿破仑在这次战役后，曾这样评价这位对手："在欧洲，只有我和威灵顿能有这样的军事成就！"

威灵顿稳固防御的同时，一直在储备积蓄，等待着合适的出击机会。1812年，威灵顿进军西班牙，攻占了要塞罗德里戈城和巴达霍斯。7月22日在萨拉曼卡战役以寡击众打败马尔蒙元帅的4万名法军,仅在40分钟之后他的军队就进入了马德里。由于围攻布尔戈斯未成,他的军队再次撤回葡萄牙。这种进退有度的军事作风,显示了威灵顿作为一个军事指挥官的成熟。

1813年5月,最后一次进军西班牙。威灵顿率军急速横跨半岛千里之后,在维多利亚盆地把约瑟夫·波拿巴国王(拿破仑的大哥,1808年任西班牙国王)率领的5万法军逼入绝境,并击溃了他们,造成法军在西班牙统治的全面崩溃。逃跑途中,儒尔当元帅的镶金元帅权杖也被缴获。

维多利亚战役大捷鼓舞了欧洲反拿破仑联盟,为此贝多芬专门写了《威灵顿的胜利》交响曲来庆祝。之后威灵顿率军进入法国南部,并于1814年4月迫使拿破仑退位。

在6年的半岛战争中,威灵顿取得了辉煌战绩,他从未被拿破仑或者拿破仑的任何一个将军击败过。作为凯旋的英雄,威灵顿被授予杜罗侯爵和威灵顿公爵的称号,还荣膺嘉德骑士的称号。

然而这些光环并不是最亮的,还有更大的光环等着他,就连他自己也没有想到,他会赢得一场改变世界历史进程的战役——滑铁卢战役。

三、征服王者的滑铁卢之役

滑铁卢战役

　　威灵顿纪念馆是在滑铁卢镇上一座两层的小楼里，至今保存着比利时国王给威灵顿的"授封书"：授予威灵顿滑铁卢亲王一世称号，并将滑铁卢周围 1083 公顷的森林和土地同时封授。此称号和封地永远有效并可世袭。

　　雨果在《悲惨世界》中写道："滑铁卢是历史上最奇特的一次遇合。拿破仑和威灵顿，他们不是敌人，而是截然相反的人……一方面是精确缜密，深谋远虑，行止合度，谨慎从事……而另一方面，则是全凭直觉，全凭灵感，是军事上的奇才，有特异的本能，料事目光如炬……威灵顿是战争中的巴雷姆（数学家），拿破仑是战争中的米开朗琪罗，然而这次，天才败于心计的手下。"

　　1815 年 3 月，正当各国为重建欧洲政治新秩序而在维也纳会议上争论不休时，拿破仑便已从海岛逃回法国，一路进军巴黎，开始他的百日王朝统治。接下来历史上惊心动魄的一幕就要上演了，拿破仑和威灵顿开始正面交锋了！

　　拿破仑的再次崛起是令人措手不及的，威灵顿离开维也纳，奔赴比利时，指挥匆忙组织起来的英普荷比联军，准备迎击拿破仑。威灵顿以 6.7 万人对拿破仑的 7.3 万人，其中英军 2.5 万人，其余为其他三国军队。拿破仑的部署为用少数兵力牵制俄奥联军，重点打击英普荷比联军。

　　法军与七国联军的战斗异常激烈，像电影一样，整个场面交织着枪炮声与雷雨声。在一个大雨天中，双方部队遭遇，拿破仑采用各个击破的战术，一方面牵制英军，一方面集中主力部队在林尼击败了布吕歇尔的普军。随后，拿破仑令格鲁希军团尾追普军，自己则率领主力转攻威灵顿的英军。得知布吕歇尔撤退后，威灵顿预感情况不妙，便决定迅速撤到滑铁卢，这一及时的撤退挽救了英军的主力。

1815年6月18日，历史会铭记这一天。威灵顿率领的联军与拿破仑率领的法军在小镇滑铁卢狭路相逢，大决战的时刻到来了！拿破仑判定英军的弱点在中部，因此他决定佯攻英军的右翼，重点进攻中部。午后，法军在重炮掩护下连续向英军两翼阵地发起进攻，遭到英军的顽强抵抗。下午3时30分，因未攻破两翼阵地，拿破仑转而向英军的中央阵地发起猛攻，并配以万余骑兵加入冲击。最终英军还是奋力守住了阵地。

据说，那天威灵顿始终骑着坐骑待在同一个位置——战场的制高点——圣约翰山高地的一株大树下，即使他身边的副官被当场击毙。当炮弹不时地在离他不远处爆炸时，他的部将担忧地问道："将军，如果你遭遇不测怎么办？"他的回答只有一句："像我一样去做。"

当看到法军龙骑兵肆意屠戮着他的步兵时，他仍然由衷地称赞他的敌人"十分出色"，而不把他的预备队拉出来。在防御战中，他对防守战术表现出几乎无人能及的理解力：他熟练运用"后坡防御"战术，尽可能地隐藏兵力和保护士兵免于受到炮击。

威灵顿一直在等待，在等待法军力竭的时候，在等待全力反击的机会。傍晚，普军布吕歇尔率部即将赶到支援。在这个时候，谁等到了援兵谁就会有获胜的把握，拿破仑急切盼望格鲁希兵团来援，但杳无音讯，他最终不得不孤注一掷，将剩下的预备队老近卫军投入战斗，向英军发起最后攻击。

傍晚7时，威灵顿已准备完毕，他为拿破仑的法国近卫军准备了一场大规模的伏击，反击就在此时。联军全力反扑，法军大感意外，开始溃散。战无不胜的拿破仑近卫军崩溃了。威灵顿一跃而起，也投入了他的最后一支军队，苏格兰高地骑兵转入反攻。法军没料到英军还有余力，顿时阵脚大乱，溃不成军。面对满眼的逃兵，无力挽回的拿破仑也不得不随军败走。

这一次拿破仑又退位了，并被流放到遥远的大西洋圣赫勒拿岛，之后再也没能回来，拿破仑的伟大时代自此终结了！

轰轰烈烈的滑铁卢战役最终以威灵顿的胜利而告终，而这一战足以使威灵顿成为举世瞩目的英雄。

一切归于平静，带着无上荣耀回归英伦的威灵顿公爵开始投身政坛，并曾两次出任首相。作为议会改革的反对者，他不得不在住所的窗子上装上铁制的百叶窗，以防被支持改革的"暴民"打碎，这为他赢得了"铁公爵"的称号。1837 年，维多利亚女王登基，对公爵尊之若父。1852 年 9 月 24 日，威灵顿公爵在其住所沃尔默城堡因中风去世，"世界征服者的征服者"就此谢幕。死后，英国政府为其举行了盛大的国葬，埋葬场所为圣保罗大教堂。

威灵顿雕像

24 老兵永不死
——麦克阿瑟

◇ ·················

　　日本偷袭珍珠港后，美国对日宣战，太平洋战争爆发。这时，一位身富传奇色彩的退役将军站了出来，他统领了之后的太平洋战场对日作战，并最终迫使日本无条件投降。他曾是美国陆军最高学府西点军校的优秀毕业生，他曾刷新美国陆军史上的多项最年轻纪录，他也是20世纪对亚洲地区影响最深的美国人。他就是美国军人的代表、"不死的老兵"——麦克阿瑟。

　　道格拉斯·麦克阿瑟（1880—1964），美国著名军事家，二战杰出统帅，陆军五星上将。他出身于军人家庭，以第一名的

麦克阿瑟在前线

成绩毕业于西点军校，并曾是美国历史上最年轻的准将、最年轻的少将、最年轻的陆军总参谋长，还曾获得菲律宾元帅称号。太平洋战争爆发后，他出任美军远东军司令、西南太平洋盟军统帅等职，领导了太平洋战场的对日作战。第二次世界大战后作为驻日盟军总司令主持了对日本的改造，并以联合国军总司令身份参加了朝鲜战争。

一、西点翘楚

1880 年，道格拉斯·麦克阿瑟出生在美国南部阿肯色州小石城的一座军营里，父亲阿瑟·麦克阿瑟曾参加美国南北战争，并荣获过荣誉勋章。小道格拉斯自幼视父亲为心目中的偶像，并从他那里继承了刚毅、果敢和倔强的个性。

1898 年，中学毕业的麦克阿瑟准备进入美国陆军最高学府——西点军校学习，而他的父亲老麦克阿瑟则被派往菲律宾参加与西班牙人的殖民地争夺战。听到这个消息后，麦克阿瑟想放弃学业，随父前往菲律宾参加战斗，但他的父亲却反对说："孩子，未来是战斗的年代，且远比这次重要，你应该抓紧时间学习。"麦克阿瑟听从了父亲的劝告，经过一番努力后，顺利考取了西点军校。

西点军校是美国历史最悠久的军校，坐落在纽约哈德逊河西岸。这里被视为将军的摇篮，近百年中培养出了罗伯特·李、格兰特、谢尔曼等诸多优秀将领。西点军校以"责任、荣誉、国家"为校训，并在训练中将雅典精神与斯巴达精神结合，既要求完成文化课程教育，又要求完成军事训练任务。在这一培养体系下，学员的责任感、荣誉感、集体主义观念都将得到极好的锻炼。

能够进入西点军校学习，令年轻的麦克阿瑟兴奋不已。然而学校里的一切并不都是好的，这里有一个老学员欺负新人的传统。刚入学不久的麦克阿瑟也不可避免地受到了欺负，他被要求在晚上独自操练，连续进行跑步、俯卧撑等训练项目，直到精疲力竭，倒地不起。然而麦克阿瑟对此毫无怨言，他将此作为一种对意志力的磨炼。麦克阿瑟的勇敢与顽强很快得到了所有学员的称赞，此后他再也没有受到过类似的欺负。

麦克阿瑟在学业上非常刻苦，成绩也异常出色。他常在熄灯后点着蜡烛苦读，加上理解能力强，因此每学年结束时，他的成绩总是名列第一。为此，他更是得到了与四年级学员同住一个寝室的优待。到毕业时，麦克阿瑟总平均成绩为 98.14 分，创造了西点学员的一个纪录。

在努力完成文化课程的同时，麦克阿瑟在军事训练上也表现得很优秀。从小在军队中长大的经历，使他对军事知识和训练技巧极为熟悉，因此他在各项军事科目中都表现不俗，尤其擅长马术和射击。

此外，在学习期间麦克阿瑟还展现了自己出众的领导才能。他曾连续三年获得同级学员中的最高军阶：二年级时任学员下士，三年级时任上士，四年级时任全学员队的第一上尉和队长。在西点军校百年史上，获得学员第一上尉和毕业成绩第一这一双重荣誉的，在他之前也只有三个人。

四年的学习很快结束，"责任、荣誉、国家"成了麦克阿瑟一生的座右铭，同时，他的军事素养得到了极大锻炼。1903 年 6 月，在西点军校毕业典礼上，麦克阿瑟代表毕业生发表演讲，并第一个走上主席台从陆军部长鲁特手中接过了毕业证书。

就在麦克阿瑟在西点军校学习期间，他的父亲老麦克阿瑟也在菲律宾战场取得了巨大成功。西班牙被赶出了菲律宾，美国成了菲律宾的新主人。因出色的战绩，战后老麦克阿瑟出任了驻菲美军总司令和军事总督，并晋升为陆军中将，达到了其军事生涯的顶峰。

麦克阿瑟从西点军校毕业后，被派到菲律宾工程兵部队服役，在这里他与父亲重聚。此后，他随父亲先后到日本、中国、印度等亚洲地区考察军事，开阔了眼界。1912 年，麦克阿瑟回到陆军部任职。

二、最年轻的将军

在陆军部，麦克阿瑟得到了时任总参谋长伦纳德·伍德的青睐，他得以直接参与国家兵力的动员和战争计划的制订，这令他大受裨益。1914 年，第一次世界大战在欧洲全面爆发，美国刚开始严守中立，但随着载有美国人的客轮被德国潜艇击中，美国舆论开始倒向支持协约国一方。1916 年起，美国陆军部开始积极扩军备战，麦克阿瑟作为参谋人员参加了一系列计划的制订，并出任新闻检察官一职，负责陆军部与媒体的联络工作。

1917 年 4 月，美国对德宣战，开始加入协约国一方作战。此时的欧洲战场早已满目疮痍、尸横遍野。协约国一方已无力发动攻势，渐渐处于守势。在这种形势下，约翰·潘兴率领的美军抵达法国战场，而担任新组建的"彩虹师"参谋长一职的麦克阿瑟也在这支部队中。由于师长威廉·曼准将年事已高，因此"彩虹师"实际上处在麦克阿瑟的指挥之下。

1918 年 2 月，麦克阿瑟率"彩虹师"进入洛林南部的吕内维尔防区。在当天夜里，他就率部参与了法国人组织的夜袭行动。他以指挥官身份亲自上阵，并一举俘房了德军 600 余人。这次行动后，他获得了法国十字军功章和美国银星奖章。此后，在一次侦察行动中，麦克阿瑟亲自率领的小分队被敌军发现，遭到了猛烈攻击，其他人都死了，只有麦克阿瑟神奇般地逃回了营地，受到士兵们的崇拜。

麦克阿瑟在洛林坚守四个月后，德军的夏季攻势开始。6 月，德军突破索姆河防线，并推进到了佛兰德、马恩河一线，直逼巴黎。麦克阿瑟率"彩虹师"短暂休整后，被派往兰斯地区参加战斗。这一带是德军重点突击目标，麦克阿瑟抵达战场后，便迅速投入战斗，向进攻的德军发起反扑。他利用有利地形，主动退出第一道防线，等敌人进入后，立即发动炮火袭击，大量杀伤敌人后，再发动反扑，夺回阵地。8 月，德军退回马恩河北岸，协约国从此夺取了战略主动权。因在战役中的突出表现，麦克阿瑟再获法国十字军功章和美国银星奖章。

9 月，协约国军队对德军开始发起总攻。麦克阿瑟指挥的"彩虹师"隶属美国第 5 军指挥。在进攻夏蒂隆山的战役中，美军进攻一度受挫。麦克阿瑟也在这次战斗中严重中毒，但他坚持留在阵地，拒绝就医。面对进攻难题，军长命令他："要么拿下夏蒂隆，要么给我一份 5000 人的伤亡名单。"麦克阿瑟答道："如果拿不下夏蒂隆，你就把全师官兵列入伤亡名单，并把我的名字列在首位。"此后，麦克阿瑟依靠极大勇气，指挥部队发动连续进攻，最终一举拿下了夏蒂隆山。11 月，麦克阿瑟率领"彩虹师"进攻法国北方重镇色当。然而就在麦克阿瑟行进到色当以南的墨滋河时，美军第 1 师也赶到这里，两支部队为了抢功而发生了混乱。这令麦克阿瑟相当气愤，他将此事归咎于负责制订这次进攻计划的乔治·马歇尔，并一直对此耿耿于怀。由于相互掣肘，美军始终未能攻克这座城市。

11 月 11 日，德国投降，第一次世界大战结束。"彩虹师"在前线立下赫赫战功，麦克阿瑟也因卓越的表现在战后被晋升为准将，这一年他 38 岁，由此成为了美军历史上最年轻的准将。

第一次世界大战后，载誉归国的麦克阿瑟于 1919 年成为了西点军校历史上最年轻的校长。在这个梦想开始的地方，他针对沉积弊端进行了一系列大刀阔斧的改革，重振了学校的民主、竞争精神，并促进了教学内容的现代化改革。结束任期后，他被派往菲律宾任职，并于 1925 年晋升为少将，又成为了美军历史上最年轻的少将。

1930 年，麦克阿瑟迎来了军事生涯的巅峰，50 岁的他成为了美国历史上最年轻的陆军总参谋长。任内，他在经济危机的形势下，采取各种改革措施大力促进美军的现代化发展。

三、菲律宾战争

1935 年，麦克阿瑟从陆军总参谋长的位置卸任后，前往菲律宾担任军事顾问，并退出了美军现役。在菲律宾期间，他帮助菲律宾制订了建军计划，并凭借自己的影响力争取了大量美国援助，他因此被授予了菲律宾元帅称号。

随着国际形势的变化，亚洲、欧洲相继卷入战争，世界大战的规模越来越大。日本法西斯侵略矛头开始指向东南亚，菲律宾遭遇极大威胁。面对严峻的形势和随时可能发生的危机，1941 年 7 月，麦克阿瑟复入军界，他被任命为远东美军司令。12 月 7 日，日本偷袭珍珠港，太平洋战争爆发。第二天，日军开始对菲律宾群岛发起攻击。日本首先利用航空兵对吕宋岛的美军甲米地海军基地进行了轰炸，摧毁了美军一半以上的轰炸机和三分之一以上的战斗机，从而掌握了制空权。10 日，日军开始在吕宋岛北部的阿帕里和南部的黎牙实比登陆，并迅速占领了机场等设施。随后日军开始发展攻势，并完全掌握了战略主动权。22 日，日军两个师团又分别在吕宋岛西岸的林加延湾和东南部的拉蒙湾登陆。至此，吕宋岛登陆日军形成了包围夹击马尼拉美菲军主力的有利态势。面对日军的强劲攻势，麦克阿瑟不得不放弃马尼拉，率军撤往巴丹半岛和科雷希多岛构筑新的防线进行抵抗，以避免被日军围歼。1942 年 1 月初，日军占领马尼拉，战役的主要目的达到了。此后日军又相继占领了棉兰老岛和霍洛岛。至此，日军基本控制菲律宾局势。

1 月 9 日，日军开始进攻巴丹半岛，双方展开了激烈山地战、丛林战，在美菲军队的英勇抵抗下，日军损失惨重，围攻一个月后被迫转入防御，战局陷入胶着状态。3 月，在美国总统罗斯福的一再要求下，麦克阿瑟退往澳大利亚，并出任西南太平洋盟军总司令，以重整兵力，准备新的抵抗。离开时，他眼含热泪说："相信我，我还会回来的！"麦克阿瑟离开后，美菲军在温赖特少将的指挥下继续战斗。此后的两个月中，日军调集兵力再次对巴丹半岛发起猛攻，双方展开殊死决战，在毫无补给的情况下，美菲军 7.5 万人最终投降。随后日军相继占领各岛，控制了菲律宾全境。

在菲律宾沦陷的同时，美军在中途岛海战中重创了日本海军，太平洋战场进入战略相持阶段。此后随着缅北滇西反攻战役、吉尔伯特群岛战役、马里亚纳海战等战役的胜利，盟军逐渐扭转了战局。1944 年 7 月开始，盟军准备在西太平洋进行战略反攻，而此时麦克阿瑟与尼米兹却出现了分歧。尼米兹主张先攻取台湾，并在中国东部沿海登陆；麦克阿瑟则主张先进军菲律宾，之后攻击冲绳群岛。军事上看，尼米兹的主张更为合理；但政治上看，麦克阿瑟不抛弃菲律宾人民的主张无疑更有利于鼓舞远东各国人民的反抗士气和信心。最终麦克阿瑟的主张被采纳。

9 月，进攻菲律宾的战役打响。美军首先攻取了佩勒琉岛和摩罗泰岛，消除了侧翼威胁。之后美军对附近日军机场进行了大规模轰炸，摧毁了日军的空中反击力量。10 月底，美军在莱特岛登陆，并与日本海军在莱特湾进行了大海战。日军航空母舰被摧毁殆尽，从此丧失了远洋作战能力。麦克阿瑟随后向全世界发表了著名的演讲——"我回来了"。

1945年1月，美军在吕宋岛西面的林加延湾登陆，日军使用神风特攻队对美军登陆舰队实施了自杀式袭击。经过一天的战斗，美军夺取了正面32公里、纵深7.5公里的登陆地带。随后登陆美军兵分两路，一路向北吕宋进攻，一路向马尼拉推进。为了加快进攻速度，此后美军又先后在苏比克湾西北的圣安东尼奥和马尼拉湾以南的纳苏格布登陆。与此同时，美军还解放了菲律宾南部的棉兰老岛、巴拉望岛等岛屿。3月4日，美军占领马尼拉，并围歼了日本陆军第14方面军45万人。至此，菲律宾日军主力被基本消灭，只剩小股残余部队继续抵抗。麦克阿瑟实践了自己的诺言，并晋升为陆军五星上将。

随后，美军又发动硫磺岛战役和冲绳岛战役，逐渐逼近日本本土。8月，随着苏联对日宣战，日本宣布无条件投降，太平洋战争结束。9月2日，麦克阿瑟作为盟军最高统帅在密苏里号军舰上主持了日本投降签字仪式。

日本签字投降仪式

四、仁川登陆

第二次世界大战后，麦克阿瑟出任驻日盟军总司令，并主持了日本的和平宪法改革，成为了美国政府在亚洲的最高代表。随着美苏冷战的开始，朝鲜半岛局势日渐紧张。1950 年 6 月，在斯大林的默许下，金日成出兵攻占了韩国首都汉城，朝鲜战争爆发。

作为韩国的盟友，美国总统杜鲁门立即下令美军对朝鲜作战，并促使联合国安理会通过了美国起草的决议，组织"联合国军"出兵朝鲜，麦克阿瑟被任命为联合国军总司令。7 月初，麦克阿瑟派遣驻日美军第 24 师前往朝鲜战场，但首战就被朝鲜人民军击败。此后，朝鲜人民军步步南下，美韩军队被逼至南部海岸。8 月，美韩军队依靠绝对的制空权和兵力优势，组织起了"釜山防御圈"，朝鲜人民军进攻受阻，双方进入僵持状态。

麦克阿瑟在 6 月底视察前线后，本打算在 7 月进行仁川登陆，以切断朝鲜人民军的补给线，迫使其向北撤退。然而朝鲜战局发展太快，完全出乎了他的预料。为了巩固釜山防御圈，他不得不放弃计划，将准备登陆的部队调往釜山。9 月，战局稳定后，麦克阿瑟准备重新启动他的仁川登陆计划。然而，他的计划遭到了华盛顿决策层的质疑，他们认为无论从战略时机的选择还是自然地理环境来看，仁川都不是一个适宜的登陆场所。而麦克阿瑟则认为，朝鲜人民军主力正围困釜山，后方必然空虚，而且只要克服自然环境的不利条件，就可以达到出奇制胜的效果，转不利为有利。在麦克阿瑟的坚持下，仁川登陆计划最终获得了通过。

9 月 8 日，美军派出一个军事情报侦察队，由海军上尉尤金·克拉克率领，潜入了仁川港外的一个岛屿，他们在当地居民的帮助下，收集了关于潮汐、海滩及防御工事等情报，并发回给了美军。

与此同时，登陆部队在其他地区进行了演习。9月15日凌晨，美军分三路开始仁川登陆计划。首先，美军第10军先头部队使用坦克登陆舰在月尾岛北部的"绿滩"登陆，并在日出前迅速占领了全岛，朝鲜人民军对这次登陆毫无防备，守军只有300余人。随后，美军开始第二波登陆。美海军陆战队第5团在月尾岛以北的"红滩"登陆，并迅速压制了朝鲜人民军的抵抗，占领了滩头阵地。此时，月尾岛"绿滩"登陆部队也通过堤道开进"红滩"，两军胜利会师。此外，美海军陆战队第1团也在远离前两个海滩以南的"蓝滩"登陆，基本没遇到抵抗就占领了整个海滩。

登陆完成后，美军快速集结完毕，并向仁川发起了进攻。反应过来的朝鲜人民军慌忙组织兵力抵抗，但为时已晚。第二天，美军占领仁川，并控制了机场，战略物资开始源源不断运往仁川。随后，麦克阿瑟下令登陆部队兵分两路，一路直驱汉城，一路南下水原以切断人民军退路。与此同时，釜山美韩守军也开始发起反击，朝鲜人民军陷入腹背受敌的境地。

这之后的短短十余天内，美韩成功扭转战局，朝鲜人民军形势急转直下。21日，美军包围汉城，南线人民军开始后撤。26日，釜山美韩军推进到乌山附近，与南下美军会师，人民军退往"三八线"以北。两天后，美军占领整个汉城，并推进到"三八线"附近。至此仁川登陆作战结束。

仁川登陆的胜利，给麦克阿瑟带来了前所未有的声誉，他的军事生涯迎来了一个新的辉煌，然而，这也成了他军事生涯的最后辉煌。10月，在美韩军队攻占朝鲜后，中国人民志愿军分三路进入朝鲜作战。经过激烈战斗，美韩军队退回"三八线"以南，双方在此形成僵持局面。

1951年4月，麦克阿瑟因作战不力遭到解职，自此永远地离开了战争前线。回国后，他受到了美国民众英雄般的礼遇。不久后，他在国会大厦发表了题为《老兵永不死》的著名演讲，他动情地说道："我即将结束 52 年的军旅生涯。我从军是在本世纪开始之前，而这是我童年的希望与梦想的实现。自从我在西点军校的教练场上宣誓以来，这个世界已经过多次变化，而我的希望与梦想早已消逝，但我仍记着当时最流行的一首军歌词，'老兵不死，只会慢慢地凋零'。"1964 年 4 月，"不死的老兵"麦克阿瑟走完了自己传奇的一生。

25 "土耳其之父"
——凯末尔

◇ ··················

土耳其共和国位于西亚的安纳托利亚半岛和巴尔干半岛的东色雷斯地区，是一个民主、法制的现代化国家，而早在 13 世纪末的时候，这里还是奥斯曼土耳其帝国统治时期，后来在 20 世纪初的时候沦为英、法、德等国的半殖民地，那么是谁带领着土耳其人民摆脱外国侵略者？又是谁将土耳其带入现代化的呢？我们可以看到土耳其有一项特别的规定，就是任何来访的国家政要所需要进行的第一项正式活

凯末尔像

动就是在一位土耳其民族英雄的墓前敬献花圈，这位英雄便是带领土耳其摆脱欺辱、走向强大的"现代土耳其之父"——凯末尔！

穆斯塔法·凯末尔·阿塔图尔克（1881—1938），土耳其伟大的军事家、政治家，是土耳其共和国第一任总统，他曾在第一次世界大战中以卓越的军事才能打败了协约国同盟军，建立了安卡拉政府，并取得了希土战争的胜利，之后还进行了一系列被称为"凯末尔主义"的现代化改革。

一、奥斯曼尽头的新星

1881 年 3 月 12 日，在奥斯曼帝国统辖的一个叫萨洛尼卡的地方，一个做木头生意的商人在这一天显得格外高兴，因为他的妻子给他生了一个大胖小子。后来，这个小男孩在萨洛尼卡幼年学校读书的时候，学习成绩十分优秀，但是却有一个事情困扰着他，原来他与一个老师重名了，为了解决这个问题，老师给他起名为凯末尔·穆斯塔法。

凯末尔从小就喜爱军事，这或许跟他的父亲有一定关系，他父亲曾在俄土战争中担任过地方民兵部队的中尉，虽然父亲在他 7 岁的时候就去世了，但是父亲对他的影响却是巨大的。刚开始，母亲想让他走上仕途，于是便把他送入一所世俗学校，但他却迷恋上了旁边军校的制服，于是凯末尔将自己的人生轨迹定位在军事领域里。

1909 年政府当局发生了变动，由恩维尔领导的塞萨洛尼基官兵，在 4 月 12 日的深夜向伊斯坦布尔进军，很快便掌握了首都的大权，并且迫使阿卜杜尔·哈米德二世让位。上台后的恩维尔和统一与进步委员会组成了新政府，然而他们军政不分，时常用军队来干预政治。这一系列的做法引起了凯末尔的反对，在此期间，他将德国步兵训练册翻译成了土耳其文，还对军队的训练进行了批判，并提出自己的观点，而这一切对于恩维尔及统一与进步委员会来说是不能容忍的。

1911 年，当局下令将凯末尔调离伊斯坦布尔。之后，凯末尔为了抵抗意大利对利比亚的入侵，参加了这次战斗，身为少校的他身先士卒，希望由此建功立业，但是很不幸，他患上了疟疾和眼疾，不得不离开前线，前往维也纳医治。

20 世纪初的欧洲到处都笼罩着世界大战的阴霾，各个国家都在为自己的利益互相奔走。第一次世界大战爆发之前，欧洲已形成了以英、法、俄为主的协约国和以德、意、奥为主的同盟国。恩维尔政府站到了德国的一边，对此凯末尔非常不满，他认为这会将奥斯曼置于战火的废墟中。当第一次世界大战爆发后，凯末尔毅然站在祖国的利益上，要求带兵出征，保家卫国，但他提出的指挥军队的要求迟迟得不到应答，恩维尔故意让他在索菲亚耐心等待，许久之后才将在加里波利半岛组编完成的第 19 师交给了他，就是这支部队在凯末尔的带领下成为了保护祖国的钢铁之师。

二、达达尼尔的英雄

达达尼尔海峡是土耳其的内海，连接着马尔马拉海和爱琴海海峡，也是亚洲与欧洲的一个分界线。达达尼尔战役，又称加里波利战役，历时近 11 个月，是第一次世界大战中在土耳其加里波利半岛上进行的一次战役，也是至当时最大的一次海上登陆作战。1914年，第一次世界大战爆发后，两个军事集团的成员开始了各种争霸战，马恩河战役后，为了打破两个军事同盟在法国北方和比利时地区的僵局状态，法国大臣提出了"外围战略"的方法，这年 11 月，英国海军大臣温斯顿·丘吉尔也提出了登陆加利波利、直取君士坦丁堡、驱逐土耳其退出战争的战略，并且可以达到支援俄罗斯的目的。

　　1915年1月2日，英国政府决定在达达尼尔海峡展开这一计划。英国海军称霸海上，可以说是天下无敌，2月19日，英国皇家海军地中海舰队司令萨克维尔·卡登率领着大英帝国的船舰炮轰达达尼尔海峡，硝烟开始弥漫。3月18日，16艘企图强行闯入海峡通道的英国战舰高速向海峡驶入，土耳其率军迎敌，使用鱼雷将其中的4艘军舰击沉，使英国海军受到了打击，英国海军便下令撤退，命令伺机再动。

　　与此同时，在陆地上，土耳其军队受到突然攻击，屡屡败北，英军突击部队在几乎没有遇到抵抗的情况下率先冲上了海岸，按照计划进行着行动。随着战役的开展，协约国的计划逐渐被德军识破，于是盟军火速向加里波利调动了大批支援军队。土耳其军队也马上在这里增援，集结了大量的炮兵部队，并且根据半岛复杂的地形建立起了强大的防御体系。势头正猛的英法联军乘胜进军，正当英军在攀登悬崖的时候，不想却遭到了埋伏在阵地中的土耳其士兵的猛烈炮火，英法联军这次的行动失败了，就这样，首轮登陆行动失败了。

　　紧接着，英法联军为继续争夺海滩，在埃及和希腊地区集结了一支近8万人的远征军，这支远征军的主力是由当时在埃及的澳大利亚和新西兰军组成的"澳新军团"组成的。1915年4月25日夜幕降临，协约国连夜再次登陆作战，并对土耳其军进行猛烈的攻击，凯末尔率领着自己的部队也开始了猛烈的反击，在一夜的激战中，就将已登陆的1.6万澳新军队困住，双方进入僵局之中。

　　随后，土耳其军队又将在最南面登陆的协约国军队打败，并且击沉了英军"霍莱伊特"号和"胜利"号等驱逐舰，澳新军团也在土耳其的连续进攻下，只能困守在一片宽仅0.4公里左右的海滩附近。时间一点一点过去了，双方互有损伤，马上就到了夏季的时候，炎热的天气加上遍地的尸首，引发了一系列疾病，这下子给了不适应环境的澳新军团一个致命的打击。

1915 年 8 月 6 日，英国名将弗雷德里克·斯托普福德指挥军队从土耳其防守比较薄弱的苏弗拉湾登陆，一路长驱直入，并且又从其他防线紧急抽调了 2 万军队抵达这里，在附近的萨里巴依尔山脊设下了一道防线。针对这种情况凯末尔抓住英军没能扩大战场、向内陆推进的错误，集中优势兵力，对防线内的英军进行了猛攻，在一场厮杀后，双方伤亡都不小，尤其是英军伤亡惨重。

双方再一次陷入僵局，直到协约国内部发生了变动，汉密尔顿被召回并解除了兵权，之后派国防大臣对战场进行了视察，经过一番思考后，最终下令让部队撤出了加里波利。战役最终以土耳其的胜利告终，凯末尔对于此战功不可没，大大提高了他在国人心中的地位，他被尊称为"伊斯坦布尔的救星"，并于 1915 年 6 月 1 日晋升为上校。

三、国家英雄

第一次世界大战结束，协约国取得了胜利，奥斯曼帝国作为同盟国的一员也成为战败国，丧权辱国的《色佛尔条约》正等着奥斯曼帝国签字。英国还鼓动周边国家向土耳其进军，在协约国的支持下，希腊政府对小亚细亚提出了领土要求。在国家危亡之际，凯末尔站了出来，并且高声呐喊："不独立，毋宁死！"他恨透了当局政府的无能，他要号召国民用民族的意志和毅力拯救民族的独立，全身心投入到拯救祖国的斗争中去。1920 年 1 月，在他的推动下，"新土耳其的独立宣言"——《国民公约》诞生了。

1920 年 6 月 22 日，希腊军队和协约国军队一起向土耳其进军，企图进一步深入占领土耳其领土。而土耳其的民族自卫军和当地驻军根本不是用英国装备武装起来的希腊正规军的对手，连连败北，希腊很快占领了小亚细亚半岛上的许多根据地，并且不断深入。

西线和东线的坏消息接踵而至，土耳其频频告急。东线新建立的亚美尼亚也趁土耳其战败之际，向东部扩张，不过在土军的抵抗下，土耳其大国民议会政府最终获得了胜利，这一胜利大大提高了安卡拉政府的威望和自信心。面对四方而来的战火，全国人民都忧心忡忡，土耳其的军队大部分被缴械遣散，只有零星一些部队或萎靡不振，或自主抵抗。凯末尔也一直思索救国图存的道路，最后他决定要建立正规的国家军队，只有这样才能改变现状，完成民族解放的目标。在经得议会的同意后，凯末尔先是改组了战线司令部，重新任命了西线司令和南线司令。之后，又规定两个战线都由参谋长指挥，将正规军向制度化转变。1920 年底，安卡拉政府开始组建国民军，大量的青年、退伍兵、游击兵加入到了正规军。

在收编游击队的时候，发生了部分游击队暴动，土耳其调动了大量军队上前线，同时希腊军也趁此机会发起了进攻。希腊 6 万军队浩浩荡荡向布尔萨东南的军事重镇厄斯基色希尔迈进，此时在西线的司令伊斯迈特准确判断出了希腊军的意图，当机立断地将西线大部分兵力派往东北方面布防，南线部队则退往杜姆卢波纳尔地区，防备南路希军的进犯，只留少部分兵力在屈塔希亚一带防备埃泽姆。

1921 年 1 月 10 日，在厄斯基色希尔西面伊诺努村附近的一个山谷中，土军与希军遭遇，双方发生了激战。刚刚组建的土耳其国民军虽然只有 1.5 万人，但他们表现出了很高的士气和战斗力，并且充分利用了地形方面的优势给希军以有力打击。人数众多的希军在狭窄的谷地中无法施展长处，看见情况不利，便连夜向布尔萨方向撤退。它是希腊人在土耳其遭受的第一次军事失利，同时也是希土战争的转折点。

此战之后，受到震惊的协约国决定召开伦敦会议，希望可以通过谈判，使土耳其接受《色佛尔条约》，然而这一目的没有达到，那么剩下的只能是战争了。1921 年 3 月 23 日，在英军的怂恿下，希腊派出了配备大量步枪、机枪和火炮的军队从布尔萨和乌沙克分南、北两路向土军防线发起进攻。而此时的土军西线已经得到了充分的补充，并在伊诺努设下重兵等待着前来雪耻的希腊军。纵使希腊军再顽强，也不敌土军的拼死一搏了，一开始土军的中路和右翼受到猛攻而撤退，后来土军便稳住了脚跟，开始反击。土军坚持战斗几天后，终于等到了从安卡拉赶来的援军，土军又一次获得胜利，希腊人在两次进攻都失利的情况下开始向布尔萨方向撤退。接着在伊诺努获胜的土军开始援助南线，将占领了阿菲永城的希军一路打退到乌沙克。

不甘心失败的希腊军重新集结了 20 万大军，并且得到了英军大量的坦克、大炮等支援。在布尔萨布部署了 1 个军，在乌沙克以东部署了两个军。7 月初，希腊军先在北路进行攻击，以牵制土军，随后又在南路进行大规模突击。而凯末尔的土军在人力、物力方面都处于不利情况，形势不容乐观，更糟糕的是，土军对希腊军的计划丝毫没有头绪，认为进攻的重点还在北路，南路只有阿菲永的两个师，使得一开始就被希腊军掌握了主动权，让希军很快占领了南部。

希土战争中的凯末尔

　　战役开始仅仅 10 天左右，土耳其就相继失去了 3 个军事重镇，为了保存西线的实力，凯末尔下令将西线的兵力全部退至萨卡里亚河东岸。此时情况已到了生死关头，大国民议会也不得不认命凯末尔为全国总司令，让凯末尔担起了重整军队的军事重任。

　　1921 年 8 月 23 日，希腊军率领着 7.5 万人和 300 门大炮、3000 挺机关枪向萨卡里亚河东岸发起了猛攻。土军虽然抵不上希腊军的装备，但却有 5000 人以上的骑兵和背水一战的决心。凯末尔依托萨卡里亚河的防御阵地，奋力阻挡着希腊军的进攻。希腊军凭借着强大的实力，不断突破着土军的防线，在土军快支撑不住的时候，凯末尔向全军发令："阵地的防线是没有的，有的是肉体的防线，这种肉体的防线是由全体人民组成的，人民的每一寸土地都是用鲜血换来的，我们都不能放弃。"凯末尔此时已然成了全军的精神号召。

　　凯末尔不断观察着战局的一举一动，当他发现希腊军左翼比较薄弱时，便下令全军向左翼猛攻，希腊军此时也已经精疲力竭了，面对着土军突如其来的猛攻，措手不及，只好向南撤退。土军乘胜追击，直到 9 月 13 日，终于将希腊军逐出萨卡里亚河东部地区，随后又渡河向厄斯基色希尔方向追去。这 22 天的战役使得土军转危为安，凯末尔也由此获得了"胜利者"的称号，并晋升为新土耳其国家的元帅。

萨卡里亚战役成功后，将希腊军逐出境外成了迟早的事，凯末尔并没有急着反攻，而是一边寻求国际支援，一边组织力量备战。直到1922年夏，一支20万的新军已经在西线待命了。8月26日凌晨，南路反攻战开始。总司令凯末尔、西线司令伊斯迈特和总参谋长亲临科曼台高地指挥。经过一天的激战，希腊军已在土军的猛烈轰击下，丢失了一个又一个前线工事。土军不顾生死地与希腊军进行肉搏战，同时土军强大的骑兵向希腊军的两翼包抄而去，很快突破了希腊军的防线。

希腊军处境变得越来越糟糕，再加上统帅的失误，一直溃败，最终土军获得了南路战役的胜利。之后，土军继续分兵追击，在凯末尔"向爱琴海前进"的号召下，一直将希腊军打回了老家，至9月18日，在安纳托利亚的20万希腊军全部肃清，土耳其取得了完全性的胜利。

希土战争后，双方签订了《洛桑和约》，协约国从伊斯坦布尔和海峡地区撤军，土耳其彻底清除了残余的外国侵略者。大国民议会通过了法令，自1922年11月1日起，废除苏丹制度，结束了土耳其的封建时期，土耳其共和国在胜利的光芒中诞生了。凯末尔当选为共和国的第一任总统，并且实行了旨在富国强兵的宗教、解放妇女、文字等领域的一系列改革，帮助土耳其共和国向现代化迈进。1934年11月24日，凯末尔被土耳其国会赐予"Atatürk"一姓，就是"土耳其人之父"的意思。凯末尔对土耳其的影响只增不减，现如今，土耳其内无论哪个党派都宣称是凯末尔的继承者，可见凯末尔对土耳其的影响巨大，恐怕在中东历史上，没有哪个人可以与他比肩。

26　沙漠猎手 ——蒙哥马利

◇ ·················

　　在第二次世界大战充满硝烟的前
线，英军士兵总能看见一位头戴黑色贝
雷帽的将军，与众不同的是，他的军帽
上有将军和装甲兵两个帽徽。这位将军
后来解释说，他这样做只是为了让士兵
在战场上很容易就看到自己。他是战场
上的一代谋略大师，率领英军吹响了胜
利的号角；他是"二战"中最负威名的
盟军统帅之一，与艾森豪威尔、朱可夫
并驾齐驱；他在英国人心目中享有崇高

蒙哥马利像

威望，被誉为继威灵顿之后英军最杰出的军事天才。他就是英国陆
军元帅、"沙漠猎手"——蒙哥马利。

伯纳德·劳·蒙哥马利（1887—1976），英国著名军事家、战略家，陆军元帅，第二次世界大战英军统帅。他一生亲历了两次世界大战，尤其在"二战"中，他成功掩护了敦刻尔克大撤退，并指挥了阿拉曼战役、西西里岛登陆、诺曼底登陆等决定性战役，为世界人民反法西斯战争的胜利立下赫赫功勋。由于杰出的功勋，他被授予阿拉曼子爵称号，并于2002年入选BBC评选的"最伟大的100名英国人"。

一、敦刻尔克的殿后者

蒙哥马利出身于伦敦一个牧师家庭，少年时期学习成绩很差，但特别喜欢体育。然而，20岁时他却奇迹般地考入了英国桑德赫斯特皇家军事学院，并在毕业后成为了一名少尉排长。第一次世界大战爆发后，他被派往法国前线参战，在一次战斗中身负重伤，差点送命。战后他成为一名参谋人员，在英军各部中辗转升迁。1938年，51岁的蒙哥马利晋升少将，并在不久后成为了英军"钢铁师"第3师的师长。

德国入侵波兰后，蒙哥马利率第3师横渡英吉利海峡，进入法国参加西线作战。然而，战争初期英法军队对德国实行静默战，并未积极寻求进攻。在大多数英法部队消极应战的时候，蒙哥马利并未放松警惕，他随之根据战场情况，率领第3师进行实战演习。1940年5月，德军对西欧发起全面突袭，蒙哥马利被派往比利时迪尔河一线作战。面对德军的疯狂进攻，法国和比利时军队迅速溃败，负责防御卢万的蒙哥马利却始终坚守着阵地。后来由于陷入孤立境地，蒙哥马利不得不率部后撤。5月19日，英军退往敦刻尔克地区，开始在这里构筑环形防御阵地。而随着南线法军的大溃败，德军对这一地区形成了钳形攻势，英军随时面临着被包围的危险。

鲁贝—科明运河一线成为了英法军队最后的防线，而法军的擅自撤离使防线左翼出现了巨大缺口。为了弥补这个缺口，蒙哥马利率部在夜间强行军25公里，在德军抵达前赶到预定区域，并布置好防御工事，完成了一项几乎不可能完成的任务。

5月28日，在德军暂停进攻的间隙，英法军队开始实施著名的敦刻尔克大撤退。就在此时，蒙哥马利被任命为第2军军长，并指挥全军负责大撤退的殿后工作。临行前，英军总参谋长戈特曾命令蒙哥马利必要时可率全军向德军投降，蒙哥马利立即坚定地表示，一定会带领全军安全撤退，决不投降。

此后，蒙哥马利指挥第2军一边抵抗德军的进攻，一边向后撤退。29日夜间，蒙哥马利率部退到了敦刻尔克桥头堡左侧区域，并构筑起了新的防御阵地。此时的敦刻尔克海滩早已是一片兵荒马乱的景象，人潮涌动，车辆穿梭，成千上万的士兵正急急忙忙用大大小小的船只，准备渡过英吉利海峡，退回英国。而另一边，德军却在不停对海滩进行炮击，还出动空军发动了空袭……

30日晚，英军大部已完成撤退，蒙哥马利召开军事会议，决定第2军在第二天进行撤退，并下令任何来不及从海滩撤退的人都应该沿着海岸跑向敦刻尔克港口，从港内乘船退回英国。6月1日清晨，第2军开始撤出最后的防御阵地，进入海滩和港口，登船撤离。整个过程中，蒙哥马利一直站在沙丘上，镇定有序地指挥着部队。至6月2日，英军殿后部队全部撤离敦刻尔克，在驶向英国的驱逐舰上，蒙哥马利向身后的敦刻尔克看了最后一眼，他知道，现在的仓皇逃离，是为了以后的重获胜利。

敦刻尔克大撤退是人类历史上最大规模的军事撤退行动。虽然这次撤退使英军损失了大量重型武器装备，并致使整个西欧落入纳粹德国之手，但却成功挽救了大量有生力量，为以后的反攻奠定了基础，而承担殿后任务的蒙哥马利，在这次大撤退中发挥了重要作用，这使他在此之后声名大震。

敦刻尔克大撤退

二、阿拉曼的猎手

敦刻尔克大撤退后，蒙哥马利被任命为东南军区司令，负责英格兰本土的防御。1942 年 7 月，"沙漠之狐"隆美尔在北非沙漠中击败了英国第 8 集团军，并将其逼退到了埃及境内的阿拉曼地区。地中海东部北非地区是英国的传统战略利益所在，这里扼守着通往印度的苏伊士运河航线。面对北非岌岌可危的局面，英国首相丘吉尔决定任命蒙哥马利为第 8 集团军司令，派他前往北非挽回败局。

1942 年 8 月 20 日，蒙哥马利飞抵开罗，正式接管了北非战场。随即他开始了对部队和战场的视察，并采取"铁腕"手段对第 8 集团军进行整顿，一些不堪重用的指挥官被撤换，他在树立自己威信的同时，也使整个英军的面貌焕然一新。此外，蒙哥马利认为，必须用一场胜利来重振英军的士气，以迎接更为严峻的反攻战斗。他根据德军急于进攻的心理，准备组织一次伏击战。他准确判断了德军的进攻方向，在阿拉姆哈勒法和卢瓦伊萨特山区布置了防御阵地。他利用有利地形，在北部沿海地区和中间的卢瓦伊萨特山脊布置重兵，又在南部的阿拉姆哈勒法山脊故意留下缺口，从而诱使隆美尔进攻阿拉姆哈勒法。在缺口地带，蒙哥马利布设了雷场，并在雷场后方布置了第 8、第 22 装甲旅，在雷场侧方的山脊上埋伏了第44 师。

8 月 31 日，隆美尔对英军发动进攻，并在英军装甲旅的引诱下一步步进入了蒙哥马利设置的陷阱。当隆美尔的坦克部队冲进雷场时，英军第 44 师开始发起猛烈的炮击。隆美尔企图依靠坦克迅速突破雷场，但他很快发现这个雷场要比预想中宽得多。不甘心失败的隆美尔经过观察，决定令装甲部队从雷场北边包抄过去。然而就在德军通过一半时，早已埋伏在此的英军第 22 装甲旅发动了攻击，措手不及的德军立刻陷入混乱，损失惨重。由于担心英军封锁退路，隆美尔被迫向后撤退。由于战略目的达到，蒙哥马利下令英军不得追击。经此一战，德军损失约 3000 人和 50 辆坦克，蒙哥马利取得了在北非战场的首胜。

阿拉姆哈勒法战役后，英军士气空前高涨，蒙哥马利随即制订了"轻足行动"作战计划，准备由南北两翼对德军展开进攻。在北线，由利斯指挥的第 30 军担任主攻，负责在德军防御地带冲开一条走廊；拉姆斯登的第 10 军在后跟进支援，并负责通过走廊后建立前沿阵地。在南线，由霍洛克斯的第 13 军对德军阵地发动佯攻，以牵制南线之敌，为北线进攻分担压力。蒙哥马利将整个计划分为"闯入、混战、击败"三个阶段，步步为营，彻底击败隆美尔军团。

在备战部署的过程中，蒙哥马利还施展了他所擅长的声东击西策略，一方面在北线隐蔽地集结部队，一方面在南线尽量暴露英军活动，以迷惑敌军。10 月 23 日晚上，北线英军开始发动进攻。第 30 军利用夜色掩护，以步兵和工兵开路，迅速在德军布置的雷场开辟了一条通道，英军装甲部队也随之推进。24 日早晨，英军发动炮击，摧毁了德军的通讯系统。而此时隆美尔正回德国休假，代替指挥的施登姆将军也在当天凌晨因心脏病突发去世，整个德军指挥部陷入一片混乱。之后两天，双方围绕基德尼山脊展开了激烈争夺，最终在一场惨烈厮杀后，英军以极大代价占领了这块高地。

25 日夜间，隆美尔回到北非战场，他到达后立即开始评估战场形势。第二天下午，德军在泰尔阿尔—艾萨附近向"第 29 点"发起了猛烈反击，隆美尔下定决心要夺回这里，他命令附近的所有坦克部队向这里集结。然而，在英军的密集炮击下，德军推进缓慢。连续几天，战场上到处是坦克的轰隆声和炮火的轰炸声，德军一波波地进攻，英军一次次地还击。战斗进行到 30 日，德军燃料耗尽，双方都损失惨重，然而战局还是相持不下。看到难有进展，隆美尔选择了撤退。

就在隆美尔向富卡撤退的同时，蒙哥马利向德军最后一道防线泰尔阿尔—阿恰齐尔发起狂轰滥炸，他准备在这里消灭德军的装甲部队。经过连续 7 个小时的炮击，英军开始将装甲部队投入战场。开始阶段，英军第 9 装甲旅在德国大口径火炮的轰击下，几乎全军覆没，总共 128 辆坦克损失了 102 辆，但他们成功在敌军防线上冲开了一条缺口。随后英军第 1 装甲师进入战场，与德军坦克部队展开混战。在持续一整天的战斗中，大地震颤，烟火漫天。最终双方损失坦克数量大致相同，但德军装甲部队全军覆没，而对英军来说，却只是一部分。

阿恰齐尔坦克大战后，英军已完全掌控战场优势。11 月 4 日，英军全面突破德军防线，并在战场北部纵深推进 8 公里。面对被英军包围的危险，隆美尔下令扔掉所有辎重，快速向西撤退。蒙哥马利指挥英军一路穷追猛打，给德军以重大打击。由于担心隆美尔杀个"回马枪"，蒙哥马利在三天后下令停止追击。至此，阿拉曼战役结束。

在蒙哥马利的出色指挥下，英军取得了阿拉曼战役的胜利，也从此扭转了北非战局，吹响了战略反攻的号角。由于击败"沙漠之狐"隆美尔，蒙哥马利赢得了"沙漠猎手"的称号，并在战后被授予阿拉曼子爵封号。

三、登陆西西里岛

阿拉曼战役后，蒙哥马利联合巴顿率领的美军在半年时间内横扫北非，将法西斯势力彻底赶出了非洲大陆。1943 年 5 月，盟军开始讨论进攻意大利南部西西里岛，并制订了"赫斯基"作战计划。蒙哥马利对这一计划提出了在战役初期放弃占领巴勒莫，而去为空军夺取机场的修改意见，这得到了盟军统帅艾森豪威尔的支持。

西西里岛是地中海最大的岛屿，位于意大利半岛南部，是进攻意大利的跳板。6 月，为了取得进攻西西里岛的前进基地，盟军夺取了班泰雷利亚岛，揭开了西西里岛登陆战役的序幕。随后，盟军出动飞机对西西里岛重要目标进行了持续半个月的轰炸，从而取得了西西里岛及意大利南部的制空权。

7 月 10 日凌晨，西西里岛登陆作战正式开始。蒙哥马利和巴顿指挥 16 万英美盟军分乘 3200 艘军舰和运输船，分别在西西里岛的东南部和西南部实施登陆。由于敌军判断失误，将主要兵力部署在岛屿西端，英美盟军的登陆过程十分顺利，蒙哥马利的英第 8 集团军迅速占领了锡腊库扎，巴顿的美第 7 集团军也在杰拉海滩构筑了阵地。随后，反应过来的德意军队开始反攻，美第 7 集团军与德意守军主力遭遇，在杰拉海滩展开了激烈争夺。东南面的蒙哥马利则率英军迅速向岛西北端的墨西拿挺进。德军指挥官凯塞林元帅迅速调集德第15、第9装甲师，在卡塔尼亚—恩纳一线构筑起新的防线，以抵挡英第8集团军的进攻。德军牢牢控制了从卡塔尼亚通往墨西拿的沿海公路，蒙哥马利进攻受阻。英军的进攻令巴顿大为恼火，他认为这是蒙哥马利修改作战计划的结果。为了抢得首功，在占领杰拉后，他一面派布莱德雷的第2军支援蒙哥马利，一面率美军主力直取巴勒莫。

　　7月22日，巴顿不战而攻克巴勒莫，而蒙哥马利却在两个主要方向上的突击都陷入困境，这令巴顿的虚荣心得到极大满足。趁德意军主力在卡塔尼亚抵阻击蒙哥马利之机，巴顿决定率美军沿北部公路直扑墨西拿。至此，向墨西拿的进军变成了美英两国军队的赛跑。8月5日，蒙哥马利的第8集团军终于攻克了卡塔尼亚，德军开始边战边退，向墨西拿后撤。与此同时，美军在攻克特罗伊纳后，再无阻挡，一路向墨西拿挺进。8月10日开始，德意军队开始从墨西拿撤往意大利半岛。8月16日，美军率先抵达墨西拿城下，并在第二天上午进入了早已无人防守的墨西拿。当天中午，蒙哥马利也进入该城，他走上前去与巴顿握手，并说："这真是一场有趣的竞赛，祝贺你赢了。"至此，西西里岛登陆战胜利结束。

　　西西里岛登陆战的胜利，使盟军打开了登陆欧洲大陆的大门，也导致了墨索里尼政府的垮台。新成立的意大利政府囚禁了墨索里尼，并开始与盟军展开谈判。气急败坏的希特勒紧急调派19个师进入意大利，准备对其实施占领。9月3日，英美盟军先后在意大利半岛登陆，开始了欧洲本土作战。蒙哥马利指挥英军先后突破了比菲尔诺河防线和特立尼奥河防线，但在桑格罗河一线受阻。12月，蒙哥马利调离意大利战场，出任第21集团军群司令，准备参加欧洲第二战场的开辟工作。

四、策划实施"海王星"计划

1943 年底，随着对德国法西斯战略反攻阶段的开始，盟军准备在欧洲开辟第二战场，并制订了"霸王"作战计划。1944 年初，丘吉尔会见了刚刚回到英国的蒙哥马利，并将"霸王"作战计划交给他看，征询他的意见。蒙哥马利仔细阅读这份计划后，认为这个计划行不通，并一针见血地指出由于登陆正面太过狭窄，后续部队根本无法展开。他的意见得到丘吉尔的认同，他下令蒙哥马利和他的参谋班子对这一计划进行修改。

1944 年 2 月，蒙哥马利听取了参谋们对"霸王"计划的修改方案。新的计划选定诺曼底以西的塞纳湾海岸作为登陆区域，并将这一区域称为"海王星"区域。蒙哥马利对此没有异议，但对进攻正面太窄、指挥安排不妥等问题提出了自己的意见。他认为，首先要扩大登陆首日的进攻正面，以便能够建立从维尔河口向北延伸至奥得河的滩头阵地；其次英第 21 集团军群和美第 1 集团军同时进行登陆，各自负责进攻，以利于登陆部队的指挥和突击力量的增强。随后艾森豪威尔批准了经蒙哥马利修改的作战计划，并将其重新命名为"海王星"行动。

3 月，蒙哥马利开始对作战部进行检阅，每到一处，他都会发表振奋人心的演讲，以鼓舞英军的士气。两个月内，他的足迹几乎遍布第 21 集团军群的每一个师。与此同时，他还制造了一系列假象来对德军实施欺骗计划。蒙哥马利散布了盟军从苏格兰进军挪威的谣言，在英格兰东南部建立了一个完整的模拟司令部，并在朴茨茅斯和肯特建立了无线电传输站。直到进攻开始时，德军高级将领从所能得到的所有情报来看，都对盟军主攻方向是加来，诺曼底区域只是佯攻这一结论深信不疑。

5月底，就在登陆计划紧锣密鼓地筹备之时，英国空军司令利·马洛里却开始反对配合登陆的空降计划。他得到消息，在第82空降师的预定空投区域，有德军的一个师前往驻守。他认为，如果坚持空降，可能牺牲掉半数以上的伞兵部队。然而他的反对意见遭到了多数决策者的否定，艾森豪威尔指出，整体比部分重要，"海王星"行动迫在眉睫，没有时间作出重大更改了。

6月1日开始，艾森豪威尔和蒙哥马利焦急地关注着气象情况。根据有关资料显示，6月初只有4日至7日四天时间适合登陆作战。如果错过这个机会，就只能再等半个月了。而从潮汐来看，6月5日是最佳时机，这也是"海王星"行动预定实施的日子。之后的几天，盟军统帅部连续举行气象会议，然而得到的报告却令人不安，冰岛上空的低气压持续南下，并在4日晚在英吉利海峡形成风暴。6月5日，预定的进攻时间到了，然而风暴还在持续。6月6日清晨，天气终于平静了，气象专家预测以后几天都会是好天气。艾森豪威尔沉思片刻后，站起来对蒙哥马利说："好，朋友们，我们干吧!"就这样，进攻命令下达了。

这天清晨，盟军首先对海岸的德军阵地进行了猛烈的轰击，随后大规模登陆作战开始。伴随着翻腾的浪花，盟军士兵、坦克如滚滚潮水一般涌向海滩，措手不及的德军慌忙应战，然而他们还没来得及架起火炮，盟军就已经涌到了眼前。炮火声中，双方展开了激烈的肉搏战，德军为了守住阵地而拼死抵抗着。但登陆的盟军实在是太多了，面对前仆后继的人潮，德军的士气开始渐渐瓦解了。经过一天的战斗，盟军在各登陆滩头都站稳了脚跟。

6月8日，蒙哥马利乘坐"福尔克诺号"驱逐舰渡过英吉利海峡，在法国的诺曼底海岸登陆，并与美第1集团军司令布莱德雷进行会谈，制订了进一步的作战计划。之后的几天，蒙哥马利指挥英第7装甲师进攻卡昂，造成了直取巴黎的假象。德军精锐部队都被卡昂方向的英军所吸引，美军趁机突破了德军圣索沃地区防线，之后向瑟堡挺进。希特勒紧急调匈牙利的党卫第9、第10装甲师前往法国，并将法国战场全部装甲部队交由隆美尔指挥，企图发动反攻。可惜这只是希特勒的一厢情愿，当时德军兵力仅能勉强进行防御，根本无力反击。6月22日，美军集中强大火力强攻瑟堡，终于在三天之后占领了这座港口，为盟军的后勤补给打开了通道。与此同时，蒙哥马利指挥英第2集团军猛攻卡昂，并成功渡过奥得河，占领了卡昂西南的112高地。之后德军为夺回卡昂，进行了多次反攻，结果都无功而返。6月底，为了保住卡昂，隆美尔将几乎所有装甲部队都集结在了卡昂附近，而英军也再无力推进，双方陷入僵持。

诺曼底登陆

7月1日，盟军宣布"海王星"作战行动结束，欧洲第二战场成功开辟。之后盟军士兵和武器装备被源源不断地运送到这块新战场，并展开了对德军的全面反攻。诺曼底登陆的胜利，使德国法西斯在欧洲大陆陷入了两线作战的境地，加速了其败亡。在这次登陆作战计划的制订和实施中，蒙哥马利谋划最多，他的军事谋略与智慧才能得到了充分发挥，可以说这是他军事生涯的巅峰之作。

诺曼底登陆后，蒙哥马利率军参与了进军德国的战斗，最终迫使德国投降。战后，蒙哥马利先后担任了英国占领军总司令、大英帝国总参谋长、北大西洋公约组织欧洲盟军最高副司令等职。1976年3月，蒙哥马利在伦敦去世，但他的一句名言却在后世广为流传："战争法则第一条：不要向莫斯科进军；第二条：不要拿你的陆军在中国作战。"

27

不败战神
——朱可夫

◇ ⋯⋯⋯⋯⋯⋯

第二次世界大战中，法西斯德国以"闪电战"突袭苏联，苏联边防军准备不足，节节败退。德军长驱直入，迅速突破苏联的千里防线，一时间形势危急。在这生死存亡的紧要关头，苏军总参谋长临危受命，指挥苏军进行了一场伟大的卫国战争。在这场历时四年的苏德战争中，这位参谋长发挥自己伟大战略家的眼光，运筹帷幄，纵横捭阖，运用高超的作战指挥才

朱可夫元帅

能，率领苏军由战略退却到战略防御，进而转入战略反攻，最终一举攻克柏林，消灭了希特勒法西斯政权，为世界人民反法西斯战争的胜利作出了巨大贡献。他的指挥才华令人敬仰，他的人格魅力受

人推崇，他的不朽功勋更将永载史册，他就是"二战"苏军副统帅、苏联民族英雄、"不败战神"——朱可夫。

格奥尔吉·康斯坦丁诺维奇·朱可夫（1896—1974），苏联历史上伟大的军事家、战略家、政治家，苏联元帅，享誉世界的"二战"统帅之一。第二次世界大战中，他先后协调和指挥了列宁格勒保卫战、莫斯科保卫战、斯大林格勒战役、库尔茨克战役、柏林战役等关键战役，为"二战"盟军的胜利立下了不朽功勋。他曾两次获得胜利勋章，四次获得苏联英雄称号，是深受俄罗斯人民拥戴的传奇英雄。

一、捍卫红色革命的摇篮

朱可夫出身于一个贫苦农民家庭，19 岁时应征入伍并随军参加了第一次世界大战。十月革命后，他加入布尔什维克，并在苏联国内战争中逐步成长为一名高级军事指挥官。第二次世界大战爆发后，他曾奔赴蒙古战场指挥作战。在 1939 年的诺门坎战役中，他率军全歼日本关东军第 6 集团军，粉碎了日军北进的企图，确保了苏联远东地区的安全。此后，他晋升陆军大将、苏军总参谋长，成为了苏军首脑人物。

1941 年 6 月，德军按照"巴巴罗萨计划"突袭苏联，苏德战争爆发。苏联成立最高统帅部大本营，朱可夫为成员之一。由于战前斯大林对形式估计错误，苏联在战争初期损失惨重。面对德军的三路快速推进，朱可夫力主放弃基辅，以避免西南方面军被德军合围，保存实力。然而他的这一主张却遭到斯大林的训斥，他被派往叶利尼亚前线担任预备队方面军司令，并免去了总参谋长职务。

朱可夫到达前线后，立即熟悉部队、观察战场形势，并制订了周密的作战计划。8 月，朱可夫向叶利尼亚地区的德军发动进攻，不仅阻止了德军在该方向的推进，还在此战中歼灭德军5个师的兵力，取得了开战以来苏军的第一次重大胜利。与此同时，苏军在基辅战场遭遇惨败，西南方面军66万人被俘，事实证明了朱可夫对形势判断的正确性。

9月，德军北方集团军群包围列宁格勒。列宁格勒即圣彼得堡，是十月革命的摇篮，是苏联第二大城市，也是重要的海港和海军基地，战略位置极其重要。面对严峻的形势，苏联统帅部决定委派朱可夫出任西北方面军司令，接替伏罗希洛夫全权指挥这座历史名城的保卫战。

在接到任命后，朱可夫连夜带着助手飞往列宁格勒。在完成交接后，他立即召开了方面军军事委员会会议。会上，有人认为根本守不住列宁格勒，提出了坚壁清野，然后撤退的计划。朱可夫深知列宁格勒的政治与军事战略意义，他据理力争，号召大家统一起来，即使战至最后一人，也要守住列宁格勒。这也成为了朱可夫上任后委员会的第一个决定，统一了全军英勇抵抗的决心。

随后，朱可夫马不停蹄地视察战场和各部队，并积极调整部署和武器装备，着手围绕列宁格勒构筑防线。他将高炮部队调到乌里茨克—普尔科沃等高地，构置了严密的炮火屏障，准备用高炮打坦克。同时，他在炮兵阵地前后，又布置了两道步军防线，以便于炮兵协同作战。此外，他还在各主要易受攻击的方向上采取密集布雷、设置障碍物等措施，从而组织起了纵深梯次配置的防御体系。

此时的德军指挥官们认为，陷入包围圈的列宁格勒已唾手可得。9月10日，在希特勒的催促下，北方集团军群司令冯·勒布元帅指挥部队开始对列宁格勒发起了猛攻。德军首先对列宁格勒城内的工厂、学校、医院、车站等重要目标，进行了连续16个小时的炮击和轰炸，企图在心理上摧毁苏联人的意志。随后德军以坦克部队开路，由正面向列宁格勒城内推进，并逐步缩小了包围圈。德军相继占领了杜杰尔戈夫和红谢洛等阵地，普希金城和斯卢茨克等地也危在旦夕。

在这样的危急形势下，朱可夫沉着应对，采取了有效而坚决的行动。他首先撤换了不听指挥的第42、第54集团军司令，严整了作战纪律，并调集波罗的海舰队和方面军航空兵对地面部队进行炮火支援。他还不断地组织预备队，日夜连续对敌人发动反击，以求拖垮敌人和消灭敌人的有生力量，破坏其进攻。此外，他还发现列宁格勒郊区建筑物密集并有大片森林，敌人的坦克部队只能沿着道路进攻，因此他命令炮兵部队严密封锁了所有道路，并在道路上不断加建工程障碍物，以阻止敌军前进。

朱可夫的一系列防御措施收到成效。9月16日，勒布指挥德军向苏军防御薄弱的普尔科沃高地发起了猛攻，并一度攻占了普希金城。然而在列宁格勒军民的顽强抵抗之下，德军寸步难行，推进速度由7月份的每天5公里降到了9月份的每天不足2公里，完全陷入了消耗战的泥潭。德军速战速决的计划被打破，随着冬季的临近，德军陷入了更加艰难的境地。气急败坏的希特勒不得不放弃进攻列宁格勒的计划，将精锐部队调往进攻莫斯科的方向，对列宁格勒转而实行围困。直至1944年1月列宁格勒战役结束，德军始终未能攻破该城。

苏军在列宁格勒战场

二、莫斯科风雪反攻战

在攻占了斯摩棱斯克后,德军统帅部制订了"台风行动"作战计划,企图在 10 天内拿下莫斯科。1941 年 10 月,德军中央集团军群约 180 万人在冯·博克元帅的率领下向莫斯科发动了攻击。德军计划以各坦克集群实施突击,割裂苏军的防御,并在维亚济马、布良斯克两地合围歼灭苏联西方面军、预备队方面军和布良斯克方面军,之后集结队从南、北两个方向包围莫斯科。按照作战计划,德军兵分两路,分别向维亚济马、布良斯克两个方向发起了攻击。面对德军坦克部队的凌厉攻势,苏军防线被迅速突破,布良斯克、维亚济马两城相继陷落,西方面军和预备队方面军共 58 万人陷入德军包围圈,最终只有 5.8 万人成功突围,莫斯科告急。

紧急形势下,苏联最高统帅部急调刚刚稳定了列宁格勒形势的朱可夫飞赴莫斯科指挥首都保卫战。与此同时,最高统帅部对保卫莫斯科的部队进行了重新整编,剩余的西方面军和预备队方面军合编为新的西方面军,朱可夫任司令员;西南方面军右翼部队则组建为加里宁方面军,由科涅夫指挥;此外,新组建了 10 个反坦克炮兵团和 5 个坦克旅编为第 5 集团军,由列柳申科指挥。

朱可夫临危受命后,迅速指挥剩余部队构建起一道新防线,并组建了第二梯队和方面军预备队。莫斯科市民也被动员起来,组织了 12 万人的民兵师,并发动 60 万人围绕莫斯科城修筑了三道防御工事。在莫扎伊斯克防御区的激战中,苏军对德军的优势兵力进行了顽强抵抗,将其阻止在了拉马河、鲁扎河、纳拉河一线。古德里安的坦克集群也被阻挡在图拉防线而始终无法突破。

11 月,莫斯科地区进入冬季,天寒地冻,德军由于后勤补给不足,士气低落。加上战线拉得过长,进攻极为乏力。为了改变困境，德军中央集团军群紧急召开参谋长会议，调整进攻部署，准备做最后一搏。克鲁格的第4集团军从正面攻击；左翼霍特的第3装甲集群和霍普纳的第4装甲集群则向加里宁方向进攻，进而从西面和北面实现对莫斯科的包围；右翼古德里安的第2装甲集群则向莫斯科以南地区进攻。

面对德军的全面进攻，莫斯科军民以誓死的精神进行了顽强抵抗和多次反突击，经过半个月的拉锯，德军损失惨重，各个方向的进攻都被遏制，陷入强弩之末。经过冷静分析双方实力和战场形势后，朱可夫认为虽然苏军在兵力和装备上都处于劣势，但德军战线过长，兵力分散，且士气极为低落，因此进行反攻的时机已经成熟。

11月29日，在朱可夫的建议下，斯大林下达了反攻命令。加里宁方面军首先转入反攻，德军第3、第4装甲集群始料未及，在侧翼遭受强烈打击的情况下被迫向克林方向撤退。西方面军也在朱可夫的指挥下从南、北两个方向对德军发动反击，德军在气候和苏军的双重打击下，被迫向后撤退。德军右翼的古德里安见势怕陷入苏军包围，也率部迅速后撤。至1943年1月，苏军先后收复了伊斯特拉、索尔涅奇诺戈尔斯克、克林、加里宁等地，德军溃退到100～250公里之外，苏军反攻胜利结束。后来，由于德军增援部队的到达，双方进入相持阶段。在付出伤亡70多万人的惨重代价后，苏联最终取得了莫斯科保卫战的胜利。

莫斯科保卫战的胜利打破了德军不可战胜的神话，标志着希特勒闪电战的彻底破产。这次胜利极大鼓舞了苏联人民和世界人民反法西斯国家的信心，并促进了反法西斯同盟的形成。

三、斯大林格勒的"救火英雄"

莫斯科会战之后，希特勒被迫放弃了全面进攻的计划。1942年夏，德军最高统帅部制订了代号为"蓝色行动"的南方作战计划，企图向高加索和斯大林格勒实施重点进攻。斯大林格勒地区是苏联主要的粮食产区，高加索地区则煤炭、石油资源储量丰富，而且这里还是苏联南方地区的交通枢纽，战略位置极为重要。一旦德军占领这里，向北可直取莫斯科，向南可出波斯湾。

为了实施作战计划，德军重组了南方集团军群，将其分为了A、B两个集团军群。A集团军群由利斯特元帅指挥，向高加索地区进军；B集团军群由博克元帅指挥，向斯大林格勒进军，并掩护A集团军北翼。5月，德军按照作战计划在两个方向上迅速推进，先后占领了克里米亚、哈尔科夫、伏罗希洛夫格勒等地，苏军西南方面军和南方面军损失惨重。7月，保卢斯的第6集团军攻至斯大林格勒附近。

随着战事的发展，苏联最高统帅部开始逐渐明确德军的战略意图，决心在斯大林格勒组织坚守。统帅部对西南方面军进行重组，建成了以铁木辛哥元帅为司令员的斯大林格勒方面军，担任斯大林格勒地区的防御任务。

1942年7月17日，苏德双方在斯大林格勒附近展开激战，斯大林格勒战役正式打响。德军第6集团军在保卢斯的指挥下，迅速突破苏军防线，攻到了顿河西岸。顿河西岸的苏军顿时陷入困境，两翼被德军包围。苏联最高统帅部紧急派总参谋长华西列夫斯基前往斯大林格勒指挥战事。8月，德军霍特第4装甲集群由南向北加入了对斯大林格勒方向的攻击，保卢斯第6集团军也再次发动攻击，并突破斯大林格勒西北面的防线，强渡过顿河，占领了卡拉奇。9月，德军开始出动空军对斯大林格勒进行狂轰滥炸。

鉴于斯大林格勒的严峻形势，苏联最高统帅部决定任命朱可夫为苏军副统帅，并调他前往斯大林格勒全权指挥保卫战。朱可夫抵

达斯大林格勒后，立即召开了方面军形势分析会，并根据形势和双
方实力制订了防御和反击计划。由于准备不足，苏军的几次反击接
连失利。9月12日，苏军外围防御地带全部丢失，德军从南北两面
突至城下，惨烈的攻城战开始。在之后的三个月里，德军攻进市
区，双方围绕每一座建筑物反复争夺，展开了激烈的巷战。

　　11月，朱可夫和华西列夫斯基向苏联最高统帅部提出了代号为
"天王星"的反攻计划，主张将德军的进攻集团紧紧钳制在斯大林
格勒城下，组织兵力在其两翼实施强大突击，将德军进攻集团分割
包围，进而将其全歼。这一计划得到苏联最高统帅部的批准，为了
实施这一计划，参战苏军进行了重组，斯大林格勒方面军改称顿河
方面军，由罗科索夫斯基指挥；东南方面军改称斯大林格勒方面
军，由叶廖缅科指挥；近卫第1集团军扩建为西南方面军，由瓦杜
丁指挥。上述部队由朱可夫统一调动，联合执行反攻计划。

　　11月底，反攻开始。苏军西南方面军和顿河方面军从谢拉菲莫
维奇和克列茨卡亚一线，斯大林格勒方面军从平斯耶湖一带，同时
发起了进攻。双方在卡拉奇以东的苏维埃村胜利会师，完成了对德
军第6集团军全部和第4装甲集群部分兵力共33万人的合围。为解
救被围德军，希特勒先后组织了两个突击集团，企图从西南方向打
开一条通路，但都被苏军顽强击退。1943年1月，苏军发起总攻，
进攻部队攻入市区。2月2日，被围两个多月而又突围无望的保卢
斯率残军投降。至此，斯大林格勒战役以苏军的辉煌胜利而告终。

　　斯大林格勒战役的胜利是苏德战场，也是第二次世界大战的根
本转折点，从此苏军掌握了战略主动权，德军被迫转入战略防御。
这次战役后，朱可夫晋升为元帅，并被人们称为"第二次世界大战
苏联战场上的救火英雄"。

四、库尔斯克的胜利号角

斯大林格勒战役胜利后，苏军发起了新一轮全面反攻，在各个方向进军600余公里，给了德军以沉重打击，特别是夺回苏联第四大城市哈尔科夫，使德军整个南部战线濒临崩溃。为了扭转颓势，德军统帅部决定发动大规模的夏季攻势。德军南方集团军群在曼施坦因元帅的指挥下发动逆袭，并重新夺回了这座城市。至此，整条战线形成了一个以库尔茨克为中心的长240公里、宽160公里的突出部位，处在这个突出部位的是苏军中央方面军和沃罗涅日方面军，他们像楔子一样插进了德军阵营。

鉴于这样的形势，曼施坦因制订了一个"堡垒计划"，企图通过南北两端向中央夹击，合围歼灭突出部位的苏军。苏联最高统帅部在得到谍报后，立即召开会议讨论应对举措。沃罗涅日方面军司令瓦图京主张发动一场先发制人的进攻，打乱德军的进攻准备并夺回哈尔科夫等地，而朱可夫则认为苏军应保持防御状态，以坚强的防御消耗德军的进攻能量，之后再发动反攻。经过争论，朱可夫的计划被采纳。会后，朱可夫作为最高统帅部代表赶往库尔茨克前线进行协调指挥。

朱可夫来到前线后，与中央集团军司令罗科索夫斯基一起积极部署防御。朱可夫将中央方面军布置在北线，将沃罗涅日方面军布置在南线，科涅夫的草原方面军则布置在中间承担预备任务。苏军充分利用地形，把防御重点放在了突出部的南北根部，并以高地为中心，设置了反坦克掩体。此外，还通过挖战壕、布铁丝网等方式设置了大量的障碍物。

7月4日，希特勒向作战部队下达动员令，决定于第二天发起攻击。当晚，朱可夫从俘虏的德军士兵口中知道了德军的进攻时间。7月5日凌晨，德军开始调动。朱可夫当机立断，决定先发制人，他命令炮火部队对德军阵地进行轰击，以打乱德军的进攻准备。苏军的炮击令德军大感意外，损失很大，进攻计划也因此推迟了几个小时。然而德军还是从南北两线向苏军发起了进攻，在坦克部队的引导下，德军攻势强劲。而苏军也依靠坚固的防御进行着顽强的抵抗。经过一周的激战，德军也只向前推进了约10公里。

面对进攻受阻的难题，7月12日曼施坦因在南线集结霍特的第4装甲集群坦克400多辆，转而攻向普罗霍洛夫卡。朱可夫对此早有准备，布置了罗特米斯特罗夫的近卫坦克第5集团军750辆坦克在此应战，人类史上最大规模的坦克大战就此上演。这天清晨，德军率先发起攻击，罗特米斯特罗夫在进行15分钟的炮击后，也发动坦克部队投入战斗。德军坦克在装甲厚度与火炮口径方面都有优势，但双方坦克近距离搅在一起，德军坦克优势无法充分发挥。双方坦克进行着惨烈的"肉搏"，霍特感到形势不妙，决定率先撤出战斗，但在混乱的形势下根本组织不起战斗队形来，只得继续死耗下去。经过8小时的激战，德军丢下熊熊燃烧的300多辆坦克仓皇撤退，苏军坦克也损失大半。虽然在这次战斗中苏军损失更大，但却赢得了意义重大的一次胜利。

普罗霍洛夫卡坦克大战后，德军被迫转入防御。7月13日，苏军首先在北线发起了全面反攻。索科洛夫斯基的西方面军和波波夫的布良斯克方面军相继投入战场，联合向奥廖尔发起了攻击，以配合中央方面军战斗。面对苏军强大的进攻，德军被迫撤退，苏军相继收复了霍特涅茨、奥廖尔等地。8月5日，南线沃罗涅日方面军和草原方面军也转入进攻，并一举收复了别尔哥德罗、哈尔科夫等地。至此，规模宏大的库尔茨克战役结束。

库尔茨克战役是"二战"苏德战场的分水岭，德军损失惨重，自此彻底失去了战略主动权，苏军也由此吹响了全面反攻的号角。

五、攻克柏林，为纳粹送葬

库尔茨克战役后，苏军在 2000 公里的战线上发起了全面反攻，在之后一年多的时间里，朱可夫先后指挥了乌克兰、白俄罗斯等地的收复战争。至 1944 年底，苏联本土的战斗基本结束，战争开始向德国本土推进。

苏军在进攻柏林的方向上共部署了三个方面军，朱可夫指挥白俄罗斯第 1 方面军居中，担任主攻；科涅夫指挥乌克兰第 1 方面军居左，罗科索夫斯基指挥白俄罗斯第 2 方面军居右，担任策应。三路大军齐头并进，并于次年 1 月在维斯瓦河—奥得河一线攻破了德军最后一道防线，围歼了德军"维斯瓦"集团军群，不仅解放了波兰大部分地区，也打开了通向柏林的通道。

1945 年 4 月，苏军兵临法西斯德国最后的堡垒——柏林城下。苏联最高统帅部召集会议，会上斯大林下达了攻克柏林的命令，并确认朱可夫担任战役总指挥。为了打好这历史性的一役，朱可夫进行了极为周密的准备，他对柏林地区进行了 6 次航空侦察，制作了柏林地区的精确模型，并绘制了详细的作战地图。他将主要兵力和火炮部署在一个比较狭窄的地段上，准备采取密集突击的战术，一举撕开突破口。

4 月 16 日凌晨 3 点，苏军开始发动总攻，1.8 万门各式火炮对德军阵地进行了持续 20 分钟的猛烈轰炸。之后，朱可夫的突击集团向德军阵地猛扑而去，经过激烈的战斗，中午时分，苏军终于突破了德军的第一防御地带，德军退守以泽劳弗高地为依托的第二防御地带。之后两天，苏军几次进攻也未能突破敌军火力网。朱可夫调集 250 门大炮对泽劳弗高地进行了猛烈轰炸，随后苏军向高地发起连续冲锋，终于在 18 日晚上突破了德军第二防御地带。一天后，朱可夫又突破了德军第三防御地带，德军整个防线开始崩溃。21 日，朱可夫指挥部队从东、北两面突击进入了柏林市郊，科涅夫的部队也突进到了柏林南郊 30 公里处。25 日，两军相继在柏林城东南郊、柏林城西郊会合，包围了守城德军 20 万人。随后，苏军以多路向心突击战术强攻柏林市区，不断缩小包围圈。30 日，苏军占领德国国会大厦，与此同时，希特勒在总理府地下室自杀。5 月 2 日，守城德军在柏林卫戍司令魏德林的率领下投降。5 月 8 日，德军元帅凯特尔代表纳粹德国与盟军签订无条件投降书，柏林战役胜利结束。

柏林战役的胜利，标志着纳粹德国的覆灭和第二次世界大战欧洲战场的结束。朱可夫在这次战役中留下的卓越功勋，将被世界人民永远铭记。

"二战"结束后，朱可夫先后出任苏联陆军总司令、国防部长等职。然而，在国内激烈的政治斗争中，他的命运时起时落，多次遭遇免职。1974 年 7 月 18 日，享誉世界的一代"战神"朱可夫元帅在莫斯科溘然长逝，之后葬于红场克里姆林宫墙下。1995 年，第二次世界大战胜利五十周年之际，俄罗斯政府在民众的强烈要求下，在莫斯科市中心红场革命博物馆前立起了一座朱可夫元帅雕像，以此缅怀这位不朽的英雄。

矗立在红场的朱可夫雕像

28 现代法兰西缔造者
——戴高乐

◇ ·····················

　　法兰西共和国，西欧国土面积
最大的国家，有着悠久的历史脉搏
和深厚的文化底蕴，更不缺少英雄。
在第二次世界大战中，法国遭到了
历史性的失败，巴黎沦陷，政府投
降，然而就在整个法国沉浸在一片
沮丧时，有一个人却仍在坚持战斗，
他独自扛起了拯救法国的重担，这
个人就是戴高乐将军。

戴高乐将军

　　夏尔·戴高乐（1890—1970），
法国伟大的政治家、军事家以及作家。曾参加过第一次世界大战，
并在第二次世界大战期间领导了"自由法国"的斗争，最终光复了

被德国占领的法国。在战后，他又缔造了法兰西第五共和国，并担任第一任共和国总统，其"戴高乐主义"在国际上占有重要位置，不仅如此，戴高乐将军喜爱写作，一生写过《敌人内部的倾轧》《剑锋》《希望回忆录》等作品。戴高乐被描绘成"欧洲或共同市场的旗手""保姆""管家""拿破仑第一""欧洲的总统"等等。2005 年，法国国家二台举行的"法国十大伟人榜"评选中，戴高乐被电视观众评选为法国历史上最伟大的人。

一、"一战"中"被死亡"的将军

1890 年 11 月 22 日，在法国里尔市公主街 9 号的一所房子里诞生了一个男婴，取名夏尔·戴高乐。父亲亨利·戴高乐是一位有见解、有学问、思想正统、视法兰西尊严高于一切的文学和历史教师，参加过普法战争。父亲的思想从小感染着戴高乐，使他对法国有着崇高的热爱。

正值 19 世纪末 20 世纪初，国际社会风云变幻，战争时刻笼罩着周围。在戴高乐 19 岁这年，他毅然选择了从军报效祖国的道路，并被著名的圣希尔军校录取，他选择了最直接接受战火洗礼的步兵作为自己的人生职业。1912 年戴高乐毕业后，在阿拉斯第 33 步兵团任少尉军官，并且结识了与自己纠葛一生的人——贝当。

1914 年到 1918 年期间的这一代人，法国人称之为"战火的一代"，戴高乐也是其中之一，他参加了第一次世界大战，在战争中接受了各种磨砺和洗礼。戴高乐身材魁梧，智力超群，斗志昂扬，对他的战友、军官都要求十分严格，对自己也要求身先士卒。在第一次世界大战中，戴高乐几次受伤，又几次幸存下来。有一次，戴高乐不幸在迪南受伤，撤离前线后在医院里休养了两个月才返回战场。回到战场的戴高乐更加努力战斗，在梅斯尼尔—雷斯依尔吕斯战役中再一次受伤了，这次伤愈后，他担任了步兵第 33 兵团连长，随后又担任了上校助理。

在这些参战经历中，虽然没有非常惊人的胜利，但却磨砺了这位年轻人。接下来的这次，戴高乐就没那么幸运了，1916 年 2 月，戴高乐依旧斗志昂扬地率领着自己的第 33 步兵团参加了凡尔登战役。凡尔登战役是第一次世界大战中时间最长、破坏性最大的战役，整个战场就像是一个"绞肉机"，一批又一批的人进行着肉搏战，刺刀插进了无数勇士的身体中。3 月，敌人在狂轰滥炸中，越过防线向戴高乐进攻，戴高乐在猛攻中不幸被德军包围，大家拼命战斗直到弹尽粮绝，戴高乐再一次受了伤，还被毒气熏晕了。

战后，布多尔上校和其他人都以为戴高乐与其部下一同战死了，于是给他开了追悼会并给予师一级嘉奖。可是令人没有想到的是，戴高乐并没有死，上帝再一次拯救了他，但是当他醒来的时候，他发现自己已经躺在了德军的俘虏营里，开始了他长达 32 个月的监禁生活。监狱并没有使戴高乐绝望，也不可能真正监禁了这位勇士，令人钦佩的是，斗士在哪里也不会停止战斗，即使在敌军的监狱里，也不时给敌人制造着麻烦——五次越狱，五次被俘，戴高乐一直辗转在各个监狱之间。

直到 1918 年战争结束后他才返回家乡。值得一提的是，戴高乐非常热爱学习，善于思考，即使在监狱里也不断地看书和写书，他对军队的建设有着自己的思考，如他的第一本著作《敌人内部的倾轧》中，强调政治应优先于军事。尤其是 1934 年写成的《建立职业军》，戴高乐提出要建立一支结合机动能力和毁灭性火力的职业军队，与常规军配合作战，这一理论虽然在国内没能得到重视，但却为德国提供了很好的参考。死里逃生的戴高乐并没有停歇，而是马上投入了 1919 年至 1921 年间的波兰与苏联的作战中。之后，他在贝当元帅的提携下担任了一系列职务。

二、政府的反对者——"自由法国"的领袖

第一次世界大战使得法国乃至欧洲都产生了一种厌战情绪，大家都期望和平，尤其是法国政府在面对德国的蠢蠢欲动时，没有实行戴高乐的进攻理论，只是建立了一条法国东部边境的防御阵地体系——马其诺防线，推行以防御为主的"绥靖政策"。就这样德国在英、法等国的"不干预"下开始了疯狂的侵略行径，第二次世界大战爆发。直到 1939 年 9 月 3 日，英法两国被迫对德宣战。戴高乐上校指挥着自己的第 5 集团军坦克部队向德国开火，他一心一意想用自己的战略战术打败敌军，一度被称为"勇敢果断的杰出指挥官"。

然而戴高乐的理想却受到了挫败，希特勒攻占波兰后，又占领了丹麦、挪威、荷兰、比利时、卢森堡，1940 年，法国精心建造的马其诺防线居然被德国巧妙地绕过去了。德国使用飞机与装甲车双管齐下的方法突破了法国防线，而这一战术戴高乐早已在备忘录《机械部队的诞生》中阐述过了，可惜"墙里开花墙外香"，不久德国攻入了法国。伴随着军事防线的失败，瞬间，法国人民的心理防线也崩溃了，6 月 14 日，德国未发一弹就占领了巴黎。

法国这一欧洲强国居然被德国打败，接下来令世人目瞪口呆的事发生了。1940 年 6 月 22 日，以贝当元帅为首组成的新内阁，居然向德国投降了。这一事实顿时在法国人民心中沸腾起来，这时已是国防和陆军部次长的戴高乐坚决不承认这一事实，就在政府准备投降时，戴高乐却开始了与政府唱反调，坚决反对政府的卖国行径，他要坚持战斗，哪怕一个人扛起光复法国的重任！

投降的法国政府已不能容纳戴高乐这个抗战派了，于是把他排

挤出了政府，而戴高乐的光复决心也使得他不得不离开自己的国家，远赴英国，希望得到英国首相丘吉尔的支持，并在英国继续自己的奋斗理想。1940 年 6 月 17 日，戴高乐在副官戈德弗瓦·德库塞尔和英国将军斯皮尔斯的陪同下抵达伦敦。

当戴高乐只身到达英国时，他只是个法国国防部和陆军次长，并没有什么威望——他没有强大的军队，也没有强大的同盟，他只好三番五次去寻求丘吉尔首相的支持，最终戴高乐将军在丘吉尔的同意下，于 1940 年 6 月 18 日在英国广播电台 BBC 发出抵抗号召。广播中传来了戴高乐将军坚定而急切的《告法国人民书》："我是戴高乐，我现在在英国……法国的事业没有失败……法国并非孤军奋战！它不是单枪匹马！它不是四处无援！……无论发生任何事，法兰西的抵抗火焰不能熄灭，也绝不会熄灭！"很多人听到广播后被感染了，他们在失败的痛苦中重新昂起头来，巴黎的学生在凯旋门集会，都纷纷表示要追随将军。

就这样，在英国首相丘吉尔的支持下，戴高乐举起了"自由法国"的旗帜，成了"自由法国"的领袖，从刚开始的一个人到后来陆陆续续地有一些步兵、炮兵以及从敦刻尔克撤回士兵投奔到戴高乐的旗下，到 7 月底，已经有 7000 多来自四面八方的志愿军拿起武器为"自由法国"而战了。戴高乐的这一爱国行径对于以贝当为首的政府来说，就是公然的反抗，在英国战斗的戴高乐，在国内却早已被法庭宣判为死刑了。1940 年 7 月，贝当政府将政府所在地迁往法国中部的维希，故这一时期的法国又称维希法国，主要统辖包括维希在内的自由区。

"二战"的规模越来越大，德国开始入侵苏联，日本也袭击了美国的珍珠港，使得苏联、美国等更多的国家参与到这一场世界大战中来。1941 年 9 月，戴高乐将军为"自由法国"设立了一个法兰西民族委员会，从此这一委员会正式成为流亡政府的象征。"自由法国"诞生在英国领土上，总部也仅仅占用了泰晤士河的一座大厦，戴高乐明白这些都是暂时的，他们应该尽快寻求更广阔的基地，以备有足够的力量反攻本土。

戴高乐

三、从非洲战斗到巴黎

戴高乐对非洲领土进行巡视后，将目光锁定在法属非洲殖民地上，因为这里有广阔的土地、丰富的资源以及许多兵源，而且这里防守薄弱，从这里反攻是比较容易的。于是戴高乐期望英国政府可以帮助自己把一些法国属地争取过来，尤其是吉布提、圣皮埃尔、安的列斯群岛和法属圭亚那。

1940 年 8 月 29 日晚上，在英国的协同下，英法联军一起向非洲达喀尔进发，希望从这里打开突破口，但似乎好运并没有青睐戴高乐。10 月 8 日，戴高乐抵达杜阿拉，接着他思考着如何能攻入轴心国控制的利比亚基地。戴高乐在仔细考察了利比亚南边边界的情况后，作了精心的部署与计划，之后，他下令进军。自由法国的军队先攻下了米齐刻镇，接着又迅速出击，将兰巴雷内的维希军队打败，接着他们的目标便是加蓬自由市。

自由法国的军队虽然比较弱小，但是每个士兵心中都存在着一股强大的力量，即爱国主义的力量，在这种感情的驱动下，每个士兵都视死如归，勇猛无畏。战争规模越来越大，自由法国和维希法国的对阵也越来越多，11月8日，自由法国击沉了维希法国的"蓬斯莱"号潜水艇，第二天，又轰炸了加蓬自由市的机场，重创了维希法国的军队，一场激战后，总督马森因失败而愧疚自杀，自由法国终于取得了胜利。每一场战争结束后，戴高乐总是亲自说服那些俘虏投入到自己的一边，以壮大自由法国的力量。

攻打木祖克战役和攻占南部沙漠中库弗腊的战役，是完全由自由法国独立打赢的战役。为了配合韦维尔在利比亚进攻意大利，自由法国的一支分队，包括骆驼队和机械化部队，攻打了费赞绿洲的一个沙漠前哨地区木祖克，这片地区布满了杂树丛和无尽的沙漠，自由法国军穿过900多公里后，突击了一支全副武装、深沟高垒的守军，摧毁了木祖克的意大利飞机和机场，取得了全面胜利，清除了韦维尔左翼的潜在威胁。

接着，自由法国军队向利比亚和埃塞俄比亚之间的交通要道库弗腊推进，他们克服了极艰难的地理环境，终于在行走了近1000公里后到达了目的地。这里的意大利人以逸待劳，严阵以待，把自由法国军黎明前的一次突击打了回去，接着自由法国军只好围困了库弗腊。即使围困了一个月，还是没能将其拿下。就在看到攻克无望考虑撤退的时候，法军突然抓住了一个有利时机，对意大利军发起猛烈的正面进攻，渴望胜利的自由法国不顾一切地奋力拼搏，终于占领了库弗腊，取得了胜利。

就是在这一次次的失败与一次次的进攻中，自由法国逐渐壮大了自己的力量，也使得光复法国的道路越来越光明，终于，戴高乐等到了黎明。1944年，戴高乐命令勒克莱尔与巴顿共同参与了诺曼底登陆战役，6月6日诺曼底登陆成功后，戴高乐强烈要求并不打算途经巴黎的艾森豪威尔迅速解放巴黎。8月24日勒克莱尔的第2装甲师直接开向了巴黎，第二天，戴高乐抵达巴黎市政府大厦激动地发表了演讲，宣布巴黎解放！26日，在香榭丽舍大街举行了盛大的凯旋仪式，戴高乐受到了巴黎人民的热烈欢迎，此刻全国人民热泪盈眶，内心无比激动，也无比感谢这个叫戴高乐的人，这一切标志着法国另一个阶段的开始。

　　1958年，法国举行了全民公投普选，戴高乐当选为法兰西共和国总统和非洲、马达加斯加法国属地的总统。第一个7年任期结束后，于1965年，戴高乐以54.8%的选票率再次当选为共和国总统。在戴高乐统治时期，出台了"戴高乐主义"，他坚持法兰西民族的利益，主张欧洲是欧洲人的欧洲，并主动寻求欧洲联合的方法路径，为法兰西在战后再次成为欧洲强国作出了不可磨灭的贡献。戴高乐时时刻刻在为法国谋求着利益，直到1970年11月9日去世为止。为纪念戴高乐所作出的贡献，法国巴黎市议会决定把凯旋门前的星形广场改名为戴高乐广场，并且将法国的第一艘也是唯一一艘不属于美国的核动力航空母舰命名为"戴高乐"号。

"戴高乐"号航空母舰